7

9

10

6 Honoré Gabriel Riqueti, Comte de Mirabeau, 1749–1791 (AKG)
7 Camille Desmoulins, 1760–1794 (JOEP)
8 Marie Joseph Motier, Marquis de Lafayette, 1757–1834 (AKG)
9 Pierre Victurnien Vergniaud, 1753–1793 (JOEP)
10 Georges Jacques Danton, 1759–1794 (JOEP)

Joe H. Kirchberger

Die Französische Revolution

Joe H. Kirchberger

DIE FRANZÖSISCHE REVOLUTION

Eine Chronik in Daten und Zitaten

Lizenzausgabe 1992 für
Manfred Pawlak Verlagsgesellschaft mbH, Herrsching

Lektorat: Heike Rosbach
Umschlaggestaltung:
Bine Cordes, Weyarn

Printed in Germany
ISBN 3-88199-929-9

Umschlagmotiv:
„Der ermordete Marat“
Nach einem Gemälde von Jacques Louis David, 1793

Die in der Chronologie den Daten vorangestellten Sternchen (*) verweisen auf einen dazugehörigen Text im jeweils anschließenden Abschnitt »Zitate«.

INHALT

Einleitung — 7

1 Die Vorgeschichte:
Das Ancien régime unter Ludwig XVI. (1774–1789) — 25
Chronologie — 29
Zitate — 37

2 Vom Zusammentritt der Generalstände bis zum Vorabend
der Flucht des Königs (Mai 1789 bis Juni 1791) — 41
Chronologie — 44
Zitate — 65

3 Vom Fluchtversuch des Königs bis zum Vorabend
der zweiten Revolution (Juni 1791 bis August 1792) — 80
Chronologie — 82
Zitate — 90

4 Das Ende der Monarchie
(August 1792 bis Januar 1793) — 102
Chronologie — 105
Zitate — 111

5 Der Konflikt mit Europa (1790–1796) — 122
Chronologie — 124
Zitate — 136

6 Die Republik bis zum Fall Robespierres
(22. Januar 1793 bis 28. Juli 1794) — 146
Chronologie — 149
Zitate — 166

7 Die letzten Monate des Konvents und die Zeit des Direktoriums (August 1794 bis Oktober 1799) 197
Chronologie 204
Zitate 222

8 Die Kriegsschauplätze in der Zeit des Direktoriums (1796–1799) 229
Chronologie 232
Zitate 247

9 Napoleon in Ägypten, seine Rückkehr und der Staatsstreich des 18. Brumaire (1798/99) 251
Chronologie 254
Zitate 260

10 Ausblick 265

11 Die Revolution in Kunst und Literatur 269

Biographien der wichtigsten Persönlichkeiten 273
Quellenverzeichnis 296
Abbildungsnachweis 297
Personenregister 298

EINLEITUNG

Frankreich hat in weniger als einem Jahrhundert vier Revolutionen durchgemacht. Die erste, die »Große« von 1789 bis etwa 1799, war das Vorbild für die folgenden von 1830, 1848 und 1870; ohne sie sind die späteren nicht denkbar.

Man kann weitergehen und sagen, daß die Revolution, die im Mai 1789 zum Ausbruch kam, die erste Revolution im modernen Sinn, also eine Volkserhebung gegen das eigene Regime, und somit der Prototyp aller späteren einschließlich der russischen von 1917 geblieben ist. Die Erhebungen früherer Jahrhunderte hatten einen wesentlich anderen Charakter: Die Bauernaufstände von 1525 waren regionaler Natur und verfolgten beschränkte Ziele einer bestimmten Klasse. Die englische »Große« Revolution von 1640 bis 1649 war weniger eine Volkserhebung als ein großenteils religiös motivierter Bürgerkrieg zwischen der Parlaments- und der Königspartei, und die zweite, sogenannte »Glorreiche« von 1688 nur ein vom Parlament erzwungener Thronwechsel. Die amerikanische von 1776 bis 1783, die die Ereignisse in Frankreich stark beeinflußte, war im Grunde auch keine Volkserhebung, sondern die Lossagung der Kolonien vom Mutterlande.

Was im Jahre 1789 in Paris begann, war sicherlich das einschneidendste und folgenreichste Ereignis der neueren europäischen Geschichte. An Bedeutung könnte man es nur etwa mit den beiden Weltkriegen unseres Jahrhunderts und vielleicht mit der Reformationsbewegung des 16. Jahrhunderts vergleichen. Aber die letztere stellt kein einmaliges Ereignis dar, sondern eine ganze Folge von Ereignissen – zwischen dem Auftreten Luthers und dem Calvins liegen ja über zwanzig Jahre. Die Ereignisse von 1789 und der folgenden Revolutions- und napoleonischen Jahre dagegen folgten so rasch aufeinander, daß Europa während der ganzen Epoche nie zur Ruhe kam. Die Dramatik des Geschehens, vielleicht noch mehr als sein

Folgenreichtum, bewirkte auch, daß diese Zeit wie kaum eine andere Geschichtsperiode im Gedächtnis der Nachwelt haftengeblieben ist und die Historiker besonders intensiv beschäftigt hat. Sie hat auch eine erstaunliche Reihe von ungewöhnlichen Persönlichkeiten hervorgebracht, die uns heute noch lebendig sind: so Mirabeau, Necker, Lafayette, Sieyès, Danton, Marat, Robespierre, Saint-Just, Barras, Talleyrand, Fouché und natürlich Napoleon und seinen Kreis – und seine Gegenspieler in Deutschland, Österreich, England und Rußland.

Was damals in Paris begann, ergriff innerhalb kurzer Zeit das ganze Land und innerhalb weniger Jahre einen großen Teil Europas. Es veränderte die Struktur fast sämtlicher europäischer Staaten, auch da, wo nach 1815 zunächst wieder eine Reaktion einsetzte. Denn die Ideen, die in der Revolution zum Ausbruch kamen, sind noch immer Bestandteil der politischen Probleme unserer Tage: so zunächst einmal die Idee der Revolution selbst als einer Volkserhebung gegen die Unterdrückung des eigenen oder eines aufgezwungenen Regimes. Das Beispiel von 1789 hat immer wieder Nationen zu solchen Unternehmungen inspiriert und ihnen den dazu erforderlichen Idealismus und Optimismus eingeflößt.

Die Idee der nationalen Souveränität und Selbstbestimmung entstand im Kampfe Frankreichs gegen die alliierten Mächte und kam dann auch in denjenigen europäischen Ländern nicht mehr zum Schweigen, in denen sie nach den napoleonischen Kriegen zunächst wieder unterdrückt wurde. Die Prinzipien der Menschenrechte und der Freiheit des Individuums waren zuvor schon in Amerika proklamiert worden, fanden aber ihren Weg in das europäische Denken erst über Frankreich. Nationalismus und Patriotismus in unserm Sinn begannen, auch in Deutschland, eigentlich erst mit der Reaktion gegen Napoleon. Die Institution der Volksheere, im Gegensatz zu den Söldnerheeren des 18. Jahrhunderts, geht auf die französische Levée en masse von 1792 zurück. Man könnte ohne große Übertreibung sagen, daß die meisten politischen Prinzipien und Ideen der heutigen Zeit ihren Keim in der französischen Revolutionszeit haben, oftmals auch da, wo sie einander völlig widersprechen: Die Revolution verkündete Frieden für alle Völker, befand sich aber in andauernden Kriegen mit England, Österreich, Preußen und Rußland, und zwar Kriegen, die mit den neuen Volksheeren viel intensiver geführt wurden als je zuvor. Sie proklamierte die Gleichheit aller Menschen, brachte aber auch den ersten modernen Diktator und Prototyp aller folgenden, Napoleon, an die Macht und führte, besonders in Frankreich, eine kleine Minderheit wohlhabender Bürger zu ihren größten Triumphen über die große Mehrheit. Sie entwickelte aber auch schon die große antibourgeoise Ideologie, den Sozialismus und Kommunismus, in den Philosophien von Babeuf, Maréchal, Roux und ihren Anhängern. Sie befreite das Individuum aus der Willkür und Gewalt des Feudalherrn, brachte aber auch das erste moderne Terror-Regime zustande, das Tausende seiner Gegner, schon auf bloßen Verdacht hin, vernichtete. Sie schenkte den Massen ihr Selbstbestimmungsrecht, machte aber andererseits den Besitz zur Grundlage politischer Macht für wenige Privilegierte.

Die Diskussion über die positive oder negative Bewertung der Französischen Revolution, und vor allem aber auch darüber, wie es eigentlich zu ihrem Ausbruch kam und was ihm zugrunde lag, ist seit jenen Tagen nicht zum Stillstand gekommen und hat zu den verschiedenartigsten Ergebnissen geführt. Das liegt zum Teil daran, daß die Statistik der damaligen Zeit nur unvollkommen entwickelt war und uns daher viele grundlegende Tatsachen nicht genügend bekannt sind, besonders über die Ereignisse in den französischen Provinzen. Dann aber auch daran, daß so viele in sich widersprüchliche Ideen aus ihr entstanden oder in ihr zum Ausdruck kamen, so daß die Resultate selten den ursprünglich gesteckten Zielen entsprachen, und daran, daß kein späterer Betrachter sich gänzlich von seiner eigenen Einstellung freimachen kann.

Die Beurteilung der Revolution ist in manchen Fällen ganz negativ gewesen, indem man in ihr nur eine ebenso überflüssige wie greuliche Episode sah, zustande gekommen durch die Verschwörung einiger Advokaten oder Freimaurer, die mit ein paar einfachen Reformen hätte verhindert werden können und die ohne eine Reihe unglückseliger Umstände – die Mißernte von 1788, der frühe Tod Mirabeaus, der schwankende Charakter Ludwigs XVI. – erst gar nicht stattgefunden oder jedenfalls niemals diese Ausmaße angenommen hätte. Zwar ist man von dieser Einstellung, die etwa der des englischen zeitgenössischen Politikers Edmund Burke entspricht, längst abgekommen. Burke sah in der Revolution einen rein mechanischen Rationalismus am Werk, dem er den organisch gewachsenen englischen Staat gegenüberstellte. Immerhin sind seine *Betrachtungen über die Französische Revolution* von Friedrich Gentz ins Deutsche übertragen worden und haben die deutsche Geschichtsschreibung weitgehend beeinflußt.

Andere Betrachter sehen die Revolution ganz positiv als einen glorreichen Triumph des Volkes über die Mächte des Absolutismus und der Feudalherrschaft, indem sie die Schreckensherrschaft als sekundäre Ausnahmeerscheinung behandeln. Dazwischen liegen natürlich viele voneinander wieder sehr verschiedene Einschätzungen, die entweder mehr zu der einen oder der anderen Seite neigen oder auch eine genaue Balance zwischen den beiden Polen einzuhalten versuchen.

Über die tieferen Ursachen der Revolution und selbst über ihren unmittelbaren Anlaß gehen die Meinungen ebensoweit auseinander. In der älteren Geschichtsschreibung spielen die philosophischen Anschauungen des 18. Jahrhunderts und ihre politischen Konsequenzen die Hauptrolle. Die große Geistesbewegung, Aufklärung genannt, hatte im kirchlich toleranten Holland am Ende des 17. Jahrhunderts begonnen, sich dann nach England und von dort nach Frankreich ausgebreitet, wo sie besonders radikale Formen annahm. Sie appellierte vor allem an die menschliche Vernunft, bekämpfte den vom Mittelalter übernommenen Aberglauben und zog allen überlieferten Glauben nicht nur an die Autorität der Kirche, sondern auch an die der Könige und Fürsten in Zweifel. Während sich die Denker der Frühaufklärung, wie Locke in England und Leibniz in Deutschland, noch als christliche Forscher betrachteten, wurden die späteren französischen Philosophen, vor allem Voltaire (1694–1778) und Diderot (1713–1784) ausgesprochen kirchenfeindlich. Sie ließen auch keine weltliche Autorität unangefochten. Den Absolutismus hatte in Frankreich schon Montesquieu in seinen *Lettres Persanes* (1721) und vor allem in seinem *L'Esprit des Lois* (1748), in dem er die strikte Teilung der Regierung in ausführende, gesetzgebende und richterliche Gewalt forderte, angegriffen. Wieder auf andere Weise interminierte Jean-Jacques Rousseau (1712–1778), dessen gefühlsbetonte Schriften sich von denen der Vernunft-Philosophen denkbar weit unterschieden, die bestehende Ordnung. Er griff die Kultur als solche, als Unnatur, an, betonte leidenschaftlich die Freiheit des einzelnen, sah im Privateigentum die Quelle allen

Übels und im Volk den alleinigen Träger der Souveränität, im Staat das Ergebnis einer freiwilligen Übereinkunft aller Individuen.

All diese Ideen hatten ihre Wirkung nicht nur in Frankreichs bürgerlichen Kreisen, sondern auch beim Adel getan, der nun vielfach an seine eigene privilegierte Stellung nicht mehr recht glaubte. Aber Voltaire, Diderot und Rousseau hatten sich wenig um die Verwirklichung ihrer Ideen gekümmert, jedenfalls eher an Reformen als an gewaltsamen Umsturz gedacht, und so hätte ihr Wirken allein kaum zum Ausbruch einer Revolution geführt. In der Geschichte gilt wohl überhaupt der Satz, daß eine bestimmte Ursache immer nur die Möglichkeit einer bestimmten Wirkung in sich trägt, diese selbst aber nur durch das Zusammenwirken vieler, manchmal kaum noch feststellbarer Ursachen und Umstände zustande kommt.

Die späteren Historiker haben denn auch die ökonomischen und sozialen Zustände in Frankreich während der letzten Jahrzehnte des Ancien régime in den Vordergrund ihrer Analysen der Revolution gestellt, und zumal in Frankreich, wo es seit 1885 einen besonderen Lehrstuhl für Revolutionsgeschichte an der Pariser Universität gibt, ist die Debatte über diese Fragen niemals abgebrochen. Ich möchte hier einen kurzen Blick auf die Theorien der Hauptakteure in dieser Debatte werfen:

Jules Michelet vertritt die traditionelle Idee, daß das furchtbare und immer größer werdende Elend der breiten Masse die Hauptursache der Revolution war. Hunger, Unterdrückung, Korruption, Ungerechtigkeit in bezug auf die Besteuerung der herrschenden Schicht hatten die Bevölkerung in Stadt und Land zu solcher Verzweiflung getrieben, daß man auch ihre späteren Exzesse entschuldigen muß. Michelet hatte den romantischen Glauben an das Volk, wie er auch in den in der Revolutionszeit spielenden Romanen von Charles Dickens und Victor Hugo zum Ausdruck kommt.

Alexis de Tocqueville, Außenminister während der kurzlebigen Zweiten Republik (1849–1851) und berühmt durch sein Buch über die Demokratie in Amerika, nimmt den entgegengesetzten Standpunkt ein. Es ging den Bauern, also der großen Mehrheit der Bevölkerung, besser als in jedem andern europäischen Lande: Die Leibeigenschaft, die noch in den osteuropäischen Ländern herrschte, war bis auf ganz kleine Überreste längst abgeschafft, der Bauer war auch nicht ein vom Herrn abhängiger Pächter wie in England, sondern besaß eigenes Land, und die wenigen Rechte der Herren, der »Seigneurs«, die es noch gab und die er allerdings haßte, stellten tatsächlich keine große finanzielle Belastung für ihn dar. Der Geist der Unruhe verbreitete sich, gerade weil es den unteren Schichten besserging und weil die Regierung selbst Reformversuche unternahm.

Hippolyte Taine (1875), der unter dem Eindruck der Pariser Kommune von 1870/71 stand, sieht in allen Revolutionen nur ein Übel. In der Beurteilung des Elends der Massen stimmt er mit Michelet in etwa überein – nur wo Michelet »Volk« sagt, spricht er von »Mob«, und er entschuldigt dessen Exzesse keineswegs. Seine Grundhaltung ist antidemokratisch und antirepublikanisch.

Alphonse Aulard, der erste Professor für Revolutionsgeschichte an der Pariser Universität (1885), ist ein Verteidiger der Dritten Republik, die aus der (vierten) Revolution von 1870 hervorging. Er wendet sich wieder gegen Taine und betont, daß die von diesem verurteilten Gewalttätigkeiten seltene Ausnahmen waren. Die von den Bauern so gehaßten feudalen Privilegien hatten sich unter Ludwig XVI. nicht verschlimmert, so daß auch wenig Anlaß zu Exzessen bestand.

Eine grundsätzlichere Auseinandersetzung mit Taine und Michelet kam dann von sozialistischer Seite, zunächst von Jean Jaurès, dem langjährigen Führer der französischen Sozialdemokraten und Friedensadvokaten (1900), und dann von seinem Schüler Albert Mathiez (1920er Jahre): Beide nähern sich wieder Tocqueville und betonen, entsprechend der Marxschen Geschichtsinterpretation, daß die Revolution von der reich gewordenen Bourgeoisie ausging, die nun ihren Platz auch an der politischen Sonne in Anspruch nehmen wollte. Es ist bemerkenswert, daß gerade die marxistischen Interpreten die Zustände im Ancien régime als erträglich schildern, ähnlich wie der Konservative Tocqueville, nur daß dieser die Revolution als gar nicht notwendig ansah, da die wenigen Mißstände durch einige Reformen mit Leichtigkeit zu beheben gewesen wären.

Wieder anders geht Pierre Gaxotte (1920er Jahre) vor, ein entschiedener Antikommunist und Antijakobiner. Er stützt sich deutlich auf die Untersuchungen von Jaurès und Mathiez, aber nicht, um die Unabwendbarkeit der Revolution zu zeigen, sondern gerade um zu beweisen, daß diese im Grunde unnötig gewesen sei.

C. E. Labrousse (1932 und 1943) versucht eine völlig unparteiische Stellungnahme, indem er sehr genaue Studien über Preise,

Löhne usw. während des Ancien régime vorlegt. Er bringt im Grunde nur Statistik und befaßt sich nicht mit der menschlichen Seite der Probleme. Seine Resultate liegen in der Mitte zwischen denen von Michelet und von Jaurès, aber wohl etwas näher bei Michelet.

Georges Lefebvre (1874–1959), ein von fast allen Seiten anerkannter Spezialist auf dem Gebiete der Französischen Revolution, geht besonders vorsichtig und unvoreingenommen zu Werke. Er hat u.a. besonders die Rolle der Bauern untersucht und zeigt deren Abneigung gegen die Einführung kapitalistischer und technischer Methoden in der Landwirtschaft. Er demonstriert die Zerbrechlichkeit der Allianz zwischen Bauernschaft und Bourgeoisie in der ersten Revolutionszeit und zeigt, wie erst das Zusammentreffen verschiedenster Umstände und die gesamte ökonomische Lage Frankreichs um 1788/89 die Stadt- und Landbevölkerung reif machte für den Ausbruch der Revolution.

Man sieht, wie weit die Bewertungen und Erklärungen auseinandergehen. Es sollen an dieser Stelle natürlich keine Originalforschungen oder neue Theorien vorgelegt werden. Ich halte es aber für nützlich, zur Erklärung des Phänomens der Französischen Revolution einigen Gedanken Lefebvres zu folgen, welche die Revolution, die in der früheren Geschichtsschreibung immer als ein einmaliges, in sich geschlossenes Ereignis betrachtet wurde, in mehrere, nach Trägern und Zielen sehr verschiedenartige Revolutionen zerlegen, die natürlich nicht unabhängig nebeneinander herliefen, sondern sich überschnitten und gegenseitig beeinflußten. Vielleicht kann diese Betrachtungsweise in Zukunft auch zu einer Annäherung der so weit auseinandergehenden Ansichten über Ursprung und Verlauf der Revolution führen.

An erster chronologischer Stelle muß da die Revolution des französischen *Adels* genannt werden. Das mag überraschen, denn gerade der Adel ist ja der Revolution zum Opfer gefallen. Tatsächlich hat er ein wenig die Rolle des Zauberlehrlings in Goethes Ballade gespielt, der die Geister rief, sie aber dann nicht wieder loswerden konnte. Der Adel hatte noch bis in die Mitte des 17. Jahrhunderts eine überragende politische Rolle im Lande gespielt und war dann während der langen Regierungszeit Ludwigs XIV. (1643–1715), der den Absolutismus auf seinen Höhepunkt trieb, immer mehr zurückgedrängt worden. Seit dem Tode des »Sonnenkönigs« hatte der Adel unablässig an der Wiederherstellung seiner früheren Position gearbeitet, also die überragende Stellung des Königs abzuschwächen versucht. Dieses Wiedererstarken des Adels wurde schon von den Zeitgenossen beobachtet. Ihm kamen dabei einige Institutionen im Lande zu Hilfe, die aus früherer Zeit bestehengeblieben waren, so vor allem die Parlamente (im ganzen dreizehn), von denen das Pariser das wichtigste war. Dies waren Gerichtshöfe, die sich von der alten curia regia des Mittelalters ableiteten und das Recht hatten, Gesetze zu registrieren und damit in Kraft zu setzen – oder zu verweigern. Sie waren von jeher die Hochburg des Adels gewesen, und zwar der sogenannten Noblesse de Robe, dem Beamtenadel, den man von der Noblesse d'Épée, dem Schwertadel, unterschied, der sich von den Kreuzzügen ableitete. Die Parlamente waren populär, als althergebrachte Institutionen. Da waren ferner die Provinzialstände in Flandern, Burgund, Artois, in der Bretagne und im Languedoc – im letzteren war der Dritte Stand sogar mit der doppelten Anzahl von Abgeordneten vertreten. Da dort nach Ständen, nicht nach Köpfen abgestimmt wurde, hatte der Adel, in diesem Fall die Noblesse d'Épée, die meist zusammen mit der Geistlichkeit stimmte, die Oberhand. Ihr Kampf in den Provinzen galt vor allem dem königlichen Intendanten, den es seit Ludwig XIV. in jeder Provinz gab und der meist bürgerlicher Herkunft war. Was dem Adel im allgemeinen vorschwebte, war eine Art Oberhaus nach englischem Vorbild, wie überhaupt die englischen Institutionen sehr bewundert wurden, z. B. auch von Voltaire und Montesquieu. Der Ruf nach Égalité war zunächst ein Schlagwort des Adels gewesen, der den König gern wieder zu einem Primus inter pares gemacht hätte. Seit Ludwigs XVI. Regierungsantritt tobte der Kampf zwischen Adel und König vor allem um die Steuern, von denen Adel und Geistlichkeit befreit waren, die aber bitter benötigt wurden, um den Staat zu sanieren. Während Ludwig XIV. schon vielfach das Recht für sich in Anspruch genommen hatte, von sich aus Steuern zu erheben, stießen Ludwig XVI. und seine Minister (Turgot, Malesherbes, Necker, Calonne) auf den eisernen Widerstand des Pariser Parlaments. Aber der Adel hatte auch positive Erfolge zu verzeichnen: Im Jahre 1781 wurde verfügt, daß man Offizier nur werden konnte, wenn man vier adlige Großeltern nachweisen konnte, womit der Bourgeoisie die militärische Laufbahn versperrt wurde. Auch sonst war während der Regierungszeit Ludwigs XVI. der Adel überall im Vormarsch. Seine Minister waren sämtlich von Adel – mit Ausnahme des einen Necker –, während unter Ludwig XIV. der berühmte Höfling und Memoirenschreiber Saint-Simon sich darüber beschwerte, daß der König sich mit der »elenden Bourgeoisie« umgebe. Colbert, Ludwigs bedeutendster Minister, entstammte dem Kaufmannsstand. Selbst die königlichen Intendanten, die in den vierunddreißig Provinzen des Landes, den sogenannten Géneralités, als Vertreter des Königs den Landadel in Schach halten sollten, waren zur Zeit Ludwigs XVI. zum großen Teil selbst wieder Adlige, hätten also im Fall eines ernsthaften Konfliktes mit dem Adel dem König wenig Hilfe bedeutet. Denn der Adel, obwohl nicht einheitlich organisiert wie die Geistlichkeit, hielt jetzt zusammen. Der Gegensatz zwischen dem alten Kriegsadel und dem vielfach erst kürzlich geadelten Amtsadel, der Noblesse de Robe, war allmählich verschwunden. Der letztere entwickelte in kurzer Zeit denselben Standesstolz wie der erste, und dieser, häufig verarmt, da der Krieg als Einnahmequelle nicht mehr in Betracht kam, suchte sich seine Ehefrauen gern aus dem vermögenden Amtsadel – wie auch natürlich aus der reichen Bourgeoisie.

Kurz gesagt: Die Aristokratie war unter Ludwig XVI. auf dem besten Wege, die gesamte lokale Verwaltung mittels der Parlamente und anderen Gerichte, der Provinzialstände und Intendanturen an sich zu reißen. Der eigentliche Beitrag des Adels zum Ausbruch der Revolution war aber, daß er, zusammen mit der Bourgeoisie, seit 1788 auf der Einberufung der Generalstände bestand, was wiederum auf eine Einschränkung der Macht des Königs hinauslief. Daß diese Generalstände sich sehr schnell gegen die Privilegien des Adels wenden würden, sah man nicht voraus. Einstweilen, im Sommer 1788, schien der Sieg der Aristokratie über den König vollständig, besonders da das Pariser Parlament sogleich entschieden hatte, daß die Generalstände in getrennten Versammlungen nach Ständen, nicht nach Köpfen abstimmen würden, ein Verfahren, das den beiden privilegierten Ständen von vornherein die Oberhand verschaffte.

Die *Bourgeoisie*, die vom Mai 1789 an die Hauptrolle in der großen Umwälzung spielte, war kein »Stand« im Sinne des alten Regimes. Es gab nur den geistlichen, den Adels- und den Dritten Stand, der den gesamten Rest der Bevölkerung umfaßte, also: Bürger in unserem Sinn, Bauern, Handwerker, Ladenbesitzer, Lohnempfänger, Bettler, insgesamt etwa sechsundneunzig Prozent der Bevölkerung. Wie viele davon der Bourgeoisie angehörten, ist schwer zu sagen, da die Grenze zwischen ihr und den unteren Schichten sehr verschwommen war. Der Bürger vermischte sich mit dem Rest des Volkes, und gerade deshalb konnte er sich zum Sprecher für den gesamten Dritten Stand machen.

Innerhalb des Bürgertums gab es riesige Unterschiede. Seine obersten Schichten waren die Nutznießer des großen Aufschwungs, den die Wirtschaft im 18. Jahrhundert genommen hat: die großen Importeure, Finanzmänner und Bankiers – diese häufig Ausländer, Schweizer und Holländer und daher Protestanten –, Unternehmer der Textil- und Eisenindustrie, Sklavenhändler, Börsenspekulanten und Rentiers in den großen Städten, wie Bordeaux, Marseille, Lyon, Nantes, Rouen, Orléans. Die Industrie wurde meist durch Handwerker betrieben, große Maschinen gab es noch wenig, die Dampfmaschine war gerade erst erfunden worden. Diese wohlhabenden oder reichen Bürger versuchten in jeder Weise die Lebensweise der Aristokratie nachzuahmen. Ihre Paläste übertrafen die der Aristokratie häufig an Glanz. Sie wurden ebenso rang- und titelstolz wie diese und unterschieden sich von ihnen nur dadurch, daß ihnen die höhere Beamten- und Offizierslaufbahn verschlossen blieb.

Das mittlere Bürgertum setzte sich aus vielen Anwälten – denn es gab viele große und kleine Gerichte –, Ärzten, Schriftstellern, Künstlern, Handwerkern zusammen. Die letzteren waren in Zünften organisiert und standen damit in Opposition zu den Unternehmern, die den freien Handel befürworteten. Viele Bürger hatten geistige Interessen und die neuen Ideen der Zeit in sich aufgenommen. Diese wurden in unzähligen Klubs, in denen sich auch Adlige und Geistliche einfanden, debattiert. Besonders häufig waren die Freimaurerlogen, denen auch Prinzen angehörten und wo Toleranz, Freiheit der Persönlichkeit und Gleichheit vor dem Gesetz gefördert wurden.

Die historische Rolle der Bourgeoisie in der Revolution begann in dem Augenblick, in dem das Parlament beschloß, die Generalstände wieder nach dem Muster von 1614 zusammentreten zu lassen und damit die Abstimmung nach Ständen, nicht nach Köpfen befürwortete. Nun sah man den Feind nicht mehr im Absolutismus, sondern in den privilegierten Ständen. Die »Patriotenpartei« wurde gegründet, der auch viele liberale Adlige, wie Lafayette, beitraten. Eine Propagandawelle zugunsten der Gleichberechtigung des Dritten Standes ging durch das ganze Land, unzählige Pamphlete wurden geschrieben und verbreitet, von denen das des Abbe Sieyès am berühmtesten geworden ist. Man hat behauptet, daß die Bewegung von den Freimaurern organisiert worden sei, aber der Beweis dafür ist nicht zu erbringen. Auch die Rolle, die das »Komitee der Dreißig« in dieser Zeit spielte, dem viele Prominente wie Mirabeau, Sieyès und der berühmte Herzog von Orléans, der spätere Philippe Égalité, angehörten, ist nie geklärt worden. Bittschriften aus den Provinzen gingen an den König, die Juristenvereinigung, die Zünfte schlossen sich der Forderung nach »Verdoppelung« der Sitze des Dritten Standes an, wofür die Provinzialstände im Languedoc ja schon das Vorbild geliefert hatten. Die Forderung nach Abstimmung nach Köpfen kam etwas später; sie war das Entscheidende, denn die »Patrioten« wußten sehr wohl, daß sie mit vielen Stimmen der liberalen Aristokraten und der niederen Geistlichen rechnen und sich damit die Mehrheit bei jeder Abstimmung nach Köpfen sichern konnten. Der Dritte Stand begann, sich mehr und mehr als der Vertreter der gesamten Nation zu fühlen.

Die Wahlmänner, die nach dem indirekten Wahlverfahren die eigentlichen Ständevertreter zu wählen hatten, hatten für ihren Bezirk ein sogenanntes Cahier des doléances, eine Liste der Beschwerden und Wünsche der Bevölkerung, zusammenzustellen. Diese geben zwar nicht immer ein genaues Bild der Stimmung im Lande, da z.B. dic der Bauern häufig von Bürgerlichen aufgesetzt wurden, die sie in ihrem Sinne milderten und abänderten. Dennoch vermitteln sie einen klaren Eindruck von dem, was das Volk wollte und nicht wollte: Alle waren für das Königtum und gegen den Absolutismus, die meisten wünschten Besteuerung durch die Generalstände, Verwaltung durch die Provinzialstände. Viele waren für eine Reform der Kirche, aber niemand befürwortete die Abschaffung der Religion oder die Trennung von Kirche und Staat. Obwohl alle Provinzen auf administrativer Selbständigkeit bestanden, war das Gefühl, eine einheitliche Nation zu sein, überall vorherrschend. Die Unterschiede der Ansichten begannen, wo das Interesse der Stände auf dem Spiel stand: Der Dritte Stand wollte völlige Gleichheit aller vor dem Gesetz, der Adel war höchstens gewillt, steuerlich den anderen Ständen gleichgestellt zu werden, wollte aber auf seine übrigen Vorrechte keinesfalls verzichten. Vielfach wurde dem König vorgeschlagen, die Einnahmen der Klöster zu beschlagnahmen oder sogar das Grundeigentum der Klöster zu verkaufen – während das Eigentumsrecht des Adels nicht in Frage gestellt wurde.

Ludwig hätte den meisten Wünschen der Mehrheit durchaus Rechnung tragen können, ohne auf offenen Widerstand zu stoßen oder seine eigene Stellung zu gefährden. Statt dessen vergaßen er und sein Hof ihre Beschwerden gegen den Adel und verteidigten alle seine Vorrechte.

Aber der erste große Sieg des Dritten Standes war nicht mehr aufzuhalten. Nachdem die Generalstände zusammengetreten waren, vergingen zwar noch sechs Wochen, in denen sich Adel und Bürgerliche nicht über das Beglaubigungs- und Abstimmungsverfahren einigen konnten. Dann aber erklärte sich der Dritte Stand zur Nationalversammlung, lehnte das Reformprogramm des Königs ab, das den Adel in seiner bisherigen Stellung fast unangetastet lassen wollte, und weigerte sich, auf Befehl des Königs auseinanderzugehen. Danach schlossen sich zuerst große Teile der Geistlichkeit und dann auch immer mehr Adlige dem Dritten Stand an, und kurz darauf forderte der König die loyalen Mitglieder des ersten und zweiten Standes auf, mit dem Dritten Stand zusammenzuarbeiten.

Aber nun begann, fast gleichzeitig, die dritte und vierte Revolution: einmal die der Massen der *Stadtbevölkerung*, besonders der von Paris. Als offensichtlich wurde, daß der König die Eigenmächtigkeit des Dritten Standes nicht stillschweigend hinnehmen würde, sondern Truppen gegen die Generalstände einsetzen wollte, Necker und die übrigen zu Kompromissen bereiten Minister entließ und ein ihm völlig ergebenes Kabinett ernannte, erhoben sich die Pariser und stürmten die Bastille, die alte Stadtfestung aus dem 14. Jahrhundert, und erst damit brach das Ancien régime endgültig zusammen. Die Gründe für die Aufstände hingen nur teilweise mit der Situation der Generalstände zusammen. Die Pariser machten keine Anstalten, der offenbar von Truppen immer mehr bedrohten Versammlung zu Hilfe zu kommen. Es war vielmehr die allgemeine »Große Angst«, nämlich vor einer Verschwörung der Adligen, und tatsächlich war Paris nunmehr von zusammengezogenen Truppen umgeben, wenn auch deren Kommandeur seinem Kollegen in der Bastille nicht zu Hilfe kam – vielleicht, weil er sich auf seine Truppen nicht mehr verlassen konnte. Der zweite Anlaß war die allgemeine Hungersnot, die Folge der radikal erhöhten Brotpreise, die die Massen, meist von Bürgern organisiert, zum bewaffneten Aufstand trieb – nicht nur in Paris, sondern in den meisten Städten, wo die königlichen Intendanten vertrieben wurden, die Gemeinden sich neu organisierten und von Paris nur noch die Anordnungen der Nationalversammlung akzeptierten.

Gleichzeitig war an vielen Stellen des Landes bereits die vierte Revolution ausgebrochen, die der *Bauern*. Wie verschieden man deren ökonomische Lage beurteilt, haben wir schon gesehen. Fest steht, daß die meisten Bauern ihr eigenes Land besaßen, im ganzen etwa dreißig Prozent des Gesamtgebiets, in manchen Gegenden, wie im Elsaß, in Flandern, im Loiretal und im Süden sogar die Hälfte bis drei Viertel des Landes. Der Rest der Landeigentümer, die adligen Feudalherren mit etwa dreißig Prozent, die Kirche mit etwa zehn Prozent und die Bourgeoisie mit etwa zwanzig Prozent, bearbeiteten ihr Land nicht selbst, sondern ließen es von Tagelöhnern und den sogenannten Métayers, die ihre Arbeitskraft zur Verfügung stellten und dafür die Hälfte der Ernte erhielten, bewirtschaften. Die soziale und wirtschaftliche Stellung der Bauern durchlief also alle Schattierungen, von den immer noch vorhandenen Leibeigenen – die aber mehr Rechte hatten als ihre Leidensgenossen in Ost- und Nordeuropa – hinauf bis zu den sogenannten Laboureurs, Bauern, die einen Überschuß erzielten und verkauften und daher als einzige von den steigenden Marktpreisen profitierten. Diese bildeten aber die Ausnahme: Bei weitem die meisten Bauern besaßen kaum oder nicht genug Land, um sich und ihre Familie zu ernähren, und waren also gezwungen, nach weiterer Arbeit, etwa beim reichen Nachbarn, zu suchen. Die Technik der Landbearbeitung war primitiv, und man hat behauptet, daß sie sich bis dahin in Frankreich seit dem 10. Jahrhundert kaum verändert hatte. Ein großer Teil des Bodens blieb unbebaut, mindestens jedes dritte, manchmal jedes zweite Jahr oder noch öfter. Das Verhältnis zwischen Saat und Ertrag betrug nur etwa eins zu sechs, viel ungünstiger als in der modernen Landwirtschaft.

Zu Beschwerden hatte der Bauer vielerlei Anlaß. Die Hauptsteuer, die sogenannte Taille, wurde fast von ihm allein getragen und war sehr ungleich in den verschiedenen Landstrichen verteilt. Zum Militärdienst wurde fast nur er herangezogen. Besonders verhaßt waren die indirekten Steuern, vor allem die Salzsteuer (Gabelle), denn der Staat hielt das Monopol für Salz. Dazu kamen die Abgaben an den Feudalherrn, ferner seine Jagd- und Fischereirechte, sein Monopol auf Mühlen und Weinpressen, die Verpflichtung der Bauern zur Instandhaltung der Straßen, die ihnen selbst am wenigsten zugute kamen, die Abgaben an die Geistlichkeit, der sogenannte Zehnte, und viele andere, örtlich unterschiedliche Belastungen der Bauern.

Der Feudalherr wurde im allgemeinen gehaßt, während ein naiver Glaube an den guten Willen des Königs vorherrschte. Die Nachricht der Einberufung der Generalstände und die Aufforderung, alle Beschwerden zu Papier zu bringen, erweckte allgemein Hoffnungen auf Besserung. Als dann die Versammlung, jedenfalls in den Augen der Bauern, untätig blieb und sich ihrer nicht annahm, schrieb man das einer Verschwörung des Adels zu.

Bauernaufstände hatte es bereits viele in Frankreich gegeben. Diesmal ermutigten die Nachrichten aus Paris dazu, besonders die vom Fall der Bastille, die auf Schwäche der Zentralgewalt hindeutete, und die Aufstände in den Städten. Die Mißernte von 1788 und die »Große Angst« vor der Aristokratie und den Truppenzusammenziehungen, und auch Nachrichten über das »Hamstern« der Reichen, das die Not noch verschlimmerte, von Gerüchten noch übertrieben und überallhin verbreitet, taten das übrige.

Der Umfang und die Heftigkeit der Aufstände gaben den Vertretern des Dritten Standes einen Schock. Man hatte sich als Vertreter der Bauern gefühlt, die tatsächlich in Versailles kaum auftraten. Jetzt sah man, daß die Interessen der Bourgeoisie und des Bauernstandes keineswegs parallel liefen. Daß sich die Stände so schnell (am 4. August) zur Aufhebung der Standesprivilegien und des Feudalsystems durchrangen, war sicher der Angst davor zu verdanken, daß man jede Kontrolle über die Bauern verlieren würde. Aber die Entfremdung blieb, und nachdem die Monarchie abgeschafft worden war, kam es zu großen Bauernaufständen in der Vendée und der Bretagne gegen die Republik.

Der Ausbruch der Revolution von 1789 war also das Resultat des ganz ungewöhnlichen und unvorhersehbaren Zusammenfallens einer ganzen Reihe von Ursachen:

Die finanzielle Krise, die unmittelbar auf die Teilnahme im amerikanischen Unabhängigkeitskrieg zurückging, die steigenden Lebensmittelpreise, die große Mißernte von 1788 und die große Arbeitslosigkeit infolge des Anwachsens der Bevölkerung waren nur einige davon. Weitere Anlässe ergeben sich aus einem Blick auf die Regierungszeit Ludwigs XVI.

Zitate

Montesquieu, Geist der Gesetze *(1748):*

Von allen Nationen der Erde haben es die Engländer am besten verstanden, drei wichtige Dinge für sich auszunutzen: Religion, Handel und Freiheit.

Montesquieu, Geist der Gesetze:

Alles wäre verloren, wenn derselbe Mensch, oder die gleiche Körperschaft der Großen, des Adels oder des Volkes diese drei Gewalten ausüben würde: die Macht, Gesetze zu geben, die öffentlichen Beschlüsse zu vollstrecken, oder die Streitsachen der einzelnen zu richten …

(Die Lehre von der Dreiteilung der Gewalten)

Montesquieu, Geist der Gesetze:

Sobald Menschen in Gesellschaft leben, fühlen sie sich weniger schwach; die unter ihnen bestehende Gleichheit verschwindet und der Kriegszustand beginnt.

Denis Diderot, über die »Autorité politique«
in der Enzyklopädie *(1751):*

Kein Mensch hat von der Natur das Recht erhalten, über andere zu herrschen … Die Autorität, die durch Gewalt errungen ist, ist nichts als eine Usurpation. Sie dauert nur so lange, wie die Macht des Befehlenden größer ist als die … der Gehorchenden. Wenn diese die Oberhand gewinnen und das Joch abschütteln, dann tun sie es mit ebensoviel Berechtigung, wie es ihnen der andere aufgezwungen hat … Es ist das Recht des Stärkeren.

Voltaire, in einem Brief vom 2. April 1764:

Alles, was ich sehe, scheint den Samen der Revolution, die eines Tages unausweichlich kommen muß, auszustreuen, ich aber werde nicht mehr das Vergnügen haben, ihr Zeuge zu sein.

Voltaire:

Ecrasez l'infame! (Zerschmettert das Abscheuliche).

Gemeint ist der Aberglauben. Mehrfach in seiner Korrespondenz mit Friedrich dem Großen, d'Alembert u. a.

Jean-Jacques Rousseau, Diskurs über die Ungleichheit *(1754):*

Der erste, dem es in den Sinn kam, ein Grundstück einzuhegen und zu behaupten: das gehört mir, und der Menschen fand, einfältig genug, ihm zu glauben, war der eigentliche Gründer der bürgerlichen Gesellschaft. Wieviel Verbrechen, Kriege, Mordtaten, Elend und Scheußlichkeiten hätte *der* Mann dem Menschengeschlecht erspart, der die Pfähle herausgerissen, den Graben eingeebnet und seinen Mitmenschen zugerufen hätte: »Hütet euch, diesem Betrüger zu glauben!«

Jean-Jacques Rousseau, Diskurs über die Ungleichheit:

»Vereinigen wir uns«, sagte der Reiche zu seinem Nachbarn, »um die Schwachen vor der Unterdrückung zu behüten, die Ehrgeizigen im Zaum zu halten und jedem den Besitz dessen zu gewährleisten, was ihm gehört.

Statt unsere Kräfte gegen uns selbst zu wenden, wollen wir sie in einer obersten Gewalt vereinigen, die nach weisen Gesetzen alle Mitglieder der Vereinigung schütze, die gemeinsamen Feinde fernhalte und uns in ewiger Eintracht erhalte.«

Jean-Jacques Rousseau, Gesellschaftsvertrag *(1762):*

Der Mensch ist frei geboren, und überall liegt er in Ketten.

Jean-Jacques Rousseau, Gesellschaftsvertrag:

Gewalt machte die ersten Sklaven, und ihre Feigheit hat ihren Zustand verewigt.

Jean-Jacques Rousseau, Gesellschaftsvertrag:

Sobald die Regierung die Staatsgewalt usurpiert, ist der Gesellschaftsvertrag gebrochen … die Bürger fallen dann in ihre naturgegebene Freiheit zurück und werden zum Gehorsam nur noch gezwungen, ohne dazu verpflichtet zu sein.

Jean-Jacques Rousseau, Gesellschaftsvertrag:

Der Bürger willigt in alle Gesetze, selbst in die, die gegen seinen Willen durchgegangen sind, selbst in die, die ihn bestrafen …

Der beständige Wille aller Staatsglieder ist der Gemeinwille; durch ihn sind sie Bürger und frei …

Überwiegt also die entgegengesetzte Meinung die meinige, so beweist das nur, daß ich mich geirrt und daß das, was ich für den Gemeinwillen gehalten habe, der Gemeinwille nicht war.

Jean-Jacques Rousseau, Gesellschaftsvertrag:

Gäbe es ein Volk von Göttern, so würde es sich demokratisch regieren. Eine so vollkommene Regierung paßt für Menschen nicht.

Ludwig XVI. im Gefängnis, als er die Werke Voltaires und Rousseaus erblickte:

Diese beiden Männer haben Frankreich zerstört.

Edmund Burke, Betrachtungen über die französische Revolution *(1790):*

Menschen, die nicht auf ihre Vorfahren zurückblicken, werden auch nicht an die Nachwelt denken.

Edmund Burke, Betrachtungen …:

Man hat gesehen, wie die Franzosen sich gegen einen milden und gesetzestreuen Monarchen erhoben, wütender, gewalttätiger, beleidigender als sich je ein Volk gegen den unrechtmäßigsten Usurpator, den blutgierigsten Tyrannen erhoben hat.

Edmund Burke, Betrachtungen …:

Wenn die Untertanen aus Prinzip rebellieren, wird die Politik der Könige tyrannisch

Edmund Burke, Betrachtungen ...:

Wir können uns auf keine seiner (Rousseaus) Werke verlassen, obwohl sie Beobachtungen enthalten, die gelegentlich ein feines Verständnis für die menschliche Natur aufweisen. Aber im ganzen sind seine Lehrsätze so unanwendbar auf das wirkliche Leben, daß wir nie daran denken würden, aus ihnen Gesetze oder Verhaltensweisen abzuleiten.

Edmund Burke, Betrachtungen ...:

Jeder weiß, daß ein großer Wettstreit zwischen den Leitern (der Nationalversammlung) angeht darüber, wer von ihnen Rousseau am ähnlichsten ist. Tatsächlich sind sie ihm alle ähnlich. Sein Blut pulsiert in ihren Gemütern und in ihrem Verhalten. Ihn studieren sie, über ihn denken sie nach ...

1 DIE VORGESCHICHTE: DAS ANCIEN RÉGIME UNTER LUDWIG XVI. (1774–1789)

Der Enkel Ludwigs XV., der im Jahr 1774 als Ludwig XVI. den Thron Frankreichs bestieg, war ein mäßig begabter Mann, von gutem Willen für seine Nation beseelt, weder ein Despot noch ein Verschwender. Dennoch wurde er nie beim Volk populär. Man machte sich lustig über seine Neigung zum guten Essen und Trinken und seine dementsprechende Korpulenz, seine Vorliebe fürs Basteln in seiner Schlosserwerkstatt und seine Schüchternheit. Man unterstellte ihm, er käme als Ehemann seinen Pflichten nicht nach und glaubte, seine Kinder wären nicht von ihm.

Noch unbeliebter war die Königin, Marie-Antoinette, die »Österreicherin«, Tochter der Kaiserin Maria Theresia von Österreich, die als leichtsinnig und vergnügungssüchtig galt und jedenfalls Frankreichs Politik zugunsten Österreichs zu beeinflussen suchte. Den berüchtigten Ratschlag »Dann laßt sie doch Kuchen essen«, als das Volk kein Brot hatte, hat sie nie geäußert, der Glaube daran zeigt aber, wie man im Volk über sie dachte, und sicherlich hat sie wenig Verständnis für die ökonomische Krise des Staates und die Nöte des Volkes gehabt. An dem Skandal der »Halsbandaffäre«, der den Ruf des Hofes weiter untergrub, war sie ebenfalls unschuldig, aber beim Volk blieb der Verdacht gegen sie bestehen, und sie hat tatsächlich seit dieser Zeit bis zum Ausbruch der Revolution die Hauptstadt nicht wieder betreten.

Frankreich hatte seit Beginn des Jahrhunderts einen starken wirtschaftlichen Aufschwung genommen. Sein Handel hatte sich zwischen 1700 und 1789 etwa vervierfacht. Es war das volkreichste Land Europas, mit über achtundzwanzig Millionen Einwohnern im Jahr 1789, Rußland hatte dagegen etwa vierundzwanzig Millionen, Italien siebzehn, England und Preußen je neun, Österreich acht Millionen. Der vermehrte Reichtum kam hauptsächlich dem unternehmerischen Bürgertum zugute, das in den Städten lebte, aber auch schon, in Nachahmung des Adels, vielfach Landeigentum erworben hatte. Der Adel selbst, etwa vierhunderttausend Personen, teilte sich in den Hochadel, aus nur ein paar tausend Personen bestehend, die sich entweder in ihren Pariser Palästen oder, seit Ludwig XIV. die Zentralregierung nach Versailles verlegt hatte, dort niedergelassen hatten. Der niedere Adel in den Provinzen lag in ständigem Streit mit dem königlichen Provinzialintendanten einerseits und den Bauern andererseits, hatte jedoch die Parlamente und – wo sie bestanden – die Provinzialstände auf seiner Seite. Die hohen Ämter in Verwaltung, Gerichtswesen und in der Armee waren (zu hohen Preisen) käuflich – ein Regiment kostete zweieinhalbtausend bis fünftausend Livres – und daher nur dem hohen Adel zugänglich.

Die Geistlichkeit, als der erste Stand angesehen, etwa einhundertdreißigtausend Personen, war eigentlich kein Stand: Die oberen Ämter, die der Bischöfe, Äbte, Prälaten, waren von Adligen besetzt, die niedere Landgeistlichkeit unterschied sich nicht allzusehr von den Bauern und kam diesen in der Generalversammlung auch häufig zu Hilfe. Die Geistlichkeit hatte unter sich die Schulen, das Wohlfahrtswesen und die Geburten-, Heirats- und Sterberegister. Sie entrichtete keine Steuern, zahlte aber dem König eine jährliche »freiwillige« Gabe, die sich in den letzten zwanzig Jahren vor der Revolution im Durchschnitt auf etwa zwölf Millionen Livres belief, aber im Jahre 1788 nur 1,8 Millionen betrug.

Die Geistlichkeit war viel straffer organisiert als der Adel. Sie besaß ihre eigene Gerichtsbarkeit. Das Land war überwiegend römisch-katholisch. Die kleine protestantische Minderheit, etwa sechshunderttausend Personen, wurde seit der Aufhebung des Ediktes von Nantes durch Ludwig XIV. unterdrückt und erst durch das Toleranzedikt von 1787 den Katholiken einigermaßen gleichgestellt – aber nicht zu den Richterämtern zugelassen. Atheismus kam kaum vor, und Korruption innerhalb der Geistlichkeit, wie etwa die des Hauptschuldigen der »Halsband-Affäre«, des Kardinals Rohan, nur äußerst selten.

Nur etwa sechzehn Prozent der Bevölkerung lebten in den Städten, von denen Paris mit seinen sechshundertfünfzigtausend Einwohnern bei weitem die größte und einflußreichste war. Die Stadt machte noch immer einen halbmittelalterlichen Eindruck. Fast ein Viertel der Gebäude waren Klöster oder ehemalige Klöster und Konvente. Der Adel wohnte im vornehmen Faubourg Saint-Germain, die ärmere Bevölkerung konzentrierte sich auf die Faubourgs Saint-Antoine und Saint-Denis. Ein klassenbewußtes Proletariat im eigentlichen Sinne gab es noch nicht. Die unteren Schichten der Bevölkerung setzten sich aus Handwerkern, kleinen Ladenbesitzern, Gesellen, Bediensteten und einer sehr großen Anzahl von Bettlern zusammen. Man hat geschätzt, daß es damals in Frankreich etwa fünf Millionen Bettler gab. Ein all diesen Gruppen gemeinsames Gefühl des Ausgebeutetseins scheint es nicht gegeben zu haben, und die Proteste der ärmeren Bevölkerung richteten sich auch nicht auf Erhöhung der Löhne, sondern gegen die steigenden Preise. Streiks kamen nicht vor.

Außer den vielen Freimaurerlogen und Klubs gab es eine unzählige Menge von Kaffeehäusern in Paris, in denen die philosophischen und politischen Ideen der Zeit debattiert wurden.

Frankreich galt im 18. Jahrhundert als ein reiches Land und als das führende Land in Europa. Aber der Staat stand seit Jahrzehnten am Rande des Bankrotts. Die Kriege Ludwigs XIV., der gegen Ende seiner Regierung die meisten seiner Eroberungen wieder eingebüßt hatte, hatten das Land finanziell erschöpft. Unter seinem Urenkel und Nachfolger Ludwig XV. (1715–1774) war das Land wieder in Kriege verwickelt, und in dem letzten, dem Siebenjährigen gegen England (und Preußen), hatte es seine nordamerikanischen Besitzungen verloren. Die Schuldenlast des Staates war ins Ungeheure gestiegen und stieg noch weiter, als sich Frankreich unter Ludwig XVI. in den Unabhängigkeitskrieg in Nordamerika zugunsten der Kolonien mischte. Schon der genußsüchtige und lethargische Ludwig XV. hatte die Notwendigkeit von Reformen des Steuersystems, dem sich die Parlamente widersetzten, eingesehen, und sein Kanzler während seiner letzten Regierungsjahre, René Nicolas de Maupeau, selbst ehemaliger Präsident des Pariser Parlaments, hatte dieses aus Paris verbannt und einen neuen, gefügigeren Gerichtshof ernannt.

Doch Ludwig XVI. hatte bei seinem Regierungsantritt nichts Eiligeres zu tun, als Maupeau zu entlassen und das alte Parlament wieder in seine Rechte einzusetzen. Dabei sah Ludwig die Notwendigkeit der Reformen sehr wohl ein und unterstützte die Sparmaßnahmen seines Finanzministers Turgot. Dieser, ein Kaufmannssohn, gehörte der physiokratischen Schule an, die in der Landwirtschaft die eigentliche Quelle allen Wohlstands sah. Als Turgot dann aber eine gleichmäßige Landbesteuerung durchsetzen wollte, scheiterte er am Widerstand des Adels, der Parlamente, des Hofes und auch der Zünfte, die er ebenfalls beseitigen wollte. Jacques Necker, sein Nachfolger – wenn auch nicht dem Titel nach, denn er war Protestant und Ausländer –, galt als ein Finanzgenie und war beim Volk sehr populär. Aber seine Maßnahmen liefen auf immer weitere Anleihen hinaus, und seine Veröffentlichungen über die Finanzlage des Staates verwischten den wahren Tatbestand.

Nach dem Ende des letzten Krieges, 1763, war die Wirtschaft aufgeblüht, und die Preise waren allgemein angestiegen. Aber die Löhne entsprachen nicht den erhöhten Preisen, und seit etwa 1770 setzte eine Depression ein. Die Einwohnerzahl hatte zugenommen, da es weniger Kriege und vor allem weniger der furchtbaren Hungerepidemien gab, die die Bevölkerung in früherer Zeit immer wieder dezimiert hatten. So stieg die Zahl der Arbeitslosen und Unzufriedenen. In den achtziger Jahren stiegen die Getreidepreise ins Unerträgliche, die Weinindustrie litt an starker Überproduktion und die Textilindustrie unter dem neuen Handelsvertrag mit England, der die Einfuhrzölle für die weit ökonomischer hergestellten englischen Waren heruntersetzte. Neckers Nachfolger Calonne, der, wiederum physiokratisch beeinflußt, seine Steuerreformpläne zwar nicht bei den Parlamenten, aber bei der zu diesem Zwecke einberufenen Versammlung von Notabeln durchzusetzen versuchte – eine Institution, die seit 1626 nicht mehr in Erscheinung getreten war –, scheiterte an dieser, ebenso wie alle früheren Versuche gescheitert waren, an den dort überwiegend vertretenen Adligen. Die katastrophale Mißernte von 1788 brachte dann die Krise zu ihrem Höhepunkt. Ein Staatsbankrott war bereits in Erwägung gezogen worden, scheiterte aber am Widerstand der vermögenden Bourgeoisie, der sich der König anschloß. Dieser hatte starke Bedenken gegen die Einberufung der Generalstände, die seit 1614 nicht mehr zusammengetreten waren. Der Adel brachte durch sein Sprachrohr, die Parlamente, immer deutlicher zum Ausdruck, daß nur die Generalstände das Recht hätten, neue Steuern zu bewilligen, und gerade diese Macht wollte der Absolutismus den Ständen nicht mehr in die Hand geben. Nachdem das Pariser Parlament auch die Reformpläne

Briennes, des Nachfolgers von Calonne, abgelehnt hatte, half auch die zeitweilige Verbannung des Parlaments nach Troyes nicht mehr. Die Bourgeoisie verlangte gleichfalls nach den Generalständen, und schließlich gab Ludwig nach.

CHRONOLOGIE

1774 Der Enkel Ludwigs XV. besteigt als Ludwig XVI. den französischen Thron. Seit 1770 ist er mit Marie-Antoinette, der Tochter der österreichischen Kaiserin Maria Theresia, verheiratet.

Ludwig XVI. entläßt Maupeau, den Kanzler Ludwigs XV., und setzt das von diesem aufgelöste Pariser Parlament wieder ein.

Ludwigs Staatsminister, der Comte de Maurepas, sorgt dafür, daß Anne Robert Jacques Turgot Finanzminister wird. Dieser versucht die physiokratische Theorie umzusetzen, die freies Unternehmertum, freien Wettbewerb, freie Preis- und Lohngestaltung nach Angebot und Nachfrage beinhaltet. Dies sollte die Wirtschaft ankurbeln und die Staatseinnahmen vermehren.

1776 Ein Pamphlet von Boncerf über die üblen Effekte der Feudalrechte erregt allgemeines Aufsehen, dies um so mehr, als es vom Pariser Parlament verdammt wird.

Turgots sechs Edikte. Mit dem fünften werden die Zünfte aufgelöst, das sechste fordert die einheitliche Besteuerung aller Landeigentümer.

Mai: Turgot, dessen Reformplänen sich das Parlament widersetzt, wird von Ludwig XVI. entlassen.

1777 Jacques Necker, Schweizer Bankier, seit 1776 Direktor des Schatzamtes, wird Finanzminister.

1777 Die Staatsverschuldung steigt weiter.

1778 Außenminister Graf Vergennes schließt ein Bündnis mit den dreizehn Kolonien von Nordamerika.

Frankreich tritt in den Krieg mit England ein.

1779 Edikt Ludwigs XVI., in dem die Leibeigenschaft auf den königlichen Domänen aufgehoben wird.

1781 Per Gesetz wird verfügt, daß Offizier nur werden kann, wer vier adlige Vorfahrengenerationen nachweist. Damit ist der Bourgeoisie eine Laufbahn in der Armee verschlossen.

Necker veröffentlicht seinen *Compte rendu*, einen allgemeinen Rechenschaftsbericht, in dem er behauptet, die finanzielle Lage des Staates sei gut. Vieles in dem Bericht ist gefälscht.

19. Mai: Necker wird entlassen.

1783 Charles Alexandre de Calonne wird Finanzminister. Er versucht zunächst, durch eine großzügige Ausgabenpolitik das Vertrauen in die (zerrüttete) Finanzlage des Staates wiederherzustellen.

1785/1786 Die Halsband-Affäre: Kardinal Rohan war bei Königin Marie-Antoinette aufgrund seiner antiösterreichischen Haltung in Ungnade gefallen. Um ihn mit ihr zu versöhnen, überredete die Gräfin de La Motte den Kardinal zum Kauf eines Diamantenhalsbands für die Königin, das die Gräfin aber unterschlug und in London versetzen ließ. Sie arrangierte auch ein nächtliches Rendezvous zwischen Rohan und der angeblichen Königin, in Wahrheit einer verkleideten Dirne. Der Kardinal kam nach Aufdeckung der Intrige vor Gericht, wurde jedoch freigesprochen. Lameth, ebenfalls an der Affäre beteiligt, wurde verurteilt, entkam aber. Obwohl Marie-Antoinette vollkommen unschuldig war, warf die Affäre ein schlechtes Licht auf die Zustände bei Hofe und schadete dessen Ansehen im In- und Ausland.

1786 20. August: Calonne legt einen Plan zur Reformierung der Finanzpolitik vor: *eine* Steuer, nach dem Einkommen abgestuft, für alle; Abschaffung der Inlandszölle; Verkauf des Kirchenguts. Der Adel bleibt nach wie vor von der Taille befreit. Der Plan soll einer Versammlung von Notabeln vorgelegt werden.

Handelsvertrag zwischen England und Frankreich. Die Importzölle für britische Waren werden gesenkt, und von nun an machen diese den einheimischen Produkten, vor allem denen der Textilindustrie, starke Konkurrenz.

1787 Februar: Außenminister Vergennes, der Calonnes Politik unterstützt hatte, stirbt.

Ein neues Edikt gestattet die Ausfuhr von Getreide. Daraufhin leeren sich die Lagerhäuser rapide, was zur Hungersnot von 1788/89 beiträgt.

22. Februar: Versammlung der Notabeln. Calonne, vom König unterstützt, legt seinen Reformplan für die Finanzpolitik vor: gleiche Besteuerung für alle, einschließlich des Adels und des Klerus, nach dem Einkommen abgestuft; Abschaffung der Vingtième-Steuer, der inländischen Tarife und Zölle, der Salzsteuer. Calonne gibt zunächst eine Verschuldung von achtzig Millionen Livres zu, dann von einhundertdreizehn Millionen und schiebt die Schuld daran auf Necker, der nicht zu Wort kommt. Es sollen beratende Gremien gebildet werden, deren Mitglieder von allen Besitzenden gewählt werden.

12. März: Die Notabelnversammlung, die fast ausschließlich aus Mitgliedern der privilegierten Stände besteht, protestiert, als Calonne behauptet, sie stimme ihm zu. Die Notabeln halten daran fest, daß an der Stellung der beiden ersten Stände nicht gerüttelt werden darf.

1787 8. April: Calonne wird entlassen. Die Einberufung der Notabelnversammlung hat sich als völliger Fehlschlag erwiesen.

1. Mai: Étienne Charles de Loménie de Brienne, Erzbischof von Toulouse, seit Februar Präsident der Notabelnversammlung, wird Finanzminister. Brienne, ein Favorit der Königin (von Lefebvre als unfähig und unwissend geschildert), versucht im wesentlichen, die Ideen Calonnes fortzusetzen. Er überredet den König zu einer Ausgabeneinsparung in Höhe von fünfzehn Millionen Livres.

25. Mai: Brienne löst die Notabelnversammlung auf. Der Widerstand des Adels gegen die Reformpläne konzentriert sich nun auf die Parlamente, vor allem auf das von Paris.

6. August: Der König befiehlt in feierlicher Sitzung (Lit de justice) dem Parlament, die von Brienne vorgeschlagene Zwangssteuer zu registrieren. Das Parlament erklärt jedoch den Befehl als null und nichtig und bringt Calonne unter Anklage, der nach England flieht (der erste Refugié!).

14. August: Das Volk feiert die Mitglieder des Pariser Parlaments, welche die Einberufung der Generalstände fordern. Der König verlegt das Parlament nach Troyes.

17. August: Graf d'Artois versucht als Vertreter des Königs, die vorgeschlagenen Land- und Zwangssteuern beim Parlament registrieren zu lassen.

Zehntausende demonstrieren dagegen.

19. September: Da die Stimmung im Lande und alle Gerichtshöfe auf seiten des Pariser Parlaments stehen, gibt Brienne nach, zieht die neuen Steuergesetze zurück und läßt das Parlament wieder in Paris zusammentreten. Die Vingtième-Steuer tritt wieder in Kraft.

1787 13. Oktober: Da die Pläne für eine Finanzreform gescheitert sind, ist die Regierung nicht in der Lage, alle Pensionen auszuzahlen.

*19. November: Der König und sein Siegelbewahrer Lamoignon setzen in einer »königlichen Sitzung«, in der die Parlamentsmitglieder reden, aber nicht abstimmen dürfen, eine von Brienne vorgeschlagene Anleihe von einhundertzwanzig Millionen Livres durch. Als der König die Registrierung befiehlt, protestiert der Herzog von Orléans im Namen der Opposition dagegen. Er und zwei weitere Mitglieder der Opposition werden daraufhin am folgenden Tag ins Exil geschickt.

Verkündung des Toleranzedikts für die Protestanten.

1788 4. Januar: Das Parlament erklärt die Lettres de cachet für ungesetzlich.

Lettres de cachet waren Haftbefehle, die der König abzeichnete und nach denen eine Person ohne Anklage inhaftiert werden konnte. Sie waren seit dem 16. Jahrhundert häufig in Gebrauch. So wurde Voltaire wegen angeblicher Beleidigung des Regenten mit einer Lettre de cachet 1717 für elf Monate in der Bastille eingekerkert.

März: Brienne präsentiert das erste (und letzte) Budget des Ancien régime: Die Ausgaben für 1788 werden auf sechshundertneunundzwanzig Millionen Livres, die Einnahmen auf fünfhundertdrei Millionen geschätzt. Für den königlichen Hof sind fünfunddreißig Millionen (also weniger als sechs Prozent) vorgesehen, dagegen entfallen allein dreihundertachtzehn Millionen auf die Schuldentilgung.

3. Mai: Das Pariser Parlament erfährt von geplanten Gewaltmaßnahmen und veröffentlicht eine »Erklärung der Gesetzesgrundlagen des Königreiches«, in der es u. a. heißt, daß Richter nicht ihres Amtes enthoben werden können und die Privilegien der Provinzen unantastbar sind.

1788 Siegelbewahrer Lamoignon beantragt eine Reform des Gerichtswesens, bei der die Registrierung königlicher Edikte nicht mehr durch das Parlament, sondern durch ein neu zu schaffendes Plenargericht erfolgen soll, das vom Hof ernannt wird. Auch die richterliche Gewalt der Provinzialparlamente und der Feudalherren soll eingeschränkt werden. Das Pariser Parlament wird in die Ferien geschickt.

5. Mai: Soldaten umstellen das Palais de Justice; zwei Führer des Parlaments, Du Val d'Épremesnil und Goislart de Montsabert, die für die Erklärung vom 3. Mai verantwortlich zeichnen, werden verhaftet.

Von nun an plädieren Adel und Bourgeoisie für die Einberufung der Generalstände.

9. Mai: In Rennes (Bretagne) revoltieren Adlige, Juristen und Studenten und attackieren den Intendanten.

Im Laufe des Monats kommt es zu weiteren Revolten in den Provinzen: in Toulouse, Pau, Dijon. In der Dauphiné, wo sich das Provinzialparlament wieder versammelt, kommt es zu Kämpfen unter Führung von Mounier und Barnave.

7. Juni: »Tag der Dachziegel« in Grenoble (Dauphiné). Als das verbannte Lokalparlament die Stadt verläßt, bewirft die Bevölkerung die königliche Garnison mit Ziegeln.

19. Juni: Die Bevölkerung in Pau zwingt den Intendanten, das Provinzialparlament wieder einzusetzen.

5. Juli: Brienne verspricht, die Generalstände einzuberufen.

13. Juli: Hagelstürme im Westen Frankreichs vernichten einen großen Teil der Ernte.

21. Juli: Die Provinzialstände der Dauphiné treten in Vizille zusammen – entgegen dem Verbot Briennes, dem sich Adel

und Bourgeoisie widersetzen. Der Dritte Stand ist zweimal so stark vertreten und dominiert infolgedessen. Brienne ist gezwungen, nachzugeben.

1788 *8. August: Brienne suspendiert das Plenargericht und setzt das Zusammentreten der Generalstände auf den 1. Mai 1789 fest.

Von nun an tritt eine Entfremdung zwischen Adel und Bourgeoisie ein, die – wie der Dritte Stand in Vizille – eine doppelt so starke Vertretung fordert.

18. August: Die Staatskassen sind leer. Die Regierung setzt Banknoten in Umlauf; damit beginnt die Inflation.

24. August: Brienne tritt zurück.

26. August: Ludwig ernennt Necker erneut zum Finanzminister. Lamoignon wird entlassen.

23. September: Das Pariser Parlament wird wieder eingesetzt und beschließt, daß die Generalstände genauso wie bei ihrem letzten Zusammentreten 1614 zusammengesetzt werden und abstimmen sollen. Das bedeutet: keine doppelte Deputiertenzahl für den Dritten Stand und Abstimmung nach Ständen getrennt, nicht gemeinsam nach Köpfen.

Stimmungsumschwung bei der Bourgeoisie, die sich gegen den Adel wendet und an den König appelliert.

Herbst: Infolge der schlechten Ernte haben sich die Lebenshaltungskosten verdoppelt. Das führt im Laufe des Winters zu Aufständen.

6. November: Necker beruft erneut die Notabeln ein und schlägt eine Verdoppelung der Stimmen des Dritten Standes für die Verabschiedung von Steuern vor. Die Versammlung lehnt ab.

1788 12. Dezember: Eingabe der hohen Aristokratie an den König: Der Staat ist in Gefahr ... eine Revolution gegen die Prinzipien der Regierung wird vorbereitet ... Der Dritte Stand muß seine Angriffe gegen die beiden ersten Stände einstellen ...

27. Dezember: Der Beschluß des »königlichen Konzils« wird bekanntgemacht: Der Dritte Stand soll so viele Abgeordnete haben wie die beiden anderen Stände zusammen. Die Abstimmung nach Köpfen, vielleicht von Necker gewünscht, wird allerdings nicht erwähnt.

1789 Die Preise zwischen 1726–1741 und 1785 sind um fünfundsechzig Prozent gestiegen, die Löhne nur um zweiundzwanzig Prozent.

Januar: In Abbéville gibt es zwölftausend Arbeitslose, in Lyon fast fünfundzwanzigtausend, in Paris achtzigtausend.

24. Januar: Der König setzt das Wahlverfahren (außer für Paris und einige andere Bezirke) für die Abgeordneten der Generalstände fest, veröffentlicht am 29. Januar: elfhundertfünfundsechzig Delegierte, weniger als dreihundert für die ersten beiden Stände; kompliziertes, indirektes Wahlverfahren mit drei bis vier Wahlgängen auf der Basis der alten Amtsbezirke, die auf das 13. Jahrhundert zurückgehen. Das Verfahren begünstigt den Bürger gegenüber dem Bauern.

Ende Januar: Bürgerkrieg in der Bretagne. Studenten, geführt von dem späteren General Jean Victor Moreau, schlagen in einer Auseinandersetzung um die Provinzialstände die von den Aristokraten gemieteten Banden zurück. Sie werden dabei von Gruppen aus Nantes unterstützt. Die bretonischen Adligen wählen daraufhin keine Delegierten für die Generalstände.

*Januar/Februar: Fieberhafte Propaganda der Bourgeoisie Wahlen und zunehmende Radikalisierung.

Das Pamphlet des Abbé Sieyès *Was ist der Dritte Stand?* wird überall verbreitet.

1789 3. Februar: Mirabeau plant eine Rede vor den Provinzialständen der Provence, in der Marius gepriesen wird – weniger, weil er die Cimbern schlug, sondern weil er den Adel Roms ausrottete. Mirabeau wird daraufhin von den Ständen ausgeschlossen, die Rede wird nur gedruckt.

März: Bauernaufstände gegen die Feudalherren in verschiedenen Teilen des Landes.

27. April: Unruhen im Faubourg Saint-Antoine in Paris, die sich gegen den Fabrikanten Réveillon richten.

30. April: Aufruhr in Marseille. Die Menge stürmt drei Forts und tötet einen Kommandanten.

In Versailles erste Zusammenkunft des »Club Breton«, in dem sich Abgeordnete des Dritten Standes aus der Bretagne organisieren.

ZITATE

Louis-Sébastien Mercier, französischer satirischer Schriftsteller, über den Königlichen Almanach, *1783*:

Man findet darin alle Namen, vom Fürsten bis zum Gerichtsdiener am Châtelet. Wehe dem, der nicht in dem Buch steht! Er besitzt weder Rang, Titel noch Posten ... Man verliert sich in dem zahlreichen Personal der Fürstenhäuser. Welch ein Domestikenpack, das seine Knechtschaft unter hochtrabenden Namen zu verbrämen sucht! Weiter hinten sieht man, wie viele Notare, Advokaten, Kanzlisten und andere Federfuchser von den Leuten unterhalten werden. Sie alle wollen leben! Welch eine verheerende Plage! Sodann rechne man aus, wieviel tausend Livres dem Lande und den armen Bauern jede Bistumsverwaltung jährlich entzieht ... die gewaltigen Summen, welche für die Nachfolger der schlichten Apostel aufgebracht werden: man wird entsetzt sein. Dies Entsetzen hält an, wenn man zur Oberschicht gelangt ... Wieviel unnütze Münder doch am Körper des Staates saugen und nagen! ... Die in diesem Almanach stehen, sind weder Bauern, Kaufleute, Handwerker noch Künstler, und doch sind sie der Teil der Nation, welcher den andern völlig beherrscht.

Mercier 1783 über die Armenviertel in Paris:

Im Viertel Faubourg Saint-Marcel wohnt das ärmste, unruhigste gemeine Volk von Paris ... Eine ganze Familie bewohnt ein einziges Zimmer; die Wände sind nackt ... das gesamte Mobiliar ist keine zwanzig Taler wert; alle drei Monate wechseln die Einwohner ihre Löcher, weil man sie ihrer Mietschulden wegen hinauswirft ... Es ist in dieser Vorstadt bösartiger, hitziger ... zu Empörungen geneigter als in den andern Vierteln. Daher wagt die Polizei nicht, es zum Äußersten zu treiben. Man schont es, weil es der größten Ausschreitungen fähig ist.

Henriette de Campan, Kammerfrau von Marie-Antoinette, über Beaumarchais' Figaros Hochzeit, *in dem die Mißstände des Regimes schonungslos angegriffen wurden, 1784*:

Der König sagte zu mir: »Das ist die Komödie von Beaumarchais. Sie müssen sie uns vorlesen ... Sie werden gegen niemanden etwas von diesem Vorlesen erwähnen ...« Der König unterbrach mich oft durch lobende oder tadelnde Ausrufe, die immer sehr richtig angebracht waren. Am häufigsten rief er aus: »Das zeugt vom schlechten Geschmack!« Bei dem Monolog Figaros, wo er die verschiedenen Zweige der Staatsverwaltung angreift, hauptsächlich aber bei der Tirade auf die Staatsgefängnisse, stand der König mit Lebhaftigkeit auf und sagte: »Das ist abscheulich! Das soll niemals gespielt werden! Man müßte die Bastille zerstören, damit die Aufführung dieses Stückes nicht als eine gefährliche Inkonsequenz erschiene ... Dieser Mensch spielt mit allem, was man bei einer Regierung achten muß!«

In der königlichen Sitzung am 19. November 1787, als der König die Registrierung der neuen Anleihe befiehlt:

Der Herzog von Orléans: »Sire, das ist gegen das Gesetz!«

Der König: »Das macht keinen Unterschied! Es ist legal, weil ich es wünsche.«

Aus dem Toleranzedikt vom 19. November 1787:

Die katholische ... Religion genießt weiterhin in Unserm Königreich den alleinigen staatlichen Kult ... Erlauben Wir dennoch Unsern Untertanen, die sich zu einer andern Religion ... bekennen ..., daß sie alle Annehmlichkeiten und Rechte genießen, die ihnen aufgrund von ... zustehen, und daß sie ihre Gewerbe und ... Berufe ausüben können, ohne daß sie unter dem Vorwand ihrer Religion dabei gestört werden können. Nehmen Wir indessen ... alle Richterämter aus ...

Ludwig am 17. April 1788:

Wenn es nach den Parlamenten ginge, so würde Frankreich eine Aristokratie von Beamten werden.

Versprechen des königlichen Staatsrats zur Einberufung der Generalstände, 8. August 1788:

... Seine Majestät sieht mit Wohlgefallen dem Augenblick entgegen, wo sie die Vertreter der edlen und treuen Nation, die sie zu regieren das Glück hat, um sich versammelt sehen wird. ... gibt Seine Majestät sich im voraus der tröstlichen Hoffnung hin, zu sehen, wie nun nach stürmischen und unruhigen Tagen heitere und ruhige anbrechen, auf allen Gebieten die Ordnung wieder einkehren, die Staatsschulden sich konsolidieren und Frankreich sich unverändert des Gewichtes und der Achtung erfreuen wird, welche ihm auf Grund seiner Größe, seiner Bevölkerung, seines Wohlstandes und des Charakters seiner Bewohner zukommt. Gleichzeitig hat Seine Majestät erwogen, daß, da die Generalstände sich am 1. Mai versammeln sollen, ...

Sieyès: Was ist der Dritte Stand? *Pamphlet vom Januar 1789*:

Der Plan dieser Schrift ist ganz einfach. Wir haben uns drei Fragen vorzulegen.

1. Was ist der Dritte Stand? Alles.

2. Was ist er bis jetzt in der staatlichen Ordnung gewesen? Nichts.

3. Was verlangt er? Etwas.

... Hier genügt die Feststellung, daß die angebliche Befähigung eines privilegierten Standes für die öffentlichen Ämter nur eine Chimäre ist; daß alles Beschwerliche, was es in diesem Dienst gibt, vom Dritten Stand ohne die Privilegierten erledigt wird; daß die höheren Stellen ohne sie unendlich viel besser ausgefüllt würden ...

Wer könnte also die Behauptungen wagen, der Dritte Stand umfasse nicht alles, was zur Bildung einer vollständigen Nation nötig ist? Er ist der starke und kraftvolle Mann, dessen einer Arm noch angekettet ist. Wenn man den privilegierten Stand entfernte, wäre die Nation nicht etwas weniger, sondern etwas mehr ...

Der Dritte Stand umfaßt also alles, was zur Nation gehört. Und alles, was nicht Dritter Stand ist, kann sich nicht als Bestandteil der Nation betrachten.

Aber was würde es ihm nützen, in den Generalständen vertreten zu sein, wenn dort die ihm entgegengesetzten Interessen die Oberhand hätten? ... Er verlangt daher ebenso viele Vertreter wie die beiden anderen Stände zusammen ... Kann er weniger verlangen? Kann man hoffen, daß er aus seiner politischen Bedeutungslosigkeit heraustritt und *etwas* wird, wenn er nicht gleichberechtigt ist?

Talleyrand (berichtet von Guizot in seinen Memoiren):

Nur wer in den Jahren vor 1789 gelebt hat, weiß, was es für ein Vergnügen sein kann, zu leben.

Goethe zu Eckermann am 4. Januar 1824:

Ebensowenig aber war ich ein Freund herrischer Willkür. Auch war ich vollkommen überzeugt, daß irgendeine große Revolution nie Schuld des Volkes ist, sondern der Regierung. Revolutionen sind ganz unmöglich, sobald die Regierungen fortwährend gerecht und fortwährend wach sind, so daß sie ihnen durch zeitgemäße Verbesserungen entgegenkommen und sich nicht so lange sträuben, bis das Notwendige von unten her erzwungen wird.

2 VOM ZUSAMMENTRITT DER GENERALSTÄNDE BIS ZUM VORABEND DER FLUCHT DES KÖNIGS (MAI 1789 BIS JUNI 1791)

Auf die etwa zwölfhundert Delegierten, die sich am 5. Mai 1789 im Hôtel des Menus Plaisirs in Versailles zusammenfanden, richteten sich die Hoffnungen der gesamten Nation, die allerdings zum Teil sehr verschiedener Natur waren. Zwar war nun der Dritte Stand so stark vertreten wie die beiden anderen zusammen, aber man kann nicht sagen, daß die Zusammensetzung der Versammlung ein getreues Spiegelbild der Nation gewesen wäre. Bauern, also den bei weitem zahlreichsten Stand, gab es unter den Delegierten so gut wie gar nicht. Dagegen fand sich eine unverhältnismäßig große Anzahl von Juristen, besonders Anwälten, in der Versammlung, und auch die niedere Geistlichkeit war stark vertreten.

Der Adel spielte nicht nur in den ersten Wochen, sondern noch im folgenden Jahr und in der ersten Hälfte von 1791 eine entscheidende Rolle, doch handelten seine prominentesten Vertreter nicht immer im Interesse ihres Standes, sondern dachten und fühlten im Sinne Voltaires oder Rousseaus. Tatsächlich waren die beiden einflußreichsten Delegierten des Adels, der Abbé Sieyès und Graf Mirabeau, im Sinne ihrer Standesgenossen »Abtrünnige«: der erstere ein glühender Verfechter der Rechte des Dritten Standes, ein geschickter Taktiker und gut in der Abfassung von Resolutionen, aber kein wirksamer Redner, der es verstand, sich zur Zeit der Schrekkensherrschaft unsichtbar zu machen und zu überleben, um erst gegen Ende der Direktoriums-Zeit wieder aufzutauchen. Mirabeau, auf der anderen Seite, war der dominierende Redner der ersten Monate, der alle mit sich riß, jedoch ein Mann von zweifelhafter Vergangenheit, der sich später vom Hofe – obwohl dieser ihm nie recht traute – eine Pension zahlen ließ und früh – vielleicht zur rechten Zeit für seinen Ruf – starb. Ob er, hätte er länger gelebt, die Monarchie hätte retten können, wie man oft behauptet hat, ist mehr als zweifelhaft.

Für die Außenwelt geschah in den ersten Wochen der Versammlung so gut wie nichts. Tatsächlich wurde aber ein entscheidender Kampf um die Macht zwischen dem Adel und dem Dritten Stand ausgefochten, die beide keinen Schritt von ihren Ideen und Forderungen abweichen wollten. Dabei hatte der Adel eine jahrhundertealte Tradition und auch – das wurde immer offensichtlicher – das Wohlwollen des Königs für sich, und sicher war auch die Mehrheit seiner Vertreter der ehrlichen Überzeugung, daß das Festhalten an der alten Ordnung im Interesse der ganzen Nation läge, die ohne die Führung des Adels in Chaos versinken würde. Andererseits waren die meisten Delegierten des Dritten Standes echte Idealisten, von den Ideen der Aufklärung durchdrungen, die übrigens nicht etwa nur dem Bürgertum, sondern allen Franzosen, ja allen anderen Nationen ebenfalls glücklichere, weil aufgeklärte Zeiten unter dem Zeichen der Freiheit und Gleichheit in Aussicht stellten.

Wiederum spielte der Zufall eine gewisse Rolle bei der Entscheidung: Als sich der Dritte Stand schließlich kühn zur Nationalversammlung erklärte und sich ihm allmählich Abgeordnete der niederen Geistlichkeit und dann auch des Adels anschlossen, befand sich Ludwig nicht in Versailles und dazu in Trauer, denn sein ältester Sohn war am 4. Juni gestorben. Trotzdem war der Kampf keineswegs zugunsten des Dritten Standes entschieden, denn es wurde klar, daß der König, vom Hof und hohen Adel unterstützt, mit Hilfe von Truppen zum Gegenschlag ausholen wollte. Hier, wie auch eigentlich zu allen weiteren kritischen Zeitpunkten der ganzen Epoche, gab das Volk, mehr oder weniger organisiert, durch eine Massenaktion den Ausschlag. Erst durch den Sturm auf die Bastille, der die Schwäche des Regimes dem ganzen Lande und auch dem Ausland vor Augen führte; dann, als Ludwig nachgegeben und die Nationalversammlung die entscheidenden Beschlüsse vom 4. und 26. August gefaßt hatte, der König aber offensichtlich auf Gegenmaßnahmen hinsteuerte, durch den Zug der Volksmenge im Oktober nach Versailles, der den Hof in unmittelbare Gefahr und dann, in Paris,.in eine kaum verhüllte Gefangenschaft brachte.

Die Augustbeschlüsse haben die französische Geschichte wohl weitgehender beeinflußt als irgendeine andere Periode – vielleicht von den ersten Monaten des Konsulats abgesehen –, besonders die *Erklärung der Menschenrechte*. Es ist richtig, daß deren Ideen nicht originell waren, sondern zum größten Teil aus Amerika stammten, nämlich aus der Präambel der Verfassung des Staates Virginia vom 12. Juni 1776, die die Grundlage der amerikanischen Unabhängigkeitserklärung vom 4. Juli 1776 bildete; aber es ist ebenso klar, daß diese Prinzipien, von den englischen und französischen Philosophen des 18. Jahrhunderts entwickelt, in jedem Fall in irgendeiner Form ihren Ausdruck in der Revolution gefunden hätten.

Man hat den »Menschenrechten« auch den Vorwurf gemacht, daß sie, indem sie dem Individuum politische Freiheit gewährleisteten, gleichzeitig aber das Eigentum unangetastet ließen und damit die ökonomische Ungleichheit noch verschärften, zu den Mißständen des Kapitalismus führten. Man muß sich aber vor Augen halten, daß der Kapitalismus, zumindest auf dem europäischen Kontinent, noch in den Kinderschuhen steckte und daß die Klassengegensätze, wie sie sich seit etwa 1840 zu entwickeln begannen, kaum vorauszusehen waren. Die meisten Delegierten, die die »Menschenrechte« verabschiedeten, waren Idealisten und Optimisten und glaubten an eine bessere Zukunft für alle Klassen und alle Völker.

Nach den dramatischen Entwicklungen der ersten Monate trat eine ruhigere Zeit ein, und es schien, als ob die Errungenschaften von 1789 auf friedliche Weise konsolidiert werden würden. Zwar wurde überall heftig weiter debattiert und geschrieben – es gab in Paris allein um 1790/91 etwa einhundertfünfzig Zeitungen und Pamphlete –, doch bei dem großen Fest des Jahrestages des Bastillesturms schien die Nation einig und hoffnungsvoll: Der König akzeptierte die Verfassung, die versuchte, sich als legitimen Erben des alten Regimes auszuweisen und gleichzeitig die Errungenschaften der Revolution zu sichern. Die Ernte von 1789 war gut gewesen, was allerdings infolge der schlechten Transportmöglichkeiten nicht allen Bevölkerungsschichten zugute kam, und Lafayette, der Kommandeur der neugegründeten Nationalgarde, der »Held zweier Kontinente«, hatte den Höhepunkt seiner Popularität erreicht. Die Garde, die er mit den Farben der Stadt Paris, blau-rot und weiß, der Farbe des Königs, ausstattete, schien ihren doppelten Zweck zu erfüllen: einmal das Volk vor Militäraktionen des Hofes und andererseits die Nationalversammlung und ihre Exekutivorgane vor Massenaktionen der Pariser Straßenbevölkerung zu schützen.

So schien die politische Hauptkrise überstanden, aber es taten sich neue Kontroversen auf: so in der Debatte über die Kolonien, in denen die »Negerfreunde« gegen die »Freunde der Kolonisten« standen, und dann auch durch die Tätigkeit der Emigranten, besonders der vom hohen Adel in Turin (Graf d'Artois) und London (Calonne), die den König aus seiner »Gefangenschaft« befreien wollten. Weitere Unruhen brachte die Haltung des Papstes, der den Zivilstatus der Priester – von der Nationalversammlung, die den Ideen Josephs II. folgte, adoptiert – verdammte und damit viele Priester in die Opposition trieb.

Vor allem aber war es die finanzielle Situation, die ungelöst blieb und zu neuen Krisen führte. Früher war es das hohe Defizit des Staates gewesen, das dem Adel die Mittel in die Hand gegeben hatte, allen nur möglichen Druck auf den König auszuüben. Jetzt war es die Ausgabe von Papiergeld, der Assignaten, die zur Geldentwertung und damit zur Unzufriedenheit der niederen Klassen führte. Und zu alledem war die Furcht vor einer Verschwörung der Aristokratie, möglicherweise verbunden mit einer Invasion fremder Mächte, besonders in den östlichen Provinzen nicht geschwunden.

Chronologie

1789 4. Mai: Die Generalstände ziehen feierlich in Versailles ein.

*5. Mai: Der König eröffnet die Versammlung der Generalstände. Er gibt zu, daß der Staat vor dem Bankrott steht, und fordert die Stände auf, Wege zur Sanierung des Staatshaushalts zu suchen. Es folgt eine langatmige Rede Neckers, zum Teil von einem Assistenten verlesen, die neben einer Vielzahl statistischer Ausführungen zur Wirtschaftslage den Vorschlag beinhaltet, die Privilegierten sollen ihre Vorrechte aufgeben und der Dritte Stand solle damit zufrieden sein. Von einer Verfassung ist nicht die Rede.

In der Versammlung sind sechsundvierzig Bischöfe, darunter Talleyrand, Bischof von Autun, etwa neunzig liberale Adlige, wie Lafayette und Duport, viele Juristen, darunter Robespierre, Le Chapelier, Lanjuinais aus der (besonders radikalen) Bretagne vertreten; ferner zwei privilegierte Überläufer zum Dritten Stand: Abbé Sieyès und Graf Mirabeau.

1789 *6. Mai: Erster Konflikt in Versailles: Der Dritte Stand lehnt es ab, von den beiden anderen Ständen getrennt zusammenzutreten, und schlägt eine gemeinsame Sitzung vor. Bei getrennten Abstimmungen zählt für jeden Stand die einfache Mehrheit; bei gemeinsamen Abstimmungen nach Köpfen besteht die Möglichkeit, daß dem Dritten Stand geneigte Mitglieder des Klerus oder des Adels mit dem Dritten Stand stimmen. Die Versammlung setzt sich zusammen aus: etwa fünfhundertfünfundachtzig Abgeordnete des Dritten Standes, knapp dreihundert Adligen und knapp dreihundert Klerikern.

Bauernaufstand in Cambrai.

11. Mai: Der Adel erklärt mit großer Mehrheit, eine eigenständige Versammlung zu sein. Beim Klerus fällt die Abstimmung mit dem gleichen Ergebnis knapper aus (einhundertvierunddreißig zu einhundertvierzehn).

20. Mai: Der geistliche Stand verzichtet auf seine Steuerprivilegien.

22. Mai: Auch der Adel verzichtet auf seine Steuerprivilegien.

Juni: Die Getreidepreise erreichen den höchsten Stand des Jahrhunderts.

3. Juni: Jean Sylvain Bailly wird Führer der Abgeordneten des Dritten Standes.

4. Juni: Der Dauphin stirbt im Alter von sieben Jahren. An seine Stelle in der Thronfolge tritt nun sein vierjähriger Bruder.

1789 10. Juni: Der Dritte Stand fordert die Deputierten der beiden anderen Stände zur gemeinsamen Bestätigung der Beglaubigungsschreiben auf.

12. Juni: Beim Namensaufruf ist der Dritte Stand noch allein. Er beginnt mit der Bestätigungsprozedur.

16. Juni: Bis zu diesem Tag sind neunzehn niedere Geistliche zum Dritten Stand übergetreten.

*17. Juni: Der Dritte Stand, nunmehr eindeutig im Besitz der Mehrheit der Stimmen, erklärt sich auf Legrands Vorschlag zur Nationalversammlung (Assemblée nationale), und zwar mit vierhunderteinundneunzig gegen neunundachtzig Stimmen.

19. Juni: Die Mehrheit des geistlichen Standes beschließt, sich dem Dritten Stand anzuschließen, ebenso acht liberale Adlige. Durch diesen Vorgang alarmiert, bitten der hohe Klerus und der Adel den König, die Versammlung aufzulösen.

*20. Juni: Der »Ballhausschwur«. Die Nationalversammlung findet ihren bisherigen Versammlungsort, das Hôtel des Menus Plaisirs, geschlossen und siedelt in den »Tennis-Court« (Ballhaus, Jeu de Paume) über. Da man Gewaltmaßnahmen von seiten des Hofes befürchtet, schlägt der Abbé Sieyès vor, nach Paris überzusiedeln und sich unter den Schutz des Volkes zu stellen. Statt dessen beschließt die Versammlung, auf Vorschlag Mouniers aus der Dauphiné, einen feierlichen Eid – den jedes Mitglied leistet –, sich nicht aufzulösen, bis eine Verfassung zustande gekommen ist. Die Nationalversammlung wird zugleich Gesetzgebende Versammlung. (Jacques Louis David hat diesen historischen Moment in einem Gemälde festgehalten.)

21. Juni: In einer »königlichen Session« werden die meisten Reformvorschläge Neckers, der die öffentlichen Ämter

für alle zugänglich machen und eine Abstimmung nach Köpfen erlauben will, abgelehnt. Den Ausschlag geben dabei die Brüder des Königs und der Kriegsminister Ségur.

1789 22. Juni: Die Nationalversammlung findet in Versailles eine geeignetere Versammlungsstätte; sie tagt in der Kirche von St. Louis. Es schließen sich ihr etwa hundertfünfzig Geistliche und zwei Adlige an.

*23. Juni: Königliche Session. Siegelbewahrer Barentin gibt in Gegenwart Ludwigs der Versammlung dessen Reformprogramm bekannt (Necker ist nicht anwesend): gleiche Besteuerung, Freiheit der Person und Presse, Dezentralisierung, Abschaffung der Leibeigenschaft und Corvée, jedoch keine Zulassung aller zu den öffentlichen Ämtern, Abstimmung nach Köpfen nur in einigen Fällen. Weiter lehnt Ludwig es ab, den Dritten Stand als Vertreter der ganzen Nation anzuerkennen. Er erklärt: »Nie hat ein König so viel für eine Nation getan.« Das Programm läuft auf eine konstitutionelle Monarchie hinaus, bei der die Vorherrschaft des Adels jedoch fast unangetastet bleibt.

Der Zeremonienmeister befiehlt der Versammlung darauf, auseinanderzugehen, doch der Dritte Stand weigert sich. Bailly, der Präsident der Versammlung: »Der versammelten Nation können keine Befehle gegeben werden.« Die Garde du Corps versucht, den Saal zu räumen, wird aber von einigen liberalen Adligen – darunter Lafayette – daran gehindert. Ludwig hebt den Räumungsbefehl auf.

25. Juni: In Paris wählen Wahlmänner aus den Quartiers einen neuen Magistrat. Der alte, vom König eingesetzte tritt zurück.

Siebenundvierzig Adlige schließen sich dem Dritten Stand an, darunter Duport, der Herzog von Orléans und La Rochefoucauld.

26. Juni: Erste königliche Befehle, Truppen um Paris zusammenzuziehen.

1789 27. Juni: Der König lenkt ein und fordert die loyalen Mitglieder des ersten und zweiten Standes auf, sich dem Dritten Stand anzuschließen.

*2. Juli: Kundgebung vor dem Palais Royal gegen die Zusammenziehung von Truppen rund um Paris.

7. Juli: Die Nationalversammlung ernennt ein Verfassungskomitee und nennt sich von nun an Verfassunggebende Versammlung (Assemblée nationale constituante).

8. Juli: Auf die Nachricht vom Heranrücken der Truppen hin hält Mirabeau eine flammende Rede gegen eine Militärdiktatur. Die Versammlung erbittet vom König Aufklärung, der erwidert, er müsse die Ordnung aufrechterhalten, und wenn die Versammlung es wünsche, würde er sie nach Soissons übersiedeln lassen.

10. Juli: Unter Marschall de Broglie haben sechstausend Soldaten Versailles besetzt. Weitere zehntausend hat Baron de Besenval rund um Paris postiert.

*11. Juli: Die Absicht Ludwigs, die Versammlung aufzulösen, wird klar, als Necker und die übrigen zu Kompromissen bereiten Minister entlassen werden.

Unruhen in Paris. Das Volk versucht, die Truppen in der Stadt auf seine Seite zu ziehen.

13. Juli: Die Pariser stürmen das Hôtel des Invalides und gelangen so in den Besitz der dort gelagerten Waffen. De Besenval fürchtet um die Loyalität seiner Truppen und greift deshalb nicht ein.

Die Vertreter der sechzig Pariser Distrikte gründen eine Bürgergarde.

*14. Juli: Der Sturm auf die Bastille. Auf die Nachricht von der Entlassung Neckers fühlen sich die Massen bedroht und versuchen, an die in der Bastille vermuteten Waffen zu gelangen. Die Bastille ist nur mit achtzig alten Soldaten, die ungern gegen die Volksmenge vorgehen, und dreißig Schweizern besetzt. Der Kommandant de Launay ist unvorbereitet und zögert zu handeln. Als die Menge sich der ersten Zugbrücke bemächtigt und in den inneren Hof vordringt, gibt de Launay den Befehl zu schießen. Achtundneunzig Tote. Die Volksmenge bringt sich in den Besitz der Kanonen, die das Haupttor bedrohen. De Launay bietet die Übergabe an; das Volk dringt über die zweite Zugbrücke ins Innere der Bastille. Einige Soldaten werden massakriert, de Launay wird mißhandelt und dann vor dem Hôtel de Ville enthauptet. In der Festung werden nur sieben Inhaftierte gefunden.

De Besenval greift nicht ein, da er keine Befehle hat. Fünf der sechs Kompanien der Garde française, zum Schutz des Königs bestimmt, laufen zu den Aufständischen über.

1789 *15. Juli: Ludwig erscheint in der Nationalversammlung, beteuert seine friedlichen Absichten und kündigt den Rückzug seiner Truppen an.

Jean Sylvain wird Bürgermeister von Paris, Lafayette Kommandant der Nationalgarde (der Bürgergarde).

In Dijon brechen Unruhen aus.

16. Juli: Necker und die anderen am 11. Juli entlassenen Minister werden zurückgerufen.

Der Abbruch der Bastille wird beschlossen.

17. Juli: Der König erscheint mit fünfzig Delegierten in Paris und wird dort würdig, aber kühl empfangen. Bailly betont, das Volk habe seinen König »zurückerobert«. Ludwig heftet die neue Nationalkokarde an seinen Hut.

17. Juli und die folgenden Tage: In der hohen Aristokratie setzt die ersten Exilwelle ein: Zu den Auswanderern zählen der Prinz Condé, der Graf d'Artois, de Broglie, Polignac.

Desmoulins veröffentlicht *La France libre*.

In der Normandie bricht eine Bauernrevolte aus, in verschiedenen anderen Provinzen kommt es ebenfalls zu Aufständen.

In mehreren Städten bilden sich Nationalgarden.

1789 21. Juli: In Straßburg bricht ein Aufstand aus.

22. Juli: Der Intendant von Paris, Bertier de Sauvigny, der für die Brotknappheit verantwortlich gemacht wird, und sein Schwiegervater Foullon werden von der Menge an eine Laterne gehängt (erste Terrorakte). De Besenval entgeht mit Neckers Hilfe nur mit knapper Not einem gleichen Schicksal.

23. Juli: Erhebung in Le Mans, die von blutigen Ausschreitungen begleitet wird.

24. Juli: Die Stadtverwaltung von Paris wird umorganisiert; sie setzt sich nun aus hundertzwanzig Vertretern der sechzig Distrikte zusammen.

25. Juli: Im Elsaß und Hainut erheben sich die Bauern.

26. Juli: Auch in Macon bricht eine Bauernerhebung aus.

28. Juli: Brissot, der spätere Führer der Girondisten, veröffentlicht die erste Nummer seines *Patriote français*.

Ende Juli: In allen Provinzen bilden sich Gemeinde- und Bürgergarden.

*4. August: In einer Sitzung, die bis zwei Uhr nachts dauert, wird die Abschaffung des Feudalsystems beschlossen. Adel und Klerus verzichten auf ihre Standesprivilegien. Alle Frondienste werden entschädigungslos abgeschafft; ebenso der Zehnte für die Geistlichkeit. Der Adel scheint an diesem Tag gegen die Aufhebung seiner Rechte nicht protestiert zu haben.

1789 7. August: Das Pamphlet *Projet dévoilé d'endormir le peuple* von Marat erscheint, in dem er die Reformen des 4. August für unzureichend erklärt.

9. August: Die Nationalversammlung beschließt eine Anleihe in Höhe von dreißig Millionen Livres.

10. August: Die Nationalversammlung fordert per Dekret vom Militär den Eid auf die Nation, den König und das Gesetz.

*11. August: Die Beschlüsse vom 4. August werden durch Dekret bestätigt. Dabei siegt Mirabeau über Sieyès: Der Zehnte der Geistlichkeit wird entschädigungslos abgeschafft. Dies ist praktisch das Ende des Feudalismus.

13. August: Die Nationalversammlung teilt dem König mit, daß sie ihm den Titel »Wiederhersteller der französischen Freiheit« verliehen hat.

18. August: Erste sichtbare Reaktion im Ausland: Aufstand der Bewohner in Lüttich.

23. August: Die Nationalversammlung verkündet die Freiheit der religiösen Meinungsäußerung.

24. August: Die Nationalversammlung verkündet die Freiheit der Presse (ein eher formaler Akt, eine Zensur bestand zu diesem Zeitpunkt kaum mehr).

*26. August: Nach zweiwöchiger Debatte beschließt die Versammlung die *Erklärung der Menschen- und Bürgerrechte*, die sich zum Teil auf englische Vorbilder und auf die amerikanische Unabhängigkeitserklärung stützt. In ähnlicher Form werden die darin verkündeten Grundsätze in die Verfassungen vom 3. September 1791 und vom 24. Juni 1793 aufgenommen. Die Bürgerrechte erstreckten sich jedoch nicht auf Juden, Protestanten und Schauspieler.

1789 31. August: In der Nationalversammlung kommt es zum Bruch zwischen Monarchisten und Patrioten. Erstere wollen, daß der König die Beschlüsse vom 4. bis 11. August sanktioniert, die letzteren halten dies für unnötig. Die Befürworter des königlichen Vetorechts und eines Zweikammersystems werden »Engländer« genannt.

1. September: In der königlichen Sitzung wird die Möglichkeit diskutiert, die Nationalversammlung nach Soissons oder Compiègne zu verlegen. Nur der Widerstand des Königs verhindert die Ausführung des Plans.

10. September: Die Nationalversammlung beschließt mit achthundertneunundvierzig zu neunundachtzig Stimmen das Einkammersystem.

*11. September: Die Versammlung räumt dem König ein aufschiebendes Vetorecht ein; Ludwig verweigert jedoch die Zustimmung zu den August-Beschlüssen. Necker kann den König nicht umstimmen (und verliert an Popularität). Die Versammlung fühlt sich vom König hintergangen.

12. September: In Caens, Orleans kommt es zu Aufständen.

16. September: Die erste Nummer von Marats *L'Ami du peuple* erscheint. Darin greift er Bailly, Lafayette und Nekker scharf an.

18. September: Der König verlangt von den Deputierten der Nationalversammlung eine nochmalige Überprüfung der August-Beschlüsse.

19. September: Die Nationalversammlung bittet den König um die Veröffentlichung der August-Beschlüsse; der König bewilligt dies zwei Tage später, betont aber, daß dies keineswegs die Ratifikation bedeute.

Paris wählt eine neue Stadtverordnetenversammlung mit dreihundert Abgeordneten.

Im Laufe des September: Das Thouret-Komitee mildert die Voraussetzung für die Wählbarkeit der Deputierten in die Versammlung: In Zukunft reicht der Nachweis eines noch so geringen Landbesitzes und die Steuerzahlung einer Silbermark (etwa fünfzig Livres) aus.

Graf d'Artois bildet in Turin ein »Schattenkabinett«.

1789 23. September: Ein Flandernregiment trifft auf Befehl des Königs in Versailles ein.

Es sind neue Gerüchte über eine adlige Verschwörung in Umlauf.

Ende September: Infolge der Unruhen haben viele Tausende von Fremden, Adligen und reichen Bürgern Paris verlassen; dies trägt u. a. zur steigenden Arbeitslosigkeit bei.

*1. Oktober: In der Versailler Oper findet ein Festbankett für die Offiziere des Flandernregiments statt. In dessen Verlauf wird die Trikolore buchstäblich mit Füßen getreten und durch die schwarze (Farbe der Königin) Kokarde in Anwesenheit Marie-Antoinettes ersetzt.

*5. Oktober: Aufruhr in Paris. Wer die Organisatoren waren, läßt sich nicht mehr eindeutig feststellen, doch der Herzog von Orléans und vielleicht auch Lafayette mögen hinter den Kulissen mitgewirkt haben. Pariser Frauen versammeln sich vor dem Rathaus und verlangen Brot. Da weder Bailly noch Lafayette anwesend sind, beschließen sie, nach Versailles zu gehen, und ernennen Maillard, einen der Führer beim Sturm auf die Bastille, zu ihrem Anführer. Lafayette und die Nationalgarde folgen erst gegen fünf Uhr.

Auf ihre Forderung, der König solle nach Paris zurückkehren, antwortet dieser nicht. Am Morgen des 6. Oktober kommt es zu Gewalttätigkeiten, die Volksmenge dringt bis in den Vorraum Marie-Antoinettes vor. Die Leibwache wird entwaffnet. Wiederum greift Lafayette erst später ein. Die Nationalgarde geleitet dann die königliche Familie, die Leibwache, das Flandernregiment und hundert Delegierte, umgeben von der Menge, nach Paris, wo der König von Bailly willkommen geheißen wird und am späten Abend in die Tuilerien einzieht, die seit den Tagen Ludwigs XIV. leergestanden haben. Der König ist von nun an fast ein Gefangener des Volkes. Andererseits besteht jetzt zwischen ihm und der Nationalversammlung Übereinstimmung.

1789 8. Oktober: Die Nationalversammlung erklärt per Dekret die Reformierung der Strafgesetzgebung.

10. Oktober: Per Dekret wird der Titel des Königs von »König von Frankreich und Navarra« umgeändert in »König der Franzosen«.

Lafayette wird Befehlshaber der regulären Truppen um Paris in einem Umkreis von fünfzehn Lieues (rund siebenundsechzig Kilometer).

Dr. Guillotin schlägt der Nationalversammlung eine neue Hinrichtungsmethode vor. Die Guillotine, in Wirklichkeit nicht von ihm, sondern von einem Dr. Louis und dem deutschen Mechaniker Schmitt erfunden, wird zum erstenmal am 25. April 1792 eingesetzt. Ohne dieses »Gerät« wäre die Unzahl der Hinrichtungen in der kurzen Zeit nicht möglich gewesen.

12. Oktober: Ludwig schreibt dem König von Spanien, seinem Vetter, einen geheimgehaltenen Brief, in dem er alle ihm aufgezwungenen Dekrete widerruft.

D'Artois bittet Kaiser Joseph II. schriftlich um eine militärische Intervention in Frankreich.

19. Oktober: Die Nationalversammlung übersiedelt nach Paris und etabliert sich dort in der großen Halle des erzbischöflichen Palais. (Am 9. November zieht sie in die Reitschule – Manège – bei den Tuilerien um.)

21. Oktober: Die Nationalversammlung stimmt über Maßnahmen zur Eindämmung der Volkserhebung ab (Kriegsrecht).

1789 24. Oktober: Die Bevölkerung der österreichischen Niederlande revoltiert gegen Kaiser Joseph II.

31. Oktober: In Ajaccio auf Korsika bricht ein Aufstand los.

Im Laufe dieses Monats: Infolge der Ausgabe von Assignaten ist der Wert des Livre auf ausländischen Märkten um ein Zehntel gesunken.

*2. November: Auf Vorschlag Talleyrands beschließt die Nationalversammlung, die Kirchengüter zu verstaatlichen.
Das erste antirevolutionäre Journal, *Actes des apôtres*, erscheint.

7. November: Per Dekret werden die Kirchengüter unter staatliche Kontrolle gestellt und die Abgeordneten der Nationalversammlung von Ministerposten ausgeschlossen.

19. November: Die Nationalversammlung beschließt einen außerordentlichen Fonds, der aus dem Verkauf von Kirchengütern gespeist wird.

24. November: Die erste Nummer des *Moniteur* erscheint.

28. November: Die erste Nummer der *Révolutions de France et de Brabant* von Camille Desmoulins erscheint.

1. Dezember: Die Nationalversammlung fast den Beschluß, daß alle Bürger in der Strafgerichtsbarkeit gleich zu behandeln sind.
In Toulouse revoltiert die Marine.

9. Dezember: Frankreich wird per Dekret neu in Departements aufgeteilt (vorerst noch ohne konkrete Durchführungsbestimmungen).

12. Dezember: Marat wird verhaftet, jedoch auf Betreiben Lafayettes wieder freigelassen.

1789 13. Dezember: In Senlis kommt es zum Aufstand.

17. Dezember: Die Nationalversammlung beschließt, mit den Kirchengütern die Staatsschulden abzubauen.

In den österreichischen Niederlanden setzen sich die Aufständischen durch. Die österreichische Armee räumt Brüssel.

19. Dezember: Es werden Assignaten (Regierungs-Schuldverschreibungen) eingeführt, zunächst in Höhe von vierhundert Millionen Livres, die durch Verkauf von Kirchengütern gedeckt werden sollen. Es ist ein Zinssatz von fünf Prozent vorgesehen.

22. Dezember: Gegen die Stimmen der Radikalen (Robespierre, Marat) wird das Zensuswahlrecht beschlossen; die politischen Rechte sind an einen dreistufigen Steuerzensus gebunden.

24. Dezember: Die Protestanten erhalten das passive Wahlrecht; den Juden bleibt dies weiterhin verwehrt.

Im Laufe des Dezember: Die sogenannten »Monarchiens«, die ein absolutes Veto des Königs zu den Beschlüssen der Nationalversammlung und die Errichtung eines Oberhauses nach englischem Vorbild befürworten, gründen in der Rue de la Michodière den »Club des Impartiaux«.

In Paris wird der erste Jakobiner-Klub gegründet. Er geht auf den Club Breton in Versailles zurück. Offiziell heißt er »Gesellschaft für Verfassungsfreunde«; Jakobiner war der volkstümliche Name für die Dominikaner, in deren Kloster der neue Klub tagte. Da die Mitgliedschaft vierundzwanzig Livres kostete, waren die ärmeren Bevölkerungsteile ausgeschlossen.

Im Juni 1791 gab es in ganz Frankreich bereits etwa vierhundertfünfzig solche Klubs.

1789 Am Jahresende: Die Ausfuhr des Landes beläuft sich für das Jahr 1789 auf vierhundertachtunddreißig Millionen Livres, die Einfuhr auf sechshundertsiebenunddreißig Millionen, wovon allein zweihundertfünfzig Millionen aus den Kolonien stammen. Die öffentlichen Ausgaben betrugen siebenhunderteinunddreißig Millionen Livres.

1790 7. Januar: In Versailles brechen Unruhen aus; die Bevölkerung fordert die Senkung der Brotpreise.

18. Januar: Marat veröffentlicht seine Anklage gegen Nekker.

28. Januar: Die Juden spanisch-portugiesischer Herkunft erhalten das Bürgerrecht (im Elsaß allerdings erst im September 1791).

7. Februar: In Lyon kommt es zu Unruhen.

*13. Februar: Die Mönchs-Gelübde werden aufgehoben, desgleichen die religiösen Orden.

19. Februar: Der Marquis de Favras, angeklagt, ein Komplott gegen die Nationalversammlung geschmiedet und die Entführung des Königs geplant zu haben, wird auf der Place de Grève hingerichtet.

20. Februar: In Wien stirbt Kaiser Joseph II. Sein Nachfolger wird sein Bruder Leopold II.

*22. Februar: In Châteauroux brechen Unruhen aus.

23. Februar: Die Nationalversammlung erläßt ein Dekret, wonach die Geistlichen die Beschlüsse und Gesetze der Versammlung von der Kanzel zu verlesen haben.

26. Februar: Namen, Ausdehnung und Grenzen der neuen dreiundachtzig Departements werden festgelegt.

1790 28. Februar: Die Nationalversammlung verabschiedet die neue Heeresverfassung; das Rangmonopol des Adels wird abgeschafft.

8. März: Die Nationalversammlung hält per Dekret an der Beibehaltung der Sklaverei in den Kolonien fest.

16. März: Die Nationalversammlung beschließt die Abschaffung der berüchtigten Lettres de cachet.

18. März: In Brüssel müssen die Revolutionäre eine Niederlage hinnehmen, viele flüchten nach Frankreich.

21. März: Die seit 1383 bestehende Salzsteuer, die verhaßte Gabelle, wird abgeschafft.

29. März: Papst Pius VI. verdammt die Erklärung der Menschen- und Bürgerrechte.

3. April: Das Handelsmonopol der Indienkompanie (Compagnie des Indes) wird abgeschafft.

5. April: In Vannes bricht ein konterrevolutionärer Aufstand aus.

6. April: In Nîmes kommt es zu Kämpfen zwischen königstreuen Katholiken und die Revolution unterstützenden Protestanten.

13. April: Von nun an übernimmt der Staat den Unterhalt der Kirchen und Geistlichen. Die Nationalversammlung weigert sich jedoch, die katholische Kirche als Staatsreligion anzuerkennen, was in der Folgezeit zu Aufständen royalistischer Katholiken führt.

17. April: Die Assignaten werden in Papiergeld umgewandelt; der Zinssatz wird auf drei Prozent gesenkt.

1790 18. und 20. April: In Toulouse und Nîmes finden antirevolutionäre Demonstrationen statt.

27. April: Gründung der »Gesellschaft der Freunde der Menschenrechte«, genannt Cordeliers-Klub, in dem Danton, Desmoulins und Marat, später Hébert, eine große Rolle spielen.

April: Die Aristokraten begründen den »Salon Français« als Treffpunkt in der Rue Royale.

5. Mai: Von nun an werden die Richter nicht mehr ernannt, sondern gewählt.

8. Mai: Die Nationalversammlung beschließt die Vereinheitlichung der Maße und Gewichte; zur Durchführung dieses Beschlusses wird am 10. Mai eine Kommission eingesetzt.

10. Mai: Mirabeau läßt sich vom Hof bezahlen: Seine Schulden werden getilgt, und er erhält eine monatliche Pension in Höhe von sechstausend Livres.

In Montauban erheben sich die Katholiken gegen die Revolution.

14. Mai: Außenminister Montmorin unterrichtet die Nationalversammlung davon, wie angespannt die Lage zwischen Spanien und England ist und wie Ludwig versucht, seinem Vetter in Spanien zu helfen.

21. Mai: Paris wird neu eingeteilt; an die Stelle der bisherigen sechzig Distrikte treten nun achtundvierzig Sektionen.

28. Mai: Es wird verboten, die weiße Kokarde (Farbe des Königs) zu tragen. Für die Offiziere wird die Trikolore Pflicht.

30. Mai: Die Nationalversammlung beschließt, neue Fürsorgeeinrichtungen zu schaffen.

1790 1. Juni: Die erste Nummer des *L'Ami du roi*, eines royalistischen Journals, erscheint – mit einer doppelt so großen Auflage wie Marats *L'Ami du peuple*.

3. Juni: Auf Martinique Aufstand der Mulatten.

5. Juni: Das von Condorcet herausgegebene *Journal de la société de 1789* erscheint zum erstenmal.

9. Juni: Der 14. Juli 1790 wird zum Feiertag erklärt.

10. und 11. Juni: In Avignon kommt es zu antirevolutionären Unruhen. Der Aufstand wird unterdrückt, und die noch immer päpstliche Stadt fordert ihre Wiedervereinigung mit Frankreich.

13. Juni: In Nîmes kommt es zu blutigen Ausschreitungen gegen die Protestanten.

*19. Juni: Die Nationalversammlung schafft den erblichen Adel, Orden, Titel und Wappen ab.

3. Juli: Heimliche Unterredung zwischen Mirabeau und der Königin. Der Philosoph und Mathematiker Condorcet veröffentlicht einen Artikel, in dem er sich für das Wahlrecht der Frauen ausspricht.

9. Juli: Die Nationalgüter werden für den Verkauf freigegeben. Dadurch wird eine Umschichtung der Besitzverhältnisse in die Wege geleitet und das Interesse breiter Volksschichten am Gelingen der Revolution geweckt.

12. Juli: Gesetz zur Reorganisation des Klerus. Die Geistlichen werden Staatsbeamte, die Zahl der Diözesen wird der der Departements angeglichen. Priester und Bischöfe werden von den »aktiven« (steuerzahlenden) Bürgern gewählt, die Weihe von Priestern und Bischöfen wird dem päpstlichen Einfluß entzogen.

1790 *14. Juli: Der erste Jahrestag der Erstürmung der Bastille wird auf dem Marsfeld als »Föderationsfest« gefeiert. Talleyrand, der Bischof von Autun, liest die Messe. Danach tritt Lafayette, Kommandeur der Nationalgarde, an den Altar und schwört der Nation, dem König und dem Gesetz die Treue.

Ähnliche Föderationsfeste haben bereits in mehreren anderen Städten stattgefunden.

22. Juli: Der König sanktioniert den Zivilstatus des Klerus.

23. Juli: Pius VI. verurteilt in einem Brief an Ludwig den Zivilstatus des Klerus; der Brief wird nicht veröffentlicht.

26. Juli: Marat fordert in dem Pamphlet *C'en est fait de nous!* die Hinrichtung von fünfhundert bis sechshundert Aristokraten, um die Revolution zu retten.

Im Laufe des Juli: Der »Salon Français« der Aristokraten versucht, die Flucht Ludwigs nach Lyon zu organisieren.

7. August: Das Sekretariat des Königs (Maison du Roi) wird durch ein Innenministerium, in dem die Verwaltung des Hofes eine Unterabteilung bildet, ersetzt.

16. August: Die Feudalgerichte werden abgeschafft, und es wird das Amt des Friedensrichters eingerichtet.

Die Nationalversammlung verabschiedet ein Dekret, mit dem die Disziplin in der Armee wiederhergestellt werden soll (»heilsamer Schrecken«).

21. August: Es werden Militärgerichte gebildet.

31. August: Eine Militärrevolte in Nancy wird vom Marquis de Bouillé, einem Veteranen des Siebenjährigen Krieges sowie des amerikanischen Unabhängigkeitskrieges, niedergeschlagen.

1790 2. September: In Paris kommt es wegen der Vorgänge in Nancy zu Unruhen.

4. September: Necker, der viel von seiner Popularität eingebüßt und sich besonders Mirabeau zum Feind gemacht hat, wird vom König entlassen und zieht sich in die Schweiz zurück.

Es wird ein Schatzamt eingerichtet.

6. September: Die Parlamente und Gerichtshöfe des Ancien régime werden offiziell abgeschafft.

7. September: Die Nationalversammlung ordnet die Organisation der Nationalarchive.

16. September: In Brest bricht eine Meuterei bei der Flotte aus.

29. September: Gegen die Neuausgabe von achthundert Millionen Livres in Assignaten werden Nationalgüter verkauft; die Verzinsung der Assignaten wird abgeschafft.

6. Oktober: Ludwig XVI. schreibt an seinen Vetter, Karl IV. von Spanien, einen Brief, in dem er sich gegen den Zivilstatus des Klerus ausspricht.

12. Oktober: Die Nationalversammlung bekräftigt die Rechtmäßigkeit der Sklaverei in Santo Domingo und löst die dortige Kolonialversammlung auf.

21. Oktober: Die Trikolore wird durch Dekret zur Nationalflagge erklärt.

26. Oktober: Ludwig XVI. erfährt von dem Fluchtplan Fersens für die königliche Familie.

29. Oktober: In Santo Domingo erheben sich die Mulatten und Schwarzen.

1790 31. Oktober: Die Binnenzölle werden abgeschafft.

23. November: Es wird eine allgemeine Grundsteuer erhoben. – In Uzès kommt es zu bewaffneten Auseinandersetzungen zwischen Katholiken und Nationalgarde.

*27. November: Die Nationalversammlung erläßt ein Dekret, wonach die Geistlichen einen Eid auf die Verfassung leisten müssen. Von den einhundertdreiunddreißig Bischöfen erklären sich nur vier dazu bereit, darunter Talleyrand, Bischof von Autun. Die höhere Geistlichkeit opponiert zum Teil mehr aus sozialen denn aus religiösen Gründen.

15. Dezember: Erblichkeit und Käuflichkeit aller Ämter werden abgeschafft.

21. Dezember: Die Apanagen werden abgeschafft.

27. Dezember: Neunundfünfzig geistliche Abgeordnete leisten den Eid.

29. Dezember: Im *L'Ami du peuple* wendet sich Marat mit wilden Ausfällen gegen die Monarchie an Ludwig XVI.

Im Dezember: Mirabeau, der sich durch seinen Pakt mit dem Hof unbeliebt gemacht hatte, wird von Robespierre im Jakobiner-Klub entscheidend geschlagen.

1791 3. Januar: Den eidverweigernden Priestern wird verboten, ihr Amt öffentlich auszuüben; gleichzeitig werden sie aufgefordert, innerhalb vierundzwanzig Stunden den Eid zu leisten.

4. Januar: Die Mehrheit des Klerus verweigert erneut die Eidesleistung.

20. Januar: Per Dekret wird die Gerichtsbarkeit in den Gemeinden, Kantonen und Departements geregelt.

1791 19. Februar: »Mesdames«, die Töchter Ludwigs XV. und Tanten Ludwigs XVI., gehen ins Exil.

23. Februar: Der Fürst Condé läßt sich in Worms nieder und beginnt mit der Bildung einer Emigrantenarmee.

28. Februar: Lafayette läßt vierhundert bewaffnete Aristokraten, die sich bei den Tuilerien versammelt haben, verhaften. Sie werden am 13. März wieder freigelassen.
Im Faubourg Saint-Antoine kommt es zu Unruhen.

2. März: Per Gesetz werden Korporationen verboten.
Der Patentschutz wird eingeführt.

3. März: Die Nationalversammlung beschließt, den kirchlichen Silberschatz einzuschmelzen.

10. März: Die Botschaft des Papstes Pius VI. *Quot aliquantum* verdammt den Zivilstatus der Priesterschaft und die Prinzipien der Revolution.

2. April: Mirabeau stirbt. An Mirabeaus Stelle tritt das sogenannte Triumvirat (Barnave, Duport, Lameth), das versucht, dem weiteren Fortschreiten der Revolution Einhalt zu gebieten.

4. April: Mirabeau wird im Panthéon beigesetzt.

18. April: Eine Fahrt des Königs nach Saint Cloud wird von einer Volksmenge gestoppt und dann von Grenadieren der Nationalgarde verhindert, die Lafayettes Befehle ignorieren.

Im April: Die Kosten des Hofes werden jetzt von der Nationalversammlung kontrolliert, und so ist der König gezwungen, eine Reihe von offiziellen Hofämtern aufzugeben. Die persönliche Sicherheit des Königs wird der Nationalgarde anvertraut, die alte Leibwache und Schweizer Garde bleiben jedoch Teil des königlichen Haushalts.

1791 6. Mai: Die Assignaten werden in Banknoten umgewandelt und sind jetzt in Minimum-Nennwerten von fünf Livres erhältlich. Der Wert des Livre ist um fünfzehn Prozent gesunken – zum Schaden der unteren Einkommensschichten und der Käufer von Staatsanleihen.

7. bis 15. Mai: Die Nationalversammlung berät über die Rechte der Schwarzen und Mulatten in den Kolonien. Die Patriotenpartei spaltet sich in »Negerfreunde« und »Freunde der Kolonisatoren«. Dies resultiert in der »Tory«-Partei, die sich wieder dem König annähern will, was aber durch dessen Fluchtversuch im darauffolgenden Monat gegenstandslos wird.

Die Sklaverei wird nicht abgeschafft.

18. Mai: Es werden sechshundert Millionen Livres in Assignaten ausgegeben.

9. bis 10. Juni: Adrien Duport wird zum Präsidenten, Robespierre zum öffentlichen Ankläger des Straftribunals gewählt.

*14. Juni: Das »Le Chapelier«-Gesetz, benannt nach einem Delegierten aus der Bretagne, wendet das liberale Prinzip des Individualismus auf die Wirtschaft an und untersagt jede Art von Arbeiter- und Arbeitgeberorganisationen sowie Streiks. Bemerkenswerterweise erhebt sich kein Protest von seiten der »Linken« gegen das Gesetz.

15. Juni: Graf d'Artois schlägt sein Hauptquartier in Koblenz auf.

ZITATE

Charles Élie Marquis de Ferrières über den 5. Mai 1789:

Der König hielt eine edle und weise Rede … Necker legte den gegenwärtigen Stand der Finanzen dar. Seine Rede dauerte drei Stunden. Ich fand sie sehr mittelmäßig und bei weitem nicht dem entsprechend, was man von einem Mann hätte erwarten dürfen, der so großes Ansehen genießt.

Charles Élie Marquis de Ferrières nach der feierlichen Eröffnung der Generalstände in einem Brief an seine Frau vom 6. Mai 1789:

Ungeheure Volksmassen sahen uns in achtungsvollem Schweigen zu ... Die von verworrenem und unaufhörlichem Beifallklatschen begleiteten Rufe »Vive le Roi« tauchten die Seele in eine tiefe Trunkenheit ... Frankreich, mein Vaterland, zeigte sich in all seiner Pracht.

Erklärung der Nationalversammlung vom 17. Juni 1789:

Die Versammlung stellt ... fest, daß diese Versammlung sich nunmehr aus von wenigstens sechsundneunzig Hundertsteln der Nation auf direktem Wege entsandten Repräsentanten zusammensetzt.

Eine so große Zahl von Abgeordneten darf kaum untätig bleiben, nur weil die Abgeordneten einiger Kreise oder Bürgerklassen fehlen ...

Die Versammlung erklärt demnach, daß das gemeinsame Werk der nationalen Neuordnung unverzüglich von den anwesenden Abgeordneten in Angriff genommen werden kann und muß und daß diese sich ihm ohne Unterbrechung und Behinderung widmen sollen. Die Bezeichnung *Nationalversammlung* ist die einzige, welche bei der gegenwärtigen Lage der Dinge der Versammlung zukommt ...

Die Versammlung wird die Hoffnung nie aufgeben, alle heute noch abwesenden Abgeordneten in ihrem Kreise versammelt zu sehen ...

Der Ballhausschwur vom 20. Juni 1789 (Bericht des Moniteur*):*

M. Bailly (der Vorsitzende): Ich fordere für die Sekretäre und mich, den Eid als erste zu leisten. – Sie tun dies auf der Stelle mit folgender Formel:

»Wir schwören, uns niemals von der Nationalversammlung zu trennen und uns überall zu versammeln, wo die Umstände es notwendig machen werden, so lange bis die Verfassung des Königreiches geschaffen und auf feste Grundlagen gestellt ist.«

Darauf schwören alle Abgeordneten dem Präsidenten den gleichen Eid in die Hand.

Mirabeau beim Unterzeichnen des »Tennis-Court-Eides« am 20. Juni 1789:

Ich unterschreibe, da ich sonst dem Haß der Öffentlichkeit ausgeliefert wäre, aber ich sage Ihnen, daß wir hier eine Verschwörung unterzeichnen.

Beschluß der Nationalversammlung vom 23. Juni 1789 zur Immunität der Deputierten:

Die Nationalversammlung erklärt: Die Person jedes Abgeordneten ist unverletzlich; alle Privatpersonen sowie alle Körperschaften, ... die es wagen, ... einen Abgeordneten wegen irgendwelcher Anträge ... oder Reden in den Generalständen zu verfolgen ... oder verhaften zu lassen, ... sind ehrlos und Verräter an der Nation und machen sich eines todeswürdigen Verbrechens schuldig.

Mirabeau in der Nationalversammlung am 23. Juni 1789 zu Marquis de Brézé, dem Abgesandten des Königs:

Ja, mein Herr, wir haben die Absicht vernommen, die man dem König eingeblasen hat, und Sie, der Sie niemals sein Organ bei der Versammlung der Generalstände sein können, Sie, der Sie hier weder Sitz noch Stimme noch das Recht zu sprechen haben, Sie sind nicht befähigt, uns an seine Rede zu erinnern. Ich erkläre Ihnen aber, ..., daß Sie, wenn Sie den Auftrag haben, uns von hier zu vertreiben, Befehl zur Gewaltanwendung einholen müssen, denn wir werden uns von unseren Plätzen nur durch die Gewalt der Bajonette vertreiben lassen.

Ludwig XVI. über sein Reformprogramm vom 23. Juni 1789:

Wenn Sie mich bei diesem großen Unternehmen im Stiche lassen, werde ich allein für die Wohlfahrt meiner Untertanen arbeiten. ... Ich werde mich als ihr einziger wahrer Repräsentant ansehen ... Keine Ihrer Pläne und Verfahren kann ohne meine Zustimmung Gesetz werden ...

Ich befehle Ihnen, sich augenblicklich zu trennen und morgen in Ihren getrennten Räumen Ihre Überlegungen fortzusetzen.

Mirabeau am 1. Juli 1789 in der Nationalversammlung:

Die Abgeordneten der Nation haben die Königin der Ereignisse für sich – die Notwendigkeit. Sie treibt sie dem heilsamen Ziel entgegen, das sie sich gesteckt haben, und sie wird sich alles aus eigener Kraft unterwerfen; aber ihre Kraft beruht in ihrer Vernunft: Nichts ist ihr fremder als Tumulte, Geschrei der Unordnung, Unruhen ohne Ziel und Ordnung.

Desmoulins in einem Brief vom Juli 1789:

Gestern folgte das Artillerieregiment dem Beispiel der Garde, überwältigte die Schildwachen und ging zu den Patrioten im Palais Royal über. Jeder Soldat, den die Menge sieht, wird ... in die nächste Weinstube gebracht, damit er auf das Wohl des Dritten Standes trinkt.

Arthur Young, englischer Reisender und Landwirtschaftsexperte, über eine Sitzung der Nationalversammlung im Sommer 1789:

Heute waren mehr als einmal über hundert Delegierte gleichzeitig auf ihren Füßen, und M. Bailly (der Präsident) hatte keinerlei Macht, die Ordnung aufrechtzuerhalten.

Gouverneur Morris, Tagebuchnotiz vom 12. Juli 1789:

Das Volk ist in die Lager von Waffenhändlern eingedrungen ... sie haben den Rubikon überschritten. »Sieg oder der Galgen« muß jetzt ihre Parole sein. Ich glaube, der Hof wird noch mehr nachgeben, ... sonst ... ist der Bürgerkrieg das wahrscheinlichste.

Ludwig von Flüe, Leutnant der Schweizer Garde in der Bastille, in einem Brief an seinen Bruder über den Sturm auf die Bastille:

Nachmittags um drei Uhr wurden wir angegriffen ... Nachdem man die Belagerer umsonst ermahnt hatte, sich zurückzuziehen, wurde endlich befohlen, auf sie zu schießen ... Die Belagerer hatten, wie wir hörten, hundertsechzig Tote und Verwundete; wir aber hatten einen Mann verloren und nur wenige Verwundete. Als die Feinde sahen, daß ihr Geschoß ohnmächtig an den Mauern abprallte, machten sie Anstalten, die Tore einzubrechen, und brachten die Geschütze auf die Brücke, die zum Portal führt. Sobald Herr Launay diese Veränderung sah, schien er gänzlich den Kopf zu verlieren.

... Ein allgemeines Geschrei, man solle die Tore öffnen ... war die einzige Antwort ... Ich wunderte mich sehr, als ich einen Augenblick später vier Invaliden sah, die sich dem Portal näherten, es öffneten und die Fallbrücke herunterließen. Im gleichen Augenblick war die Festung mit Volk angefüllt, das sich unserer bemächtigte und uns entwaffnete. Wir mußten fürchten, auf hundertelei Weise ermordet zu werden.

Botschaft der Garnison an die Aufständischen während des Kampfes um die Bastille (berichtet von Keversau):

Wir haben zwanzigtausend Pfund Pulver; wir werden die Garnison und das ganze Stadtviertel in die Luft sprengen, wenn ihr unsere Kapitulation nicht annehmt.

Keversau, Jurist und Augenzeuge des Sturms auf die Bastille:

Die Schweizer waren dem ersten, hitzigen Zorn des Volkes entgangen, sie trugen leinene Kittel, so daß man sie für Gefangene hielt; während des Kampfes waren sie im Hof geblieben und hatten unaufhörlich geschossen, sowohl durch die Schießscharten als auch durch die Löcher, die sie in der Zugbrücke angebracht hatten; sie waren jedoch nicht auf die Türme gestiegen, man hatte sie während des Kampfes nicht gesehen, und der ganze Zorn des Volkes entlud sich auf die unglücklichen Invaliden, die weit weniger schuldig waren als die Schweizer ... Im Taumel des Erfolges hatte man die Unglücklichen in den Gefängnissen der Festung vergessen ... Sieben Gefangene wurden gefunden, die man zum Palais Royal führte ... Aber bald erblickten sie das blutige Haupt des Gouverneurs auf der Pike, an der eine Tafel mit den Worten hing: »De Launay, Gouverneur der Bastille, falsch und verräterisch gegen das Volk«. Bei diesem Anblick rannen Freudentränen aus ihren Augen ...

Ludwig XVI. nach dem Sturm auf die Bastille zum Duc de La Rochefoucauld-Liancourt:

Das ist ja eine Revolte (Mais, c'est une révolte!).

Er erhielt die Antwort: Majestät, dies ist keine Revolte, dies ist eine Revolution.

Ludwigs Tagebuch enthält für den 13. und 14. Juli nur die Worte: Nichts.

Desmoulins' Aufforderung zum Sturm auf die Bastille, berichtet in einem Brief an seinen Vater vom 16. Juli 1789:

»Bürger, ... ihr wißt, die Nation hatte gefordert, daß Necker ihr erhalten bliebe ... : Man hat ihn davongejagt! Kann man euch frecher trotzen? Nach diesem Streich werden sie alles wagen, und noch für diese Nacht planen sie ... vielleicht eine Bartholomäusnacht für die Patrioten ... Zu den Waffen!« ... Die Bastille hätte sich sechs Monate halten können, wenn sich irgend etwas gegen das französische Ungestüm halten könnte.

Barnave, nach dem Sturm auf die Bastille:

Meine Herren, man will uns wegen des Blutes in Rührung versetzen, das gestern in Paris vergossen wurde: War dieses Blut denn so rein?

Mirabeau am 15. Juli 1789 zu einer Abordnung, die Ludwig XVI. zum Rückzug der Truppen auffordern soll:

Sagt ihm, daß diese fremden Horden, von denen wir umgeben sind, gestern den Besuch der Prinzen und Prinzessinnen, der Favoriten und Favoritinnen, ihre Zärtlichkeiten, Ermahnungen und Geschenke empfangen haben; sagt ihm, daß in dieser Nacht diese fremden Schergen, in ihren ruchlosen Liedern die Unterwerfung Frankreichs angekündigt haben, daß ihre brutalen Wünsche die Zerstörung der Nationalversammlung erfleht haben ...

Marat zur Abschaffung der Feudalrechte, 4. August 1789:

Lassen wir uns von niemand für dumm verkaufen. Wenn es Wohltätigkeitssinn war, der diese Opfer diktierte, dann muß man sich darüber klar sein, daß er etwas zu lange gezögert hat, sich zu offenbaren. Wie? Im Schein der Flammen ihrer brennenden Schlösser finden sie zur Seelengröße, auf das Privileg zu verzichten, Menschen in Ketten zu halten, die ihre Freiheit mit der Waffe in der Hand erobert haben!

Charles Élie Marquis de Ferrières über das Ende der Sitzung am 4. August 1789:

Nach wenigen Stunden bietet sich die ehrwürdige Verfassung des französischen Reiches, die mit Getöse unter den Schlägen einer unermüdlichen Gruppe von Wildgewordenen zusammenbricht, ... nur noch als ein unförmiger Haufen von Ruinen und Trümmern dar ...

Ludwig XVI. in einem Brief vom 5. August 1789 an den Erzbischof von Arles, Dulan:

Niemals werde ich der Ausraubung meiner Geistlichkeit oder meines Adels zustimmen. Gesetze, durch die sie ausgeplündert werden, werde ich nicht bestätigen.

Dekret der Nationalversammlung vom 11. August 1789 zur Aufhebung der Feudalrechte (Auszug):

Art. 1. Die Nationalversammlung vernichtet das Feudalwesen völlig. Sie dekretiert, daß von den Feudal- wie Grundzinsrechten und -pflichten sowohl jene, die sich aus unveräußerlichem Besitz an Sachen und Menschen und aus persönlicher Leibeigenschaft herleiten, als auch jene, die an ihre Stelle getreten sind, entschädigungslos aufgehoben werden; alle übrigen Lasten werden für ablösbar erklärt ...

Art. 2. Das Sonderrecht, Taubenschläge und Taubenhäuser zu halten, wird abgeschafft ...

Art. 3. Ebenso wird das Sonderrecht der Jagd und offenen Wildgehege abgeschafft. Jeder Eigentümer hat, jedoch nur auf seinem Grund und Boden, das Recht, jede Art von Wild zu töten oder töten zu lassen ...

Art. 4. Jede grundherrliche Rechtsprechung wird entschädigungslos abgeschafft ...

Art. 5. Alle ... Zehnten oder dafür eintretenden Grundzinsabgaben, in deren Genuß weltliche oder geistliche Körperschaften, Pfründeninhaber ... kommen ... werden abgeschafft ...

Art. 7. Die Käuflichkeit der Gerichts- und Magistratsämter ist ab sofort aufgehoben. Die Rechtsprechung soll kostenlos erfolgen.

Art. 8. Die Nebeneinkünfte der Pfarrgeistlichen auf dem Lande werden abgeschafft ...

Art. 11. Alle Bürger sollen, ohne Unterschied ihrer Geburt, freien Zugang zu allen kirchlichen, zivilen und militärischen Ämtern und Würden haben; niemand, der einem Erwerbsberuf nachgeht, soll dadurch seines Adelsprädikats verlustig gehen.

Art. 12. In Zukunft soll an die römische Kurie, die Vizelegation von Avignon und die Nuntiatur von Luzern kein Heller für Annaten oder irgendeinen anderen Zweck abgeführt werden …

Art. 13. Verfügungsrechte, Erbrechte beim Tod von Geistlichen … Peterspfennig und andere derartige Einrichtungen … zugunsten von Bischöfen … und allen anderen Geistlichen werden abgeschafft …

Art. 16. Die Nationalversammlung ordnet an, daß zum Gedächtnis dieser zum Wohle Frankreichs gefaßten Beschlüsse eine Medaille geprägt und in allen Pfarrgemeinden und Kirchen … ein Tedeum gesungen werden soll.

Art. 17. Die Nationalversammlung erklärt König Ludwig XVI. feierlich zum *Wiederhersteller der französischen Freiheit* …

Aus der Erklärung der Menschenrechte *vom 26. August 1789:*

Art. 1. Die Menschen werden frei und gleich an Rechten geboren und bleiben es. Die gesellschaftlichen Unterschiede können nur auf den gemeinsamen Nutzen gerichtet sein.

Art. 2. Der Endzweck aller politischen Vereinigung ist die Erhaltung der natürlichen und unabdingbaren Menschenrechte. Diese Rechte sind die Freiheit, das Eigentum, die Sicherheit, der Widerstand gegen Unterdrückung.

Art. 3. Der Ursprung aller Souveränität liegt seinem Wesen nach beim Volke. Keine Körperschaft, kein einzelner Mann kann eine Autorität ausüben, die nicht ausdrücklich hiervon ausgeht.

Art. 4. Die Freiheit besteht darin, alles tun zu können, was einem andern nicht schadet.

Art. 6. Das Gesetz ist der Ausdruck des allgemeinen Willens. Alle Staatsbürger sind befugt, zur Feststellung desselben persönlich oder durch ihre Repräsentanten mitzuwirken.

Art. 10. Niemand soll wegen seiner Ansichten, auch nicht wegen der religiösen, beunruhigt werden, sofern ihre Äußerung die durch das Gesetz errichtete öffentliche Ordnung nicht stört …

Art. 15. Die Gesellschaft hat das Recht, jeden öffentlichen Vertreter der Verwaltung zur Rechenschaft zu ziehen.

Art. 16. Keine Gesellschaft hat eine Verfassung, wenn sie nicht die Rechte des Einzelnen und die Trennung der Gewalten garantiert.

(Das Recht freier Religionsausübung ist nicht garantiert.)

Mounier, Rechtsanwalt aus der Dauphiné, am 11. September 1789 in der Nationalversammlung:

Die Verfassung bedarf nicht der königlichen Zustimmung, denn sie ist älter als die Monarchie.

Desmoulins im September 1789 über die »Silbermark«-Bestimmung des Thouret-Komitees:

Um zu zeigen, wie absurd diese Bestimmung ist, genügt es, darauf hinzuweisen, daß weder Jean-Jacques Rousseau, noch Corneille, noch Mably wählbar gewesen wären.

Der Redakteur des L'Ami du peuple *nach der Orgie des Flandern-Regiments, 5. Oktober 1789:*

Es ist erwiesen, daß die Orgie stattgefunden hat; ebenso erwiesen ist, daß allgemeine Unruhe herrscht. Uns fehlen die Beweise, um sicher behaupten zu können, daß es sich um eine wirkliche Verschwörung handelt.

Aber ..., wer wollte bezweifeln, daß der Feind, wenn er sich heute vor unseren Toren zeigte, uns unvorbereitet fände? ... Alle guten Bürger müssen sich in Waffen versammeln ... Die Nationalgarde besitzt Verstand genug, um zu wissen, daß sie sich nie vom Rest ihrer Mitbürger isolieren darf und daß sie, statt ihren Kommandanten zu gehorchen, falls diese sich so weit vergäßen, bürgerfeindliche Befehle zu geben, sich vielmehr ihrer vergewissern muß. Schließlich ist es im Falle drohender Gefahr um uns geschehen, wenn das Volk nicht einen Tribun ernennt und ihm das Kommando über die bewaffnete Macht überträgt.

Marat, Aufforderung zum Marsch nach Versailles, Oktober 1789:

Steckt diese Österreicherin ins Gefängnis ... Der Thronfolger hat kein Recht auf ein Abendessen, solange ihr kein Brot habt ...

Botschaften Ludwigs XVI. am 5. Oktober 1789 an die Nationalversammlung:

Ich bin tief erschüttert über die unzureichende Versorgung von Paris. Ich werde den Eifer und die Anstrengungen des Stadtrats weiterhin mit allen in meiner Macht stehenden Mitteln und Kräften unterstützen ...

Ich nehme die Artikel der Verfassung und die Erklärung der Menschenrechte, die die Nationalversammlung mir vorgelegt hat, ohne Vorbehalte und Einschränkungen an.

Charles Élie Marquis de Ferrières über den Zug der Frauen nach Versailles am 5. Oktober 1789:

Die Leibgarden verschanzen sich in ihrem Saal; aber bald werden die Türen aufgebrochen, und sie sehen sich gezwungen, ihn zu verlassen. Die Verschwörer wenden sich zu den Gemächern der Königin. Sie rufen: »Wir wollen ihr den Kopf abschlagen, ihr das Herz ausreißen, ihre Eingeweide zerhacken.« …

Der Herzog von Orléans, in grauem Frack und rundem Hut, ein Spazierstöckchen in der Hand, ging mit heiterer Miene zwischen den Gruppen umher … Den einen lächelte er zu, sprach ungezwungen mit den anderen. Wiederholt ertönten um ihn die Rufe: »Unser Vater ist mit uns! Hoch der König von Orléans!« … am Kopf der Treppe wagt er es nicht, den letzten Schritt zu tun, der die Absicht vom Verbrechen trennt; er begnügt sich damit, durch eine Gebärde die Räume der Königin zu bezeichnen, wendet sich zu den Räumen des Königs und verschwindet …

Die Verschwörer, inzwischen Herren des Saales der Garden, zertrümmern die Türen zu den Gemächern der Königin, schlagen sie ein, stürmen ans Bett und durchbohren es mehrmals mit der Pike.

Rufe der Menge, die die königliche Familie von Versailles nach Paris brachte, nachdem man ihr Brot versprochen hatte, 6. Oktober 1789:

Wir bringen den Bäcker, die Bäckersfrau und den Bäckerjungen zurück!

Aus dem Dekret der Nationalversammlung vom 2. November 1789:

Art. 1. Alle kirchlichen Güter sollen zur Verfügung der Nation stehen, mit der Einschränkung, daß, unter der Aufsicht und nach den Weisungen der Provinzen, auf angemessene Weise für die Kosten des Gottesdienstes, den Unterhalt der Priester und die Armenpflege gesorgt wird.

Art. 2. Bei den Verfügungen, welche die Bestreitung des Unterhaltes der Priester betreffen, müssen für jede Pfarrstelle mindestens zwölfhundert Livres jährlich veranschlagt werden …

Der Bischof von Clermont zur Abschaffung der Mönchs-Gelübde am 13. Februar 1790:

Es erscheint mir gesetzwidrig, daß hier eine Autorität benutzt wird, um Schranken zu beseitigen, die sie nicht geschaffen hat. Ohne um die Einwilligung der Kirche einzugehen, gewährt sie Menschen Freiheit, die die Gelübde freiwillig auf sich genommen haben.

Barnave antwortete: Die Tatsache, daß die Existenz der Mönche unvereinbar mit den Bedürfnissen der Gesellschaft ist, genügt, um sie zu unterdrücken.

Robespierre über die unruhige Lage auf dem Lande, 22. Februar 1790:

Verleumde man doch nicht das Volk! Ich rufe das Zeugnis von ganz Frankreich an; ich überlasse es seinen Feinden, die Gewalttätigkeiten zu übertreiben, zu schreien, daß die Revolution durch Barbareien bezeichnet worden sei. Ich rufe alle guten Bürger, alle Freunde der Tugend zu Zeugen auf, daß niemals eine Revolution so wenig Blut und Grausamkeit gekostet hat.

Die Föderationsbewegung betont, nach dem Zusammenbruch der monarchischen Zentralgewalt, die nationale Einheit. Die Fédérés der Bretagne und von Anjou erklären im Februar 1790:

Wir bestätigen feierlich, daß wir weder Bretonen noch »Angevins«, sondern Franzosen und Bürger desselben Reiches sind und alle lokalen und persönlichen Privilege ablehnen und ihnen als verfassungswidrig entsagen: Wir sind glücklich und stolz darauf, frei zu sein.

Aus dem Dekret der Nationalversammlung vom 19. Juni 1790 über die Abschaffung des Adels:

Art. 1. Der erbliche Adel ist für immer abgeschafft; folglich dürfen die Titel Prinz, Herzog, Graf, Marquis, Vicomte, Vizedom, Baron, Ritter, Messire, Junker (écuyer), Edler und alle anderen ähnlichen Titel von niemandem … angenommen noch an irgend jemanden verliehen werden.

Art. 2. Kein französischer Bürger darf einen anderen als seinen wirklichen Familiennamen führen; keiner soll weiterhin Livree tragen oder tragen lassen, noch auch ein Wappen besitzen. Weihrauch soll in den Kirchen nur noch zur Ehre des göttlichen Wesens verbrannt werden …

Art. 3. Die Titel Monseigneur und Messeigneurs dürfen ebensowenig wie die Titel Exzellenz, Hoheit, Eminenz, Euer Gnaden … gebraucht werden, ohne daß sich jedoch für irgendeinen Bürger hieraus das Recht ableitet, sich … an den Grabmälern in den Kirchen oder an Urkunden … und anderen wichtigen Schriftstücken oder an … aufgestellten Kunstwerken zu vergreifen …

Art. 4. Nicht betroffen von den Bestimmungen des vorliegenden Dekrets sind alle Ausländer …

Madame de Staël über das Föderationsfest in Paris vom 14. Juli 1790:

Die Zuschauer waren überglücklich, denn König und Freiheit schienen miteinander vollkommen versöhnt. Eine beschränkte Monarchie war immer Frankreichs innigster Wunsch gewesen. Die Föderations-Zeremonie von 1790 war der Höhepunkt einer großen Nationalbewegung.

Mirabeau in seiner Note vom 14. Oktober 1790 an den königlichen Hof über die Grundlagen der Verfassung:

Erste Frage: Was soll man unter den »Grundlagen der Verfassung« verstehen?

Antwort: Erbliche Königswürde in der Dynastie der Bourbonen. Periodisch gewählter und permanenter gesetzgebender Körper, dessen Befugnisse sich nur auf die Abfassung von Gesetzen erstrecken. Einheit und sehr große Freiheit der obersten Vollzugsgewalt in allem, was sich auf die Verwaltung des Königsreichs, die Vollziehung der Gesetze, die Lenkung der öffentlichen Macht bezieht. Ausschließliche Zuweisung der Steuern an den gesetzgebenden Körper. Neue Einteilung des Königreichs. Unentgeltliche Rechtspflege. Freiheit der Presse. Verantwortlichkeit der Minister. Verkauf der Güter der königlichen Domäne und des Klerus. Einführung einer Zivilliste. Kein politischer Unterschied der Stände, keine Privilegien, Steuerfreiheiten, kein Lehenswesen, keine Parlamente, kein Adel oder Klerus als politische Körperschaft, keine Provinzen mit eigenen Ständen, keine Provinzialkorporationen mehr. Das ist's, was ich unter den Grundlagen der Verfassung verstehe. Sie beschränken die königliche Gewalt nur, um sie stärker zu machen. Sie vertragen sich vollkommen mit der monarchischen Regierung.

... Warum aber sollte man nicht einige Minister aus den Jakobinern, die anderen aus einer anderen Abteilung der volkstümlichen Partei wählen? Gleiche Teilnahme an der Gewalt ist ein mächtiges Mittel der Annäherung, und gewiß würden sie sich bald verstehen. Dieses Zusammenwirken würde die einen durch die anderen bessern, und die Vereinigung verschiedener Parteien würde ganz zum Vorteil der königlichen Gewalt ausschlagen ...

Aus dem Dekret der Nationalversammlung über den Priestereid vom 27. November 1790:

Artikel 1. ... sie schwören demnach ..., mit Eifer über die Gläubigen der ihnen anvertrauten Diözese oder Pfarrgemeinde zu wachen, der Nation, dem Gesetz und dem König treu ergeben zu sein und mit allen ihren Kräften an der von der Nationalversammlung beschlossenen ... Verfassung festzuhalten.

Artikel 5. Von denjenigen der genannten Bischöfe ... und anderen staatlichen Kirchenbeamten, die den ihnen jeweilig vorgeschriebenen Eid innerhalb der festgesetzten Frist nicht geleistet haben, wird angenommen, daß sie auf ihr Amt verzichtet haben, und Neubesetzung wie im Falle einer Vakanz durch Amtsniederlegung veranlaßt ...

Artikel 7. Diejenigen ..., die ihr Amt behalten haben und die Eidesleistung verweigern, ... werden, sofern sie sich ... weiterhin irgendwelche öffentlichen Amtshandlungen anmaßen, als Ruhestörer der öffentlichen Ordnung verfolgt ...

Dillon, Erzbischof von Narbonne, zu den Beschlüssen vom 27. November 1790:

Mein Gott, wäre ich nur Bischof, so könnte ich nachgegeben haben wie die andern, – aber ich bin von Adel!

Robespierre am 5. Dezember 1790 zur Organisation der Nationalgarden:

Erkennen Sie also das Fundamentalprinzip für die Organisation der Nationalgarden an, daß *alle ansässigen Bürger das Recht haben, in die Zahl der Nationalgarden aufgenommen zu werden,* und beschließen Sie, *daß sie als solche sich in die Register der Gemeinde einschreiben lassen können, in der sie sich aufhalten.* Vergeblich würde man diesem unverletzlichen Rechte sogenannte Nachteile und eingebildete Schrecken entgegenstellen ... Ihr seid ungerecht und verdorben, die begüterten Kasten sind es, denen Ihr seine Gewalt übertragen wollt – das Volk ist gut, geduldig, großmütig; unsere Revolution, die Verbrechen seiner Feinde bezeugen es; tausend frische, heldenmütige Züge, die bei ihm nur natürlich sind, beweisen es. Das Volk verlangt nur Ruhe, Gerechtigkeit, das Recht zu leben – die Mächtigen, die Reichen sind hungrig nach Auszeichnungen, Schätzen, Genüssen. Das Interesse, der Wunsch des Volkes sind die der Natur, der Menschheit ...

Robespierre am 20. April 1791
über die »Silbermark«-Bestimmung und die Einteilung der Bürger in »aktive« (steuerzahlende) und »inaktive«:

Ist endlich die Nation souverän, wenn die größte Anzahl der Individuen, aus denen sie besteht, der politischen Rechte beraubt ist, welche die Souveränität ausmachen? ...

Das Beispiel Englands, das der Völker, die man als frei annimmt – das sind die Beweise, die man der Vernunft entgegenstellt.

Ich sollte nur mit dem einen Worte antworten: Das Volk, diese Menge von Menschen, deren Sache ich verteidige, haben Rechte, die denselben Ursprung haben wie die Ihrigen. Wer hat Ihnen die Gewalt gegeben, sie ihnen zu rauben? ...

England! ei! was liegt Ihnen an England und seiner fehlerhaften Verfassung, die Ihnen als frei erscheinen konnte, als Sie bis zur letzten Stufe der Sklaverei herabgestiegen waren, die man aber endlich aufhören sollte, aus Dummheit oder Gewohnheit zu loben? Die freien Völker! Wo sind sie? ...

Aber das Volk! ... Aber die Bestechung!

Ach, hören Sie auf, hören Sie auf, diesen rührenden und heiligen Namen des Volkes herabzuwürdigen dadurch, daß Sie es mit dem Gedanken der Bestechung in Verbindung bringen.

Aus dem Le-Chapelier-Gesetz vom 14. Juni 1791:

Artikel 1. Die Abschaffung aller Korporationen von Bürgern gleichen Standes und Berufes ist eine der wesentlichen Grundlagen der französischen Verfassung; es ist daher verboten, sie de facto, in welcher Form auch immer, wiederzubegründen.

Artikel 2. Die Bürger, die dem gleichen Stand oder Beruf angehören – Unternehmer, Ladenbesitzer, Handwerker – dürfen, wenn sie sich versammeln, weder einen Präsidenten noch Sekretäre noch Syndikusse bestimmen, Listen führen, Beschlüsse fassen ...

Artikel 7. Jeder, der gegen Arbeiter, die die von den Verfassungsgesetzen garantierte Freiheit der Arbeit und des Gewerbes in Anspruch nehmen, mit Drohungen oder Gewalt vorgeht, wird strafrechtlich verfolgt und als öffentlicher Ruhestörer nach der Strenge des Gesetzes bestraft.

Artikel 8. Alle von Handwerkern, Arbeitern, Gesellen und Tagelöhnern gebildeten oder angezettelten Zusammenschlüsse, die sich gegen die für jedermann ... und gegenüber allen einvernehmlich ausgehandelten Arbeitsbedingungen geltende Berufs- und Gewerbefreiheit richten ..., gelten als aufrührerische Zusammenrottungen und werden als solche, sobald dies auf legalem Wege beantragt wird, von den Organen der öffentlichen Gewalt zerstreut und ihre Urheber ... sowie alle, die Ausschreitungen und Akte offener Gewalt begangen haben, mit der ganzen Strenge des Gesetzes bestraft.

3 VOM FLUCHTVERSUCH DES KÖNIGS BIS ZUM VORABEND DER ZWEITEN REVOLUTION (JUNI 1791 BIS AUGUST 1792)

Seitdem das Volk im Oktober 1789 den König und seine Familie gezwungen hatte, ihren Wohnsitz wieder in den Tuilerien aufzunehmen, war mehrfach von seiten der fanatisch Königstreuen versucht worden, ihn aus seiner »Gefangenschaft« zu befreien, nicht nur durch seine engeren, bereits emigrierten Verwandten, sondern auch vom noch im Lande befindlichen Adel. Alle diese Versuche waren im Keim erstickt worden. Aber der monatelang vorbereitete Fluchtversuch, der im Juni 1791 zur Ausführung kam, gelang beinah: Zwar klappte das Heranziehen loyaler Truppen im entscheidenden Augenblick nicht, aber immerhin hatten die Flüchtigen etwa zwei Drittel des Weges bis zur Grenze zurückgelegt, ehe sie erkannt, angehalten und nach Paris zurückgeführt wurden.

Durch diesen Zwischenfall änderte sich die Lage mit einem Schlage. Es wurde offensichtlich, daß der König die Hilfe des Auslands gegen das eigene Land hatte einsetzen wollen. Seine Proklamation, vor seiner Flucht verfaßt, zeigte, daß er vorhatte, sich zu der österreichischen Armee in den Niederlanden zu begeben, mit dieser nach Paris zurückzukehren und durch Auflösung der Nationalversammlung seine absolute Macht wiederherzustellen. Ein Teil der Jakobiner verlangte daher die sofortige Absetzung Ludwigs, aber die Andersdenkenden, die sich absplitterten und sich nun »Feuillants« nannten, spielten in der neugewählten Gesetzgebenden Versammlung eine maßgebende Rolle. So hob die Mehrheit der Versammlung zwar das königliche Vetorecht auf und machte das Land damit praktisch zur Republik; aber man wollte andererseits die Monarchie als solche unbedingt erhalten und erfand daher die Legende von einer »Entführung« des Königs. Dabei spielte die Angst vor neuen Ausbrüchen der Bevölkerung eine entscheidende Rolle, wie die brutale Reaktion auf die Champ-de-Mars-Demonstrationen am 17. Juli 1791, die Lafayettes einst so große Popularität für immer ruinierte, deutlich machte. Die Feuillants wollten eine kriegerische Auseinandersetzung mit dem Ausland vermeiden, aber Ludwig brüskierte sie durch seine Ernennung von General Dumouriez, der den Krieg wünschte, zum Außenminister. Zwar unterschrieb und beschwor der König die neue Verfassung, die den Absolutismus beseitigte, aber die immer schärferen Maßnahmen der Nationalversammlung gegen die Emigranten, deren Rückkehr erzwungen werden sollte, und gegen die eidverweigernden Priester, die in der Vendée und anderen Teilen des Landes das Volk gegen die Pariser Regierung aufhetzten, machten eine Versöhnung zwischen Ludwig und der Nationalversammlung unmöglich. Dazu verschlimmerte sich die innenpolitische Lage: Die Assignaten verloren ständig an Wert und der Ruf nach festgesetzten Lebensmittelpreisen von seiten der ärmeren Schichten wurde immer stärker. Die Delegierten der Versammlung gehörten jedoch zum größten Teil den besitzenden Ständen an, versuchten den Status quo zu erhalten und eine weitere Radikalisierung durch die Pariser Bevölkerung zu vermeiden.

Diese ließ sich jedoch auf die Dauer nicht aufhalten, und den Ausschlag gab schließlich die außenpolitische Situation. Die Revolution hatte anfangs in vielen Ländern große Begeisterung ausgelöst: Dichter wie Klopstock in Deutschland, Blake, Coleridge und Wordsworth in England sangen ihr Lob, und prominente englische Politiker wie Fox und Wilberforce sympathisierten mit den Revolutionären. Aber die Häupter der legitimen Monarchien beobachteten die Entwicklung in Frankreich mit ständig wachsender Besorgnis, da sie ähnliche Bewegungen im eigenen Lande befürchteten. Eine Zeitlang verhinderte die polnische Frage ein gemeinsames Vorgehen gegen Frankreich. Doch die *Pillnitzer Deklaration* wurde in ganz Frankreich als eine Provokation und Einmischung in innere Angelegenheiten angesehen und stärkte das Nationalbewußtsein und den Willen zum Krieg, der dann auch im April des folgenden Jahres erklärt wurde. Sowohl der König wie die gemäßigten Republikaner, Girondisten genannt, wollten ihn, allerdings aus sehr verschiedenen Gründen: Der König glaubte nicht, daß das französische Heer einen Feldzug gegen die preußisch-österreichischen Heere überstehen könnte, wünschte dessen rasche Niederlage und damit die Wiederherstellung seiner alten Macht. Die Girondisten, die in der Versammlung über die geistreichsten Köpfe und besten Redner verfügten, waren glühende Patrioten und glaubten, ihre revolutionären Ideen durch einen Sieg in ganz Europa verbreiten zu können. Sie vertraten das gebildete, an freier Wirtschaft interessierte Bürgertum der großen Handelsstädte, das sich gegen das Übergewicht der Hauptstadt und seiner radikal demokratischen Bevölkerung wehrte. Aber auch diese, in der Versammlung vertreten durch die »Bergpartei«, wollte den Krieg, mit Ausnahme von Robespierre, der konsequent gegen alle Kriegsmaßnahmen stimmte.

Im Anfang verlief dieser Erste Koalitionskrieg für Frankreich unglücklich, und tatsächlich war die Nation für einen Krieg denkbar schlecht vorbereitet. Mindestens sechstausend der zwölftausend – adligen – Offiziere waren bereits emigriert, die übriggebliebenen Generäle (Rochambeau, Luckner) zu alt und unbedeutend, und die Stärke der gesamten Armee war auf etwa einhundertfünfzigtausend Mann gesunken. Dennoch wurde der Krieg von der Pariser Regierung mit großer Energie geführt, trotz aller anfänglichen Niederlagen. Der König, der sich infolge der Priester-Gesetzgebung auch noch mit seinen Gironde-Ministern entzweit und sie durch seine Feuillants ersetzt hatte, verlor, ebenso wie diese, immer mehr an Ansehen. Aber auch die Gironde geriet in eine immer mißlichere Lage. Sie hatte Angst vor dem Volk, zu dessen Mobilisierung sie selbst aufgefordert hatte, konnte sich aber auch nicht auf die Seite des Königs schlagen, der sich patriotisch gab, aber die Niederlage wünschte und dem man im Volke nicht traute.

Das Vaterland war schon am 11. Juli 1792 offiziell als »in Gefahr befindlich« erklärt worden, und siebenundvierzig der achtundvierzig Pariser Sektionen hatten um diese Zeit die Absetzung des Königs verlangt. Das Bekanntwerden des *Manifests* des Herzogs von Braunschweig am 1. August brachte schießlich die Stimmung in Paris zum Siedepunkt und zur Explosion.

Chronologie

1791 *20. bis 22. Juni: Die Flucht nach Varennes. Der Fluchtversuch des Königs, vorbereitet von Baron de Breteuil, der Kontakte mit dem Ausland herstellt, dem Marquis de Bouillé, der die Route militärisch zu sichern sucht, und

Graf Axel von Fersen, einem schwedischen Diplomaten in französischen Diensten und Favoriten der Königin, der Geheimtüren in den Tuilerien anbringen läßt und die Kutsche selbst aus Paris fährt. Da die Nationalgarde eine Türe des Schlosses nicht bewachte, stellt sich die Frage nach der Mitwisserschaft Lafayettes.

Die Anwesenheit von königstreuen Truppen fällt allerdings auf, der König wird in Varennes von Drouet erkannt und aufgehalten. Ludwig leugnet, daß er das Land habe verlassen wollen; er wird verhaftet.

1791 23. Juni: Herzog Philippe von Orléans (Philippe Égalité), der Vetter des Königs, wird in den Jakobiner-Klub aufgenommen.

25. Juni: Die königliche Familie wird wieder nach Paris zurückgebracht, Ludwig XVI. wird vorläufig abgesetzt.

28. Juni: Der Herzog von Orléans verzichtet auf seine Rechte als Regent.

11. Juli: Die Asche Voltaires wird ins Panthéon überführt.

14. Juli: Feier des zweiten Jahrestags des Sturms auf die Bastille in Paris.

Die Tübinger Studenten Hegel, Hölderlin und Schelling pflanzen einen Baum der Freiheit.

*15. Juli: Die Untersuchungskommission der Nationalversammlung erklärt, der König sei entführt worden. Aufgrund der unruhigen Lage und einer großen Angst vor einer allgemeinen Anarchie entschließt man sich, die Monarchie aufrechtzuerhalten.

16. Juli: Die Jakobiner beantragen die Absetzung des Königs. Daraufhin treten die gemäßigten Mitglieder des Klubs unter der Führung Barnaves aus und gründen den »Feuillants-Klub«.

1791 *17. Juli: Das sogenannte Marsfeld-Massaker. Auf dem Marsfeld findet eine Massendemonstration unter Führung des radikalen Cordeliers-Klubs (Marat, Danton) gegen die Unschuldserklärung des Königs statt. Lafayette läßt die Nationalgarde auf die Volksmenge schießen; es werden fünfzehn Menschen (nach anderen Berichten fünfzig) getötet. Dies führt zu einem großen Popularitätsverlust Lafayettes.

18. Juli: Danton flüchtet nach England, Marat taucht unter.

Im Juli: Die Assignaten haben noch siebenundachtzig Prozent ihres Nominalwerts; von nun an verlieren sie ständig weiter an Wert.

15. August: In einem Dekret wird den Geistlichen verboten, außerhalb der religiösen Zeremonien ihre Amtstracht zu tragen.

17. August: Die Emigranten werden per Dekret aufgefordert, innerhalb eines Monats nach Frankreich zurückzukehren.

22. August: In der französischen Kolonie Haiti kommt es zu einem Sklavenaufstand.

*23. August: Die Nationalversammlung erläßt ein Gesetz zur Pressefreiheit.

28. August: Die erste Nummer von Talliens *L'Ami des citoyens* erscheint.

*3. September: Die von der Nationalversammlung verabschiedete Verfassung tritt in Kraft. Ihre Grundlage ist liberal-monarchisch; das königliche Veto hat nur aufschiebende Wirkung; über Krieg und Frieden kann nur mit Zustimmung des Parlaments entschieden werden; jedes der dreiundachtzig Departements und jeder Distrikt hat eine eigenständige Versammlung; Priester und Bischöfe werden nicht mehr ernannt, sondern gewählt; es gibt nur eine Kammer, in der infolge des Zensuswahlrechts das Bürgertum die führende Rolle übernimmt.

1791 9. September: Danton kehrt nach Paris zurück.

13. September: Ludwig XVI. leistet den Eid auf die neue Verfassung und erklärt die Revolution für beendet.

14. September: Avignon, bislang in päpstlichem Besitz, wird durch Volksabstimmung mit Frankreich vereint.

25. September: Ein Strafgesetzbuch wird verabschiedet. Die Folter ist abgeschafft.

*27. September: Die Nationalversammlung erklärt alle in Frankreich lebenden Menschen als frei, hält aber an der Sklaverei in den Kolonien fest.

Die Juden erhalten das Bürgerrecht.

1. Oktober: Die nach dem Zensuswahlrecht gewählte Gesetzgebende Versammlung (Assemblée nationale legislative) beginnt ihre Arbeit. In ihr sind siebenhundertfünfundvierzig Abgeordnete vertreten, darunter zweihundertvierundsechzig Feuillants, hundertsechsunddreißig Jakobiner. Führend sind die Girondisten Brissot und Vergniaud. Der neuen Kammer gehört kein Delegierter der Verfassunggebenden Versammlung an.

8. Oktober: Lafayette tritt als Kommandeur der Nationalgarde zurück und wird Bürgermeister von Paris.

16. Oktober: In Avignon kommt es zu einem konterrevolutionären Aufstand.

*20. Oktober: Brissot beginnt mit einer heftigen Kampagne für den Krieg.

1791 1. November: Es werden erneut einhundert Millionen Livres in Assignaten ausgegeben.

9. November: Die Nationalversammlung stellt den Emigranten ein Ultimatum: Entweder sie kehren bis Jahresende zurück, oder sie müssen mit der Konfiszierung ihres Besitzes und Verurteilung zum Tode in absentia rechnen.

11. November: Der König legt sein Veto gegen das Emigranten-Ultimatum ein, fordert aber seine Brüder auf, nach Frankreich zurückzukehren.

14. November: Neuwahl des Bürgermeisters von Paris. Pétion siegt über Lafayette. Von achtzigtausend Wahlberechtigten haben nur zehntausend ihre Stimme abgegeben.

25. November: Es wird ein Komitee gebildet, das die Gesetzgebende Versammlung kontrollieren soll.

29. November: Die den Eid verweigernden Priester verlieren die Bürgerrechte und Pensionsansprüche. Sie werden für »verdächtig« erklärt und können von der Polizei ausgewiesen werden. Der König legt sein Veto dagegen ein.

3. Dezember: Die Brüder des Königs weigern sich, nach Frankreich zurückzukehren, da sich Ludwig in physischer und psychischer Gefangenschaft befinde.

Ludwig XVI. bittet in einem geheimen Brief Friedrich Wilhelm II. von Preußen um militärische Hilfe.

*14. Dezember: Die Nationalversammlung debattiert über die Notwendigkeit eines Krieges.

17. Dezember: Es werden drei Millionen Assignaten ausgegeben.

31. Dezember: Die Gesetzgebende Versammlung untersagt die traditionelle Neujahrshuldigung.

1791 Dezember: Die öffentlichen Ausgaben des Jahres 1791 sind auf achthundertzweiundzwanzig Millionen Livres gestiegen, haben sich also seit 1789 nicht wesentlich erhöht.

1792 17. Januar: Brissot macht in der Gesetzgebenden Versammlung den Vorschlag, dem Kaiser den Krieg zu erklären.

18. Januar: Die Gesetzgebende Versammlung erkennt Monsieur, dem Bruder des Königs, das Recht auf Thronfolge ab.

23. Januar: In Paris werden zahlreiche Lebensmittelgeschäfte geplündert, ausgelöst wird dies durch die grassierende Spekulation mit Zucker und Kaffee.

9. Februar: Das Vermögen der Emigranten in Frankreich wird beschlagnahmt.

14. Februar: Die Waschfrauen der Pariser Gobelinfabriken plündern Lebensmittelläden.

1. März: Kaiser Leopold II. stirbt, die Nachfolge tritt sein Sohn Franz II. an.

3. März: In Étampes wird der Bürgermeister von einer Volksmenge, die eine Preisfestsetzung fordert, getötet.

10. März: Der König ernennt General Dumouriez zum Außenminister. Dumouriez befürwortet, wie der König, einen Krieg mit der österreichisch-preußischen Allianz. Der Einfluß der Feuillants, die bei einem Krieg das Ende des Königtums befürchten, ist damit zurückgedrängt.

23. März: Der König ernennt Jean-Marie Roland de la Platière, einen Generalinspekteur von Fabriken im alten Regime und Gironde-Führer, zum Innenminister.

24. März: Die Gesetzgebende Versammlung erklärt die Schwarzen auf den Antillen als gleichberechtigt.

1792 21. April: Der Wert der Assignaten ist auf fünfzig Prozent ihres Wertes in Gold gesunken.

*25. April: In Straßburg wird ein Kriegslied für die Rheinarmee komponiert und getextet, das nach Marseille gelangt und später als Marseillaise berühmt wird. Der Text dazu stammt von dem Ingenieur-Offizier Claude Joseph de Lisle.

30. April: Es werden dreihundert Millionen Assignaten neu ausgegeben.

3. Mai: Marat wird angeklagt und taucht erneut unter.

17. Mai: Die erste Nummer von Robespierres *Défenseur de la constitution* erscheint.

27. Mai: Die Gesetzgebende Versammlung erklärt, daß alle eidverweigernden Priester verbannt werden sollen.

29. Mai: Die Schutzgarde des Königs wird aufgelöst.
Im Faubourg Saint-Marceau finden Demonstrationen unter den Klängen von *Ça ira* statt. Die Sansculotten fordern feste Lebensmittelpreise.

8. Juni: Die Gesetzgebende Versammlung beschließt, zwanzigtausend Soldaten außerhalb von Paris zu stationieren, um Druck auf den König zugunsten des Gironde-Ministeriums auszuüben, das den Krieg entgegen der Meinung der Generäle fortsetzen will.

11. Juni: Der König legt sein Veto gegen die Beschlüsse vom 27. Mai und 8. Juni ein. Innenminister Roland protestiert gegen dieses Veto.

12. Juni: Der König entläßt den Gironde-Minister und ruft die Feuillants auf, ein neues Ministerium zu bilden.

15. Juni: Der König ernennt Feuillantminister.

1792 17. Juni: Die Gesetzgebende Versammlung setzt ein Komitee ein, das die Minister kontrollieren soll.

*20. Juni: Unter der Führung des reichen Brauereibesitzers Santerre finden große Demonstrationen statt, die ihren Ausgang von den Faubourgs Saint-Marceau und Saint-Antoine nehmen. Eine Menge bewaffneter Sansculotten dringt in die Gesetzgebende Versammlung und in die Tuilerien ein, zwingt den König zum Tragen einer Jakobinermütze und verlangt die Aufhebung der Beschlüsse vom 27. Mai und 8. Juni.

Der König läßt sich nicht erweichen. Als schließlich Pétion erscheint, räumt die Menge die Tuilerien.

28. Juni: Lafayette kehrt von der Armee nach Paris zurück und fordert die Versammlung auf, die Klubs aufzulösen. Bürgermeister Pétion wird seines Amtes enthoben.

1. Juli: Die Nationalversammlung erklärt die Sitzungen aller Verwaltungsgremien für öffentlich; so werden diese dem Druck des Volkes ausgesetzt.

2. Juli: Die Nationalversammlung und die Provinzialverwaltungen beschließen, das königliche Veto vom 11. Juni zu ignorieren.

*11. Juli: Aufgrund der militärischen Lage wird das Vaterland als »in Gefahr befindlich« erklärt. Es wird die gesamte Nationalgarde einberufen, neue Bataillone werden aufgestellt. Die Gesetzgebende Versammlung übernimmt die Ausführung der Beschlüsse.

15. Juli: Lafayette unterstützt in der Nationalversammlung den König und erwägt einen Staatsstreich. Der Cordeliers-Klub fordert einen Nationalkonvent, Robespierre startet im Jakobiner-Klub eine Kampagne für die Absetzung des Königs.

1792 17. Juli: Die in Paris eingetroffenen Fédérés fordern die Suspendierung des Königs und einen Nationalkonvent, der auf der Grundlage des allgemeinen Wahlrechts gewählt werden soll.

27. Juli: Das Manifest des Herzogs von Braunschweig wird in Paris bekannt.

29. Juli: Robespierre, der eine Revolte kommen sieht, läßt in einer langen Rede seine bisherige Forderung nach gesetzmäßigem Verhalten fallen und schließt sich den Forderungen der Fédérés nach Errichtung einer Republik an.

30. Juli: Bataillone aus Marseille marschieren in Paris ein und singen die *Marseillaise*, die schnell populär wird.

*3. August: Siebenundvierzig Sektionen von Paris fordern die Absetzung des Königs.

Zitate

Louise Félicité Duchesse de Tourzel, die Erzieherin der Kinder Ludwigs XVI., in ihren Memoiren über die Flucht des Königs:

Um keinen Argwohn zu wecken, führte die Königin ihre Kinder am Montag abend selber in Tivoli im Garten des Monsieur Boutin spazieren und gab beim Nachhausekommen dem Bataillonskommandanten Anordnungen für die Ausfahrt am nächsten Tag. Ich tat dasselbe für den Dauphin …

Graf Fersen spielte die Rolle des Fiakerkutschers vollendet, er pfiff, unterhielt sich mit einem sogenannten Kameraden …, nahm Tabak aus dessen Dose. Ich saß wie auf Nadeln, obgleich ich mir keine Unruhe anmerken ließ, als die Prinzessin (die dreizehnjährige »Madame Royale« Marie Therese) zu mir sagte: »Dort kommt Monsieur de Lafayette.« Ich verbarg den Dauphin unter meinen Kleidern und versicherte, sie könnten ganz ruhig sein … In kurzer Entfernung folgte ihm Monsieur Bailly … erst nach Mitternacht kam der König. Bailly und Lafayette, die zur Abendaudienz gekommen waren, hatten eine Unterhaltung angefangen, und um keinen Verdacht bei ihnen zu erregen, wollte der König sich nicht den Anschein geben, als ob er es eilig hätte …

Der König erzählte uns, wie er … in aller Ruhe allein durch das große Tor der Tuilerien hinausging; er sei völlig sicher gewesen, denn durch die Vorsichtsmaßregel, durch dasselbe Tor den Ritter von Coigny hinausgehen zu lassen, dessen Haltung der seinen so völlig glich, habe der die Posten … seit vierzehn Tagen daran gewöhnt, ihn zu sehen, so daß sie ihn auch an diesem Abend in völliger Sicherheit hinausgehen ließen …

Danach trafen wir bei den Posten der Barriere auf eine Hochzeit, … aber wir wurden glücklicherweise nicht erkannt und kamen ohne Schwierigkeiten durch …

Als der König ihn (Fersen) verließ, bezeigte er ihm auf die herzlichste Weise seine Dankbarkeit. Er meinte, er könne sie bald anders als in Worten ausdrücken, und machte sich Hoffnung, ihn bald wiederzusehen …

Ich wurde unter dem Namen einer Baronin Korff für die Herrin gehalten, der König galt als mein Kammerdiener, die Königin als meine Kammerfrau …

Als die Schranken passiert waren, begann der König an einen günstigen Ausgang seiner Reise zu glauben und fing an, über seine Pläne zu plaudern.

Er wollte … durch einige Grenzstädte … fahren, um sicherer zu der französischen Stadt zu gelangen, wo er seinen dauernden Aufenthalt nehmen wollte, denn er wünschte, auch nicht einen Augenblick im Ausland zu bleiben.

»Nun bin ich also«, sagte der gute König, »außerhalb von Paris, wo ich soviel Bitterkeit schlucken mußte. Seid überzeugt, wenn ich erst einmal im Sattel sitze, werde ich ganz anders sein, als ihr mich bis jetzt gesehen habt.« … Als er danach auf seine Uhr blickte, die acht Uhr zeigte, sagte er: »Lafayette fühlt sich jetzt gar nicht wohl in seiner Haut.«

… In Varennes und der ganzen Umgebung wurden Sturmglocken geläutet, es war unmöglich, sich nicht einzugestehen, daß wir erkannt waren.

Der König weigerte sich lange, seinen Wagen zu verlassen und sich zu erkennen zu geben.

Aus Marats Proklamation vom 21. Juni 1791, während der Flucht des Königs:

Volk, jetzt sieh die Redlichkeit, die Ehre, die Religion der Könige! ... Hütet euch vor Fürsteneiden! ... Am Morgen des 19. lachte Ludwig XVI. über seine Schwüre und weidete sich im voraus an dem Schrecken, den seine Flucht euch einjagen würde. Die Österreicherin hat in der letzten Nacht Lafayette verführt ... Ludwig ... hat sich davongemacht ... jetzt lacht er über die Dummheit der Pariser, und bald wird er in ihrem Blut schwimmen.

Erklärung der Nationalversammlung am 22. Juni 1791:

Ein schwerer Anschlag ist verübt worden. Die Nationalversammlung näherte sich dem Ziel ihrer langen Tätigkeit, die Verfassung war fertiggestellt, die Stürme der Revolution legten sich: da wollten die Feinde des Gemeinwohls durch ein einziges Verbrechen die ganze Nation ihrem Rachedurst zum Opfer bringen. Der König und die königliche Familie sind in der Nacht vom 20. auf den 21. dieses Monats entführt worden.

... Wenn der erste Beamte des Staates seinen Posten verläßt oder gegen seinen Willen entführt wird, haben die Repräsentanten der Nation ... das Recht, seine Stelle einzunehmen ...

Die Hofpartei, welche, im Anschluß an diese Abreise, die lange Liste der Vorwürfe aufgestellt hat, denen so leicht zu begegnen ist, hat sich selbst entlarvt. Immer wiederkehrende Beschuldigungen verraten ihre wahren Beweggründe ...

Wir werden dem Mißgeschick unseres Königs unser Mitgefühl nicht versagen; wir werden die gerechte Strafe der Gesetze gegen diejenigen anwenden, die ihn von seinem Posten entführt haben; aber der Staat wird dadurch nicht in seinen Grundfesten erschüttert ...

Die Feinde der Verfassung sollen wissen: um das Territorium dieses Reiches von neuem zu versklaven, müssen sie die Nation auslöschen.

Drouets Bericht vor den Mitgliedern der Pariser Kommune, einige Tage später:

Als wir die Straße hinunterritten, fanden wir eine Herberge, wo man noch nicht zu Bett gegangen war; ich sagte zu dem Wirt, nachdem ich ihn beiseite genommen hatte: »Sind Sie ein guter Patriot?« Er antwortete: »Freilich.« – »Nun dann«, erwiderte ich, »der König ist oben in Varennes, er will fort; laufen Sie schnell, holen Sie alles zusammen, was Sie an guten Bürgern kennen, um ihn daran zu hindern!«

Denis Belot, Augenzeuge der Verhaftung des Königs, in dem Brief an seinen Vater vom 15. März 1792:

Als dieser Wagen vor der Post hielt, näherte sich einer der Offiziere ... und sagte der Person, die durchaus als Frau gelten wollte, etwas ins Ohr. Drouet, der dabeistand ..., glaubte den König zu erkennen ... Um sicherer zu gehen ... nimmt er seine 50-Franken-Assignate und erkennt Zug um Zug den König der Franzosen.

(Daraufhin wurde die königliche Familie verhaftet. Drouet erhielt einen Sitz im Konvent und stimmte später für den Tod des Königs.)

Reisebericht des Deputierten Pétion, den man nach Varennes geschickt hatte:

Man unterhielt sich viel darüber, wie man sich dem König gegenüber verhalten solle. Alle meinten: »Dieses dicke Schwein wird sehr lästig.« »Wird man ihn einsperren?« ... »Wird er wieder regieren?« ... »Und wird man ihm einen Berater beigeben?«

Lafayette machte Scherze und lächelte höhnisch ...

Maubourg (ein anderer Deputierter) meinte: »... er ist ein dummer Kerl, der sich hinreißen ließ; er ist wirklich sehr unglücklich dran und kann einem leidtun.« ...

»Nein, meine Herren«, sagte zungenfertig der König, »ich wollte nicht ins Ausland, ich habe das schon erklärt, es ist wahr.« ...

Der König stieg aus (in Dormans) ... Niemand rief: »Es lebe der König«, man rief immer nur: »Es lebe die Nation! Es lebe die Nationalversammlung!« ...

Ich rief (am Ufer der Marne): »Was für ein schönes Land, dieses Frankreich! Es gibt in der Welt kein Königreich, das mit ihm verglichen werden könnte.« Ich äußerte diese Gedanken absichtlich und beobachtete, welchen Eindruck sie auf den König machten, aber sein Gesicht ist immer kalt, auf wahrhaft trostlose Weise unbelebt; ... Er wollte mit mir über die Engländer sprechen, über ihre Industrie, über das kaufmännische Genie dieser Nation. Er brachte ein oder zwei Sätze zusammen, dann versprach er sich, bemerkte es und errötete; diese Mühe, sich auszudrücken, gibt ihm eine Schüchternheit … Die ihn nicht kennen, sind vielleicht versucht, diese Schüchternheit für Stumpfsinn zu halten; aber darin würden sie sich täuschen … ich habe ihn noch keine Dummheit sagen hören …

Es dauerte nicht lange, bis ich merkte, daß alles, was die Königin sagte, völlig oberflächlich war. Sie äußerte keinen kraftvollen oder eigenständigen Gedanken. In keinem Sinne besaß sie das Wesen oder die Haltung, die ihrer Stellung angemessen waren.

Tagebucheintragungen Ludwigs XVI. während der Flucht:

21. Juni, Dienstag – Abreise um Mitternacht von Paris, angekommen und angehalten in Varennes in den Argonnen um elf Uhr abends.

25. Juni, Samstag – Abfahrt von Meaux um halb sieben Uhr, angekommen in Paris … ohne Zwischenaufenthalt.

26. Juni: Gar nichts, Messe in der Galerie – Besprechung mit den Bevollmächtigten der Nationalversammlung.

28. Juni: Ich habe Buttermilch getrunken.

Robespierre am 14. Juli 1791 über die Flucht des Königs:

… ich will nicht untersuchen, ob die Völker heutzutage noch auf dem Standpunkt sind, zu glauben, daß man die Könige wie die Frauen entführt … ob … die Abreise des Königs nur eine Reise ohne Zweck war, eine unbedeutende Abwesenheit, oder ob man sie mit allen vorhergehenden Ereignissen in Verbindung bringen muß …

Der König ist unverletzlich, sagen Sie, er kann nicht bestraft werden: So ist das Gesetz … Sie verleumden sich selbst; nein, niemals haben Sie bestimmt, daß irgendein Mensch über den Gesetzen stehen solle. …

Es genügt nicht, das Joch eines Despoten abzuwerfen, wenn man unter das Joch eines andern Despotismus zurückfallen soll: England befreite sich nur von dem Joche eines seiner Könige, um unter das noch erniedrigendere Joch einer kleinen Anzahl seiner Mitbürger zurückzufallen … Man muß die Nation gegen die zu lange Dauer einer oligarchischen Regierung sicherstellen.

(Die letzten Worte sind gegen das »Triumvirat« Barnave, Duport, Lameth gerichtet.)

Barnave, am 15. Juli 1791:

Heute, meine Herren, muß jedermann erkennen, daß es im Interesse der Allgemeinheit liegt, daß die Revolution einhält: Diejenigen, die verloren haben, müssen einsehen, daß es unmöglich ist, sie rückgängig zu machen, und daß es nur noch darum gehen kann, sie zu domestizieren.

Aus der Petition am Marsfeld, 17. Juli 1791:

Ein großes Verbrechen geschieht: *Ludwig XVI. flieht*. Er verläßt würdelos seinen Posten … Die Bevölkerung der Hauptstadt bittet euch (die Nationalversammlung) inständig, über das Schicksal des Schuldigen nichts zu entscheiden, bevor ihr nicht den erklärten Willen der zweiundachtzig anderen Departements angehört habt.

… Alle Sektionen des Landes fordern gleichzeitig, daß Ludwig der Prozeß gemacht werde. Ihr, meine Herren, habt im voraus seine Schuldlosigkeit und Unverletzlichkeit festgestellt.

… all dies macht es uns zur Pflicht, euch im Namen von ganz Frankreich zu ersuchen, dieses Dekret nochmals zu beraten; zu bedenken, daß das Vergehen Ludwigs XVI. erwiesen ist und dieser König abgedankt hat; demnach seine Abdankung anzunehmen und eine neue verfassunggebende Versammlung zu berufen …

Aus dem Pressegesetz der Nationalversammlung vom 22. und 23. August 1791:

Artikel I. Niemand darf wegen des Druckes oder der öffentlichen Verbreitung von Schriften, gleichgültig welchen Inhalts, belangt oder verfolgt werden, außer wenn er vorsätzlich zum Ungehorsam gegen das Gesetz, zur Mißachtung der konstituierten Gewalten … aufruft. Kritik an den Maßnahmen der konstituierten Gewalten ist gestattet; jedoch können vorsätzliche Verleumdungen, die sich gegen die persönliche Integrität der staatlichen Beamten … richten, von den Betroffenen gerichtlich verfolgt werden.

Aus der Verfassung vom 3. September 1791:

Titel III. Von den öffentlichen Gewalten

Art. I. Die Souveränität ist einheitlich, unteilbar, unveräußerlich und unverjährbar. Sie gehört der Nation. Kein Teil des Volkes und keine einzelne Person kann sich ihre Ausübung aneignen.

Art. 2. Die Nation, von der allein alle Gewalten ihren Ursprung haben, kann sie nur durch Übertragung ausüben.

Die französische Verfassung ist eine Repräsentativverfassung. Ihre Repräsentanten sind die gesetzgebende Körperschaft und der König.

Art. 3. Die gesetzgebende Gewalt ist einer Nationalversammlung übertragen, die aus Abgeordneten besteht, die durch das Volk frei und auf Zeit gewählt werden, um sie mit Billigung des Königs auf die Art auszuüben, die nachstehend bestimmt wird.

Art. 4. Die Regierung ist monarchisch. Die ausführende Gewalt ist dem König übertragen, um unter seiner Autorität durch die Minister und andere verantwortliche Beamte auf die Art ausgeübt zu werden, die nachstehend bestimmt wird.

Art. 5. Die richterliche Gewalt ist den durch das Volk auf Zeit gewählten Richtern übertragen.

Kapitel II. Vom Königtum, der Regentschaft und den Ministern

Art. 1. Das Königtum ist unteilbar und dem regierenden Hause im Mannesstamm nach dem Rechte der Erstgeburt erblich übertragen unter dauerndem Ausschluß der Frauen und ihrer Nachkommenschaft.

Art. 2. Die Person des Königs ist unverletzlich und heilig. Sein einziger Titel ist König der Franzosen.

Art. 3. Es gibt in Frankreich keine Autorität, die über dem Gesetze steht. Der König regiert nur durch dieses. Und nur im Namen des Gesetzes kann er Gehorsam verlangen.

Art. 7. Wenn der König das Königreich verlassen hat und dorthin nicht nach einer Aufforderung durch die gesetzgebende Körperschaft in der … festgesetzten Frist, die nicht unter zwei Monaten sein darf, zurückkehrt, wird angenommen, daß er abgedankt hat …

Art. 9. Der Privatbesitz, den der König bei seiner Thronbesteigung besitzt, wird unwiderruflich mit den Nationalgütern vereinigt …

Titel IV. Von den Streitkräften

Art. 3. Die Nationalgarden bilden kein militärisches Korps und keine Institution im Staate. Es sind die Bürger selbst, die zum Dienst in den Streitkräften gerufen werden.

Dekret der Nationalversammlung zur Gleichberechtigung der Juden vom 27. September 1791:

In der Erwägung, daß die notwendigen Voraussetzungen dafür, ein französischer Bürger zu sein, durch die Verfassung festgelegt sind ... widerruft die Nationalversammlung alle in ihren früheren Dekreten aufgenommenen Benachteiligungen, Vorbehalte und Ausnahmebestimmungen bezüglich der jüdischen Personen, die den Bürgereid leisten; dieser gilt als Verzicht auf alle in der Vergangenheit zu ihren Gunsten beschlossenen Privilegien und Befreiungen.

Brissot, am 20. Oktober 1791:

Ich habe Euch schon angedeutet, daß alle Gesetze gegen Emigranten, Rebellen und ihre Anführer nutzlos sein werden, wenn Ihr sie nicht mit einer durchgreifenden Maßnahme verbindet, die allein ihren Erfolg garantieren kann; diese Maßnahme betrifft die Haltung, die Ihr den fremden Mächten gegenüber einzunehmen habt, die diese Emigrationen und Revolten ermutigen und unterstützen.

Marie-Antoinette in dem Brief an den Grafen von Fersen vom 14. Dezember 1791 über das Drängen der Girondisten auf den Krieg:

Die Dummköpfe! Sie begreifen nicht, daß sie uns damit dienen!

Brissot befürwortet den Krieg, 16. Dezember 1791:

In zwei Jahren hat Frankreich seine friedlichen Mittel erschöpft, um die Rebellen in seinen Schoß zurückzuführen; alle Versuche, alle Aufforderungen waren fruchtlos; sie beharren auf ihrer Rebellion, die fremden Fürsten beharren darauf, sie in derselben zu unterstützen: Kann man noch schwanken, ob man sie angreifen soll?

Brissot im Jakobiner-Klub am 16. Dezember 1791:

Ein Volk, das nach zehn Jahrhunderten der Sklaverei seine Freiheit errungen hat, braucht den Krieg; der Krieg ist notwendig, um die Freiheit zu festigen.

Robespierre im Jakobiner-Klub gegen den Krieg am 2. Januar 1792:

Die ausgefallenste Idee, die im Kopf eines Politikers entstehen kann, ist die Vorstellung, es würde für ein Volk genügen, mit Waffengewalt bei einem anderen Volk einzudringen, um es zur Annahme seiner Gesetze und seiner Verfassung zu bewegen. Niemand mag bewaffnete Missionare; und der erste Rat, den die Natur und die Vorsicht einem eingeben, besteht darin, die Eindringlinge wie Feinde zurückzuschlagen. Ich habe gesagt, daß eine solche Invasion viel eher die Erinnerung an die Brandschatzung der Pfalz und an die letzten Kriege wiedererwecken könnte, als konstitutionelle Gedanken entstehen zu lassen ... Anderen die Freiheit geben zu wollen, bevor wir sie nicht selbst erworben haben, das hieße, unsere Knechtschaft gleichzeitig mit der der ganzen Welt zu verankern ...

Haben wir denn Feinde im Innern? Nein, Sie kennen keine, Sie kennen nur Koblenz. Haben Sie nicht gesagt, daß sich der Sitz allen Übels in Koblenz befindet? Er befindet sich also nicht in Paris? Es gibt also keine Verbindung zwischen Koblenz und einem anderen Ort, der nicht weit von uns entfernt ist? ...

Der Krieg ist gut für die Armeeoffiziere, für Ehrgeizlinge und für Börsenspekulanten; er ist gut für die Minister, deren Unternehmungen er mit einem noch dichteren ... Schleier bedeckt; er ist gut für den Hof, er ist gut für die Exekutive, deren Autorität, Ansehen und Einfluß er erhöht, und er ist gut für die Koalition der Adligen, der Intriganten und der Gemäßigten, die Frankreich regieren ...

Ich entmutige die Nation, behaupten Sie; nein, ich kläre sie auf ...

Luise Dietrich, die Frau des Bürgermeisters von Straßburg, in einem Brief an ihren Bruder vom Mai 1792:

... so hat mein Mann den Einfall gehabt, ein Gelegenheitslied komponieren zu lassen. Der Kapitän vom Ingenieurskorps Rouget de l'Isle, ein liebenswürdiger Dichter und Komponist, hat das Kriegslied schnell vertont. Mein Mann, der einen schönen Tenor hat, sang das Stück, das sehr mitreißend und von einer gewissen Eigenart ist. Es ist ein besserer Gluck, lebhafterer und munterer.

Aus den Petitionen der Pariser Sektionen an die Gesetzgebende Versammlung während des Aufstandes vom 20. Juni 1792:

Die Exekutivgewalt ist nicht im Einklang mit euch. Wir brauchen dafür keine weiteren Beweise: die Entlassung der patriotischen (Gironde-)Minister genügt. Soll also das Glück eines freien Volkes derart von der Laune eines Königs abhängen? Und darf denn dieser

König einen anderen Willen haben als den, der sich im Gesetz ausspricht? Das Volk will es so; und sein Kopf ist mindestens soviel wert wie ein gekröntes Tyrannenhaupt ...

Wir beklagen uns, meine Herren, über die Untätigkeit unserer Armeen. Wir fordern, daß ihr die Ursache hierfür erforscht. Liegt sie in der Exekutivgewalt, hinweg mit dieser! Das Blut von Patrioten darf nicht fließen, nur um den Hochmut und Ehrgeiz der treulosen Tuilerien zu befriedigen ...

Hinter dieser Petition stehen nicht nur die Bewohner des Faubourg Saint-Antoine, sondern alle Sektionen der Hauptstadt und der Umgebung von Paris.

Napoleon im Juni 1792, als das Volk in die Tuilerien drang:

Man sollte drei- bis vierhundert Mann mit einer Kartätsche niederschießen, der Rest würde die Flucht ergreifen.

(*Berichtet von Roederer*, Notes indites, 1825.)

Vergniaud am 3. Juli 1792:

Meine Herren, in welch merkwürdiger Situation befindet sich die Nationalversammlung? ...

In dem Augenblick, da unsere Nordarmeen in Belgien offenbar Fortschritte machen und unserm Mut durch Siegesahnungen schmeicheln, werden sie plötzlich vom Feind zurückgezogen; sie geben vorteilhafte Stellungen auf, die sie erobert hatten; man führt sie auf unser Gebiet zurück, man trägt das Schauspiel des Krieges auf unser eigenes Gebiet ...

Wie kommt es, daß gerade in einem Augenblick der heftigsten Krise und am Rande eines Abgrunds, der die Nation zu verschlingen droht, die Bewegungen unserer Armeen gezügelt werden; daß man durch eine plötzliche Auflösung des (Gironde-)Ministeriums den Ablauf der Arbeiten gestört, die Bande des Vertrauens zerrissen und das Wohl des Reiches in die Hände unerfahrener Personen gelegt hat, die man aufs Geratewohl auswählte ...

Brissot am 9. Juli 1972:

Das Vaterland ist in Gefahr; es ist nicht deshalb in Gefahr, weil es an Männern fehlt, die Waffen tragen können, nicht weil unsere Festungen in schlechtem Zustand wären, sondern weil man unsere

Kraft paralysiert hat; und wem verdanken wir diese unheilvolle Lethargie? Einem einzigen Mann, den die Nation zu ihrem Oberhaupt gemacht hat und den niederträchtige Höflinge zum Feind der Nation gemacht haben.

Aus der Petition des Deputierten Jerome Pétion im Namen einer Abordnung von siebenundvierzig Pariser Sektionen, 3. August 1792:

Wir wollen euch nicht noch einmal Ludwigs XVI. ganzes Verhalten seit den ersten Tagen der Revolution schildern, seine blutdürstigen Pläne gegen Paris, seine Vorliebe für den Adel und die Priester, seine Abneigung gegen das einfache Volk …

Hingegen, Gesetzgeber, müssen wir euch … an die Wohltaten der Nation gegenüber Ludwig XVI. und an die Undankbarkeit dieses Fürsten erinnern. Aus wieviel Gründen hätte er nicht seinen Thron schon in dem Augenblick verlieren können, als das Volk sich seine Souveränität zurückeroberte! … Die Nation wollte, getreu ihrem Charakter, lieber edelmütig als klug berechnend sein …, nachdem er den Versuch gemacht hatte, aus Frankreich zu entfliehen, um über Koblenz zu regieren, setzte man ihn wieder auf den Thron, dies vielleicht gegen den Willen der Nation, die man erst hätte befragen müssen.

… Und bald sahen wir, wie sich alle die Wohltaten der Nation gegen sie selbst wandten. Die Macht, die man Ludwig übertrug, damit er die Freiheit erhalte, bewaffnete sich, um sie zu zerstören …

Von außen bedrohen feindliche Armeen unser Territorium. Zwei Despoten veröffentlichen ein gegen die französische Nation gerichtetes, ebenso unverschämtes wie törichtes Manifest (des Herzogs von Braunschweig).

Ehrvergessene Franzosen, angeführt von den Brüdern, Verwandten und Verbündeten des Königs, schicken sich an, ihrem Vaterlande den Dolch ins Herz zu stoßen …

… und während der Feind in Eilmärschen vorrückt, kommandieren Adlige unsere republikanische Armee, verlassen unsere Generäle angesichts des Feindes ihren Posten, lassen die Armee debattieren … und verleumden ein freies Volk, welches zu verteidigen ihre eigentliche Pflicht wäre.

Der Träger der Exekutivgewalt ist das erste Glied in der Kette der Gegenrevolution … Solange wir einen solchen König haben, kann die Freiheit sich nicht festigen … Dank einem Rest von Nachsicht hätten wir gewünscht, wir brauchten von euch nur die vorläufige Suspendierung Ludwigs XVI. zu fordern, solange das Vaterland sich in Gefahr befindet; aber die Verfassung läßt dies nicht zu. Ludwig XVI. beruft sich unablässig auf die Verfassung; wir berufen uns unsererseits auf sie und fordern seine Absetzung.

4 DAS ENDE DER MONARCHIE (AUGUST 1792 BIS JANUAR 1793)

Mit dem großen Volksaufstand am 10. August, oft als die zweite – oder, wenn man die der Aristokratie mitzählt, dritte – Revolution bezeichnet, der den König und seine Familie in unmittelbare Lebensgefahr brachte und seinen endgültigen Sturz zur Folge hatte, wurde wiederum durch eine Aktion der Massen eine entscheidende Wendung, die schon lange fällig zu sein schien, mit einem Schlag herbeigeführt. Aber diesmal war es nicht die Pariser Bevölkerung allein, die handelte, sondern das ganze Land nahm daran teil. Die große patriotische Bewegung, durch die Gefahren der ausländischen Invasion angefacht, war nicht mehr aufzuhalten. Die Ausdrücke »Patriot« und »Revolutionär« wurden beinahe gleichbedeutend. Der König, dessen Patriotismus mit Recht beargwöhnt worden war, war nun ein Gefangener, und die von ihm bevorzugte Partei der Feuillants war erledigt. Die Feuillants, deren Vertreter an den Errungenschaften von 1789 maßgebend beteiligt gewesen waren, hatten versucht, die erworbenen Freiheiten und die Eigentumsrechte zu konsolidieren; aber das Prinzip der Gleichheit vor dem Gesetz, das den Massen mehr als alles andere bedeutete, wurde von ihnen beiseite gelassen. Ihre Rolle übernahm in der Folgezeit allmählich die Gironde – bis auch sie unterging.

Auch Lafayettes Einfluß, der noch vor zwei Jahren der große Liebling des Volkes gewesen war, war dahin. Er hatte versucht, seine Truppen in der Augustkrise gegen Paris marschieren zu lassen, konnte sie aber dazu nicht überreden, und die in Paris stationierten Truppen der Nationalgarde liefen zum großen Teil zu den Aufständischen über. In diese wurden jetzt zum erstenmal auch die sogenannten Passivbürger, also die nicht steuerzahlenden, ärmeren Klassen, aufgenommen, und ein neuer, patriotischer Geist, wie er sich in der jetzt aufkommenden *Marseillaise* ausdrückt, erfüllte sie. Lafayette selbst mußte, da ihm der Prozeß drohte, zu den Österreichern, den Feinden des Regimes, das er selbst mitgeschaffen hatte, übergehen, die ihn für mehrere Jahre ins Gefängnis steckten.

Mit dem Fall der Monarchie wurde eine neue Verfassung, und damit eine neue Nationalversammlung, der Konvent, notwendig, bei dessen Wahl die Passivbürger eine bedeutend wichtigere Rolle spielten als bei den vorhergehenden Parlamenten. Die sechs Wochen zwischen der Augustrevolution und dem Zusammentritt des Konvents am 20. September, der mit der ersten für Frankreich günstigen Wendung im Kriege, der Kanonade von Valmy, zusammenfiel, ist ausgefüllt mit dem Kampf zwischen der Pariser Kommune, deren Sektionen die Demokratisierung des 10. August weiterführen wollen, und der Nationalversammlung, die vor allem weitere Ausschreitungen verhüten will. Dabei suchte Danton, jetzt Justizminister, der angesichts der von außen drohenden Gefahr die Versöhnung der Parteien predigte, eine vermittelnde Rolle zu spielen, aber vergeblich: Denn der Fall von Longwy und die Nachricht von der Belagerung von Verdun, der letzten Festung vor Paris, lösten die großen, furchtbaren September-Massaker aus, denen Tausende von Insassen der Pariser Gefängnisse, und keineswegs nur politische Gefangene, zum Opfer fielen. Die Regierung tat nichts, um dem wüsten Morden Einhalt zu gebieten, und nach dem Zeugnis von Madame Roland, der Gattin des Gironde-Innenministers, soll Danton gesagt haben: »Ich schere mich einen Dreck um die Gefangenen.« Dantons Einfluß ging schon im folgenden Monat stark zurück. Die Gironde, die ihm für seine Vermittlerrolle nicht dankte, veranlaßte seinen Rücktritt als Justizminister, und da er die Verwendung von gewissen Summen bei seinem Rechenschaftsbericht nicht belegen konnte, stand seine Redlichkeit von nun an in Frage.

In der durch den Krieg verursachten überreizten Stimmung sah man überall im Lande Verräter und Feinde; aber gerade die Gironde, die den Krieg am stärksten befürwortet hatte und daher für die außenpolitische Situation verantwortlich gemacht wurde, wagte keine offenen Maßnahmen gegen die Schreckensherrschaft. Indessen entwickelten sich die unteren Schichten, Sansculotten genannt – weil sie nicht wie die oberen Klassen Knie-, sondern lange Hosen trugen –, zu einer selbständigen Macht, die oft mit den Jakobinern zusammenging und um deren Gunst sich die Bergpartei zu bemühen begann.

Die neue Versammlung bestand fast ausschließlich aus Mitgliedern der Bourgeoisie; aber es war nun die mittlere und untere Bourgeoisie, die die Führung übernahm, während die intellektuelle Elite zurückgedrängt wurde. Zwar gab es im Konvent keine fest umgrenzten Parteien, und der größte Teil der Abgeordneten gehörte der zwischen beiden Flügeln liegenden sogenannten Ebene an; so Sieyès, Barère, Cambon. Aber der Gegensatz zwischen den beiden Flügeln, der gemäßigten Gironde und der radikal demokratischen »Bergpartei« (Montagnards) wurde immer deutlicher. Indessen verschob sich allerdings der Schwerpunkt der politischen Aktion vom Parlament auf die Pariser Kommune, die sich aus ihrer Rolle seit der Augustrevolution nicht wieder herausdrängen lassen wollte, und auf die radikalen Klubs, vor allem die der Jakobiner, in denen sich das sogenannte neue Triumvirat Robespierre, Danton, Marat herausbildete. Einstweilen hatten die Girondisten, wie Innenminister Roland, die strikte Legalität vertraten, noch den größeren Einfluß. Sie setzten sogar noch am 8. Dezember 1792 die Wiedereinführung des freien Getreidehandels durch, die sicher nicht im Interesse der unteren, sondern der oberen Schichten lag. Aber die radikalen Organisationsmaßnahmen, die der Krieg erforderte, wurden von ihnen immer wieder blockiert. Währenddessen näherte sich die – an sich rein bürgerliche – Bergpartei den Sansculotten.

Die Gironde versuchte auch, das Verfahren gegen den König so lange wie möglich hinauszuschieben. Erst nach Auffindung der Ludwig stark kompromittierenden geheimen Dokumente am 20. November beschloß der Konvent den Beginn des Prozesses – und zwar vor dem Parlament, nicht vor einem Gericht. Der letzte Versuch der Gironde, das Schicksal Ludwigs durch Volksbefragung entscheiden zu lassen, scheiterte, und nun ging es Schlag auf Schlag. Ludwig wurde einstimmig für schuldig erklärt, aber seine Verurteilung zum Tode hing tatsächlich an einer einzigen Stimme.

Seine Hinrichtung rief große Bestürzung und Empörung in Europa hervor, wo sich das revolutionäre Frankreich bereits durch die Terrorakte im August und September 1792 viele Sympathien verscherzt hatte. Der Makel des »Königsmörders« haftete all denen, die für Ludwigs Tod gestimmt hatten, zeit ihres Lebens an, bis in die Restaurationszeit nach 1815. Aber das Hauptziel des Prozesses, nämlich jeder Art von Gegenrevolution das Wasser abzugraben, war erreicht. Die Brücken waren abgebrochen, eine Versöhnung mit den »legitimen« Mächten Europas nicht länger möglich. Die Revolution mußte nun siegen – oder untergehen.

Chronologie

1792 9. August: Marat fordert zum Sturm der Tuilerien auf.

10. August: Die sogenannte zweite Revolution. Die Volksmassen vom Faubourg Saint-Antoine und vom linken Seineufer dringen, unterstützt von den Fédérés aus Marseille und Brest, zu den Tuilerien vor. Dabei wird der Kommandant der Nationalgarde getötet, und an seine Stelle tritt Santerre. Die Schweizer Garde wird mit Hilfe der Sansculotten aus Saint-Marguerite niedergemacht.

Der König hatte sich mit seiner Familie zur Manège begeben und unter den Schutz der Nationalversammlung gestellt. Unter dem Druck der Massen beschließt die Versammlung, das Königtum auszusetzen und durch einen vorläufigen Exekutivrat zu ersetzen, bis ein Nationalkonvent zusammentreten kann.

In den Kämpfen werden mehr als tausend Schweizer Gardisten getötet und fast vierhundert Demonstranten getötet oder verletzt.

*11. August: Die Gesetzgebende Versammlung schafft das Zensussystem ab und verabschiedet ein allgemeines Wahlrecht, von dem nur Dienstboten – als abhängige Personen – ausgeschlossen sind.

Ein Exekutivrat wird gewählt, in dem Danton für die Justiz, Roland für Inneres, Servan für Krieg, Clavière für die Finanzen, Lebrun für die Außenpolitik und Monge für die Marine zuständig sind.

Die königstreuen Zeitungen werden verboten.

13. August: Die königliche Familie wird im Temple interniert.

1792 14. August: Der Besitz der Emigranten wird verkauft. Mit Ausnahme von Waldgebieten wird Kommunalland verteilt.

Der Klerus soll einen neuen Eid auf »Freiheit und Gleichheit« leisten.

17. August: Ein außerordentliches Kriminalgericht wird eingesetzt, das den Widerstand im eigenen Land angesichts der Kriegsgefahr brechen soll. Es arbeitet jedoch langsam.

18. August: Die noch verbliebenen geistlichen Orden werden aufgelöst.

21. August: Die Guillotine wird zum erstenmal in Betrieb genommen.

22. August: In der Vendée kommt es zu einer königstreuen Erhebung.

26. August: Achtzehn Persönlichkeiten des Auslands, die als Freunde der Revolution gelten, erhalten von der Nationalversammlung das Ehrenbürgerrecht und werden gebeten, bei der Wahl zum Konvent zu kandidieren. Darunter befinden sich Klopstock, Schiller, Campe, die Amerikaner Washington, Madison, Hamilton und Thomas Paine, die Engländer Priestley und Wilberforce, der Schweizer Pestalozzi, der Pole Kosciousko.

Nur Paine und Baron Jean-Baptiste (Anacharsis) Cloots werden Mitglieder des Konvents; während der Schreckensherrschaft wird ersterer inhaftiert, letzterer wird hingerichtet.

30. August: In Paris finden Massenverfolgungen und -verhaftungen statt. Es werden etwa dreitausend Personen festgenommen.

*2. bis 5. September: Die Septembermorde. Das Volk dringt in die Gefängnisse ein und ermordet politisch Verdächtige, eidverweigernde Priester und gewöhnliche Kriminelle. In Paris werden etwa sechstausend Personen getötet, darunter dreihundert Priester. Die Prinzessin Lamballe, eine enge Freundin der Königin, wird gleichfalls umgebracht; die Menge steckt ihr Haupt auf eine Pike, um es der Königin zu zeigen.

Für die Morde scheinen vor allem Politiker der Pariser Kommune verantwortlich gewesen zu sein. Danton unternimmt nichts, um sie zu verhindern.

Ähnliche Vorgänge finden in Lyon, Reims, Versailles und Orléans statt. Die Sympathien im Ausland für die Revolution erfahren eine starke Abkühlung.

1792 9. September: Der Getreidehandel wird erstmals gesetzlich geregelt.

10. September: Alle Kultgegenstände aus Gold oder Silber werden eingezogen.

14. September: Philippe von Orléans ändert seinen Namen in Philippe Égalité.

19. September: Das Musée de Louvre wird gegründet.

20. September: Die Gesetzgebende Versammlung tritt zum letztenmal zusammen; dabei wird ein Scheidungsgesetz verabschiedet.

21. September: Der Nationalkonvent, nach allgemeinem Wahlrecht, aber indirekt gewählt, tritt zusammen. Von den siebenhundertfünfzig Abgeordneten sind beinahe vierhundertneunzig erstmalig gewählt worden. Die Gironde, die nun die »Rechte« bildet, hat etwa zweihundert, die Bergpartei (Montagnards) hundert Mitglieder; der Rest der Abgeordneten formiert sich in der Mitte des Sitzungssaales zur Plaine (Ebene) und arbeitet zunächst mit der führenden Gironde, später mit den Montagnards zusammen. Royalisten sind nicht zugelassen.

Die Abschaffung des Königtums und die Einführung eines republikanischen Kalenders werden beschlossen.

1792 *22. September (1. Vendémiaire 1): Erster Tag der neuen Zeitrechnung. Die Monate bestehen aus zwölfmal dreißig Tagen plus fünf Ergänzungstagen und heißen: Vendémiaire (Weinlese), Brumaire (Nebel), Frimaire (Frost), Nivôse (Schnee), Pluviôse (Regen), Ventôse (Wind), Germinal (Sprossen), Floréal (Blüte), Prairial (Wiesen), Messidor (Ernte), Thermidor (Wärme), Fructidor (Frucht). Jeder zehnte Tag ist ein Feiertag. Der Kalender gilt vom 24. September 1793 an und bleibt bis 1806 in Kraft.

Von nun an ist die allgemeine Anrede »citoyen, citoyenne« und das vertrauliche »tu, toi«.

25. September: Der Konvent erklärt Frankreich als unteilbar.

27. September: In Savoyen erringt die Revolutionsarmee unter General Montesquiou einen Sieg.

29. September: Nizza wird von der französischen Armee eingenommen und geplündert.

Im Laufe des September: Nördlich der Loire beginnen sich die ersten Aufständischen zu sammeln, die nach ihrem Führer Jean Cottereau oder Chouan »Chouans« genannt werden und sich später mit den Aufständischen in der Vendée vereinigen.

9. Oktober: Danton wird als Justizminister durch Garat ersetzt, da er keine befriedigende Rechenschaft über von seinem Ministerium empfangene Gelder ablegen kann. Sein Einfluß beginnt zu schwinden.

*10. Oktober: Brissot wird aus dem Jakobiner-Klub ausgeschlossen. Damit wird die Trennung zwischen Girondisten und Jakobinern endgültig besiegelt.

1792 11. Oktober: Der Konvent wählt ein Verfassungskomitee.

24. Oktober: Es werden vierhundert Millionen Assignaten neu ausgegeben.

7. November: Der deutsche Naturforscher, Weltreisende und Schriftsteller Georg Forster tritt in den kürzlich gegründeten Mainzer Jakobiner-Klub »Gesellschaft der deutschen Freunde der Freiheit und Gleichheit« ein und wird bald darauf ihr Präsident.

*13. November: Saint-Just verlangt, daß der König ohne Prozeß bestraft werden müsse. Robespierre unterstützt diese Ansicht zwei Wochen später.

20. November: In den Tuilerien werden Geheimdokumente entdeckt, die Ludwigs XVI. Verbindung mit der konterrevolutionären Bewegung und mit Mirabeau beweisen. Ein Prozeß gegen ihn ist nun unvermeidlich.

27. November: Frankreich annektiert Savoyen und Nizza.

29. November: Der Konvent löst das im August eingesetzte Kriminalgericht wieder auf.

30. November: Der Girondist Nicolas de Chambon-Montaux wird zum Bürgermeister von Paris gewählt.

*1. Dezember: Jacques Roux hält im Observatoriums-Bezirk eine große Rede, und es beginnt die Propagandatätigkeit seiner Enragés.

3. Dezember: Robespierre fordert im Konvent den Tod des Königs.

5. Dezember: Der Konvent entscheidet, daß gegen den König ein Prozeß zu führen sei und daß der Konvent selbst das Urteil zu sprechen habe.

Eine revolutionäre Gruppe in Genf bringt die Volkspartei an die Macht, die sich von nun an der Entwicklung in Paris anpaßt.

1792 8. Dezember: Die Gironde setzt die Wiederherstellung des freien Handels im Konvent durch. Alle Gesetze zur Getreidespeicherung werden aufgehoben.

*11. Dezember: Ludwig wird vor den Konvent gebracht und wählt als seine Verteidiger Tronchet und Malesherbes. Ankläger ist Bertrand Barère.

Der König wird von diesem Tag an von seinem Sohn getrennt gefangengehalten.

14. Dezember: Es werden weitere dreihundert Millionen Assignaten in Umlauf gesetzt.

26. Dezember: De Sèze hält die Verteidigungsrede für Ludwig: »Ich suche nach Richtern unter euch und finde nur Ankläger.«

*27. Dezember: Der Deputierte Jean-Baptiste Salles beantragt einen Appell an das Volk wegen des Schicksals des Königs. Saint-Just und Robespierre sprechen sich gegen, der Gironde-Führer Vergniaud für den Antrag aus, der am 4. Januar 1793 vom Konvent abgelehnt wird.

28. Dezember: Der Außenminister unterrichtet den Konvent davon, daß die Neutralität Spaniens vom Ausgang des Königsprozesses abhängt.

1793 4. Januar: Barère spricht sich gegen einen Volksentscheid über Ludwigs Schicksal aus und hat dabei die Mehrheit des Konvents hinter sich.

11. und 12. Januar: In Rouen und Paris finden Kundgebungen statt zur Rettung des Königs.

1793 *15. Januar: Der Konvent erklärt einstimmig (siebenhundertsieben Stimmen gegen null) Ludwig der Verschwörung gegen die Freiheit für schuldig.

17. Januar: Ludwig XVI. wird vom Konvent zum Tode verurteilt. Die Abstimmung fällt knapp aus (dreihunderteinundsechzig zu dreihundertsechzig). Die dagegen stimmenden Abgeordneten sind zum Teil für eine Gefängnisstrafe, zum Teil für Verbannung oder für die Todesstrafe mit Aufschub eingetreten.

19. Januar: Der Konvent lehnt die Aufschiebung der Hinrichtung mit dreihundertdreiundachtzig zu dreihundertzehn Stimmen ab.

20. Januar: Le Peletier de Saint-Fargeau, ein ehemaliger Marquis, der für den Tod des Königs gestimmt hatte, wird von einem Royalisten ermordet. Später ernennt man ihn zum »Märtyrer der Revolution«.

*21. Januar: Ludwig wird auf der Place de la Révolution (heute die Place de la Concorde) in Gegenwart von zwanzigtausend Soldaten und Tausenden von Sansculotten durch die Guillotine hingerichtet. Santerre als Kommandeur der Nationalgarde läßt Ludwigs letzte Worte in einem Trommelwirbel untergehen. Als der Kopf des Königs der Menge gezeigt wird, bricht diese in patriotische Parolen aus und beginnt, um das Schafott herum die »Farandole« zu tanzen.

ZITATE

Ludwig XVI. am 8. August 1792,
als er Zuflucht in der Nationalversammlung suchte:

Meine Herren, ich bin gekommen, um ein furchtbares Verbrechen zu verhüten. Ich bin überzeugt, daß ich mich nicht in sichereren Händen befinden könnte.

Der Präsident antwortete: Sire, Sie können auf die Festigkeit der Versammlung zählen, deren Mitglieder geschworen haben, für den Schutz der Rechte des Volkes und seiner konstitutionellen Autoritäten zu sterben.

Mathieu Dumas, Abgeordneter der Rechten, in den Souvenirs *vom 10. August 1792 über den Sturm auf die Tuilerien:*

Die Place Vendôme war angefüllt von einer Volksmenge, die den Elenden, welche Köpfe auf Piken trugen, folgte. Ich sah mit Entsetzen vor allem ganz junge Menschen, Kinder, die mit Köpfen spielten, sie in die Luft warfen und mit der Spitze ihrer Stöcke wieder auffingen. Das geschah kurz bevor man den Geschützlärm vom Angriff und Sturm auf die Tuilerien hörte ... Die Leichen der unglücklichen Schweizer, die man bis dorthin verfolgt und dann massakriert hatte, wurden entkleidet, beschimpft, von den Weibern untersucht. Meine Feder kann derartige Schändlichkeiten nicht wiedergeben.

Aus dem Dekret der Nationalversammlung über die Suspendierung des Königtums, 10. August 1792:

Artikel 1. Das französische Volk wird aufgefordert, einen Nationalkonvent zu bilden. Die Sonderkommission wird morgen einen Plan, betreffend den Charakter und den Zeitraum dieses Konvents, vorlegen.

Artikel 2. Der Träger der Exekutivgewalt wird vorläufig seiner Befugnisse enthoben, bis der Nationalkonvent über die Maßregeln entschieden hat, die er zur Sicherung der Volkssouveränität und der Durchsetzung von Freiheit und Gleichheit für erforderlich hält.

Artikel 6. Der König und seine Familie bleiben, bis die Ruhe in Paris wiederhergestellt ist, im Schoß der Gesetzgebenden Gewalt.

Marat im L'Ami du peuple *am 10. August 1792:*

Meine lieben Landsleute!

Ein Mann, der um euretwillen lange Zeit Ächtung erduldet hat, verläßt heute seinen unterirdischen Schlupfwinkel, um sich zu bemühen, den Sieg in eure Hände zu legen ...

Er hat euch vorausgesagt, daß eure Armeen von treulosen Generälen zur Schlachtbank geführt werden würden – und drei schmachvolle Niederlagen bezeichneten den Beginn des Feldzuges ...

Fürchtet die Reaktion, wiederhole ich euch; eure Feinde werden euch nicht schonen, wenn die Würfel wieder zu ihren Gunsten gefallen sind …

Niemand verabscheut Blutvergießen mehr als ich; aber um zu verhindern, daß das Blut in Strömen fließt, dringe ich in euch, einige Tropfen zu vergießen …

Vor allem aber haltet den König, sein Weib und seinen Sohn als Geiseln fest und sorgt dafür, daß man ihn, bis das endgültige Urteil über ihn gesprochen ist, jeden Tag viermal dem Volke zeigt. Und da es nur von ihm abhängt, unsere Feinde für immer zu entfernen, erklärt ihm, daß, wenn die Österreicher und Preußen nicht binnen vierzehn Tagen zwanzig Meilen von unseren Grenzen entfernt sind, um sich nicht mehr bei uns sehen zu lassen, sein Kopf ihm vor die Füße rollen wird …

Alle gegenrevolutionären Mitglieder des Pariser Generalstabs müssen hingerichtet, alle vaterlandsfeindlichen Offiziere aus den Bataillonen ausgestoßen werden …

Laßt die Auflösung aller ausländischen und Schweizer Regimenter dekretieren, die sich als Feind der Revolution erwiesen haben.

Aus dem Dekret zur Wahl eines Nationalkonvents vom 11. August 1792:

Artikel 2. Die Unterscheidung der Franzosen in Aktiv- und Passivbürger wird aufgehoben. Um als Aktivbürger zu gelten, genügt es, Franzose und einundzwanzig Jahre alt zu sein, seit einem Jahr seinen Wohnsitz am Orte zu haben, von seinen Einkünften oder dem Ertrag seiner Arbeit zu leben und nicht dem Dienstbotenstand anzugehören.

Chronique de Paris *vom 20. August 1792:*

Wir hören, daß zur Zeit in allen Theatern das Lied »Allons enfants de la Patrie« verlangt wird … Die Verbündeten … haben es von Marseille mitgebracht … und die Stelle … »aux armes, citoyens«, wo sie ihre Hüte und Säbel schwingen, hinterläßt einen wahren Schauer.

Danton in einer Rede am 28. August 1792:

Alles gehört der Nation, wenn die Nation in Gefahr ist.

Danton ruft in der Nationalversammlung zur Rettung des Vaterlands auf, 2. September 1792:

... Ein Teil des Volkes ist auf dem Weg zu den Grenzen, ein anderer ist dabei, Schanzgräben auszuheben, der dritte wird, mit Piken bewaffnet, das Innere unserer Städte verteidigen.

Paris wird diesen gewaltigen Anstrengungen seine Unterstützung leihen. Die Kommissare der Kommune werden die Bürger feierlich auffordern, sich zu bewaffnen und zur Verteidigung des Vaterlandes ins Feld zu ziehen.

... Das Sturmläuten, das nun anheben wird, ist kein Alarmsignal, es bedeutet den Generalangriff auf die Feinde des Vaterlandes. Um sie zu besiegen, brauchen wir Mut, meine Herren, Mut und nochmals Mut; dann ist Frankreich gerettet.

Aus dem Dekret der Nationalversammlung zu den Septembermassakern, 3. September 1792:

In der Erwägung, daß eine der größten Gefahren für das Vaterland in der Unordnung und im Chaos liegt, daß das französische Volk, das allen Anstrengungen der gegen es verbündeten Feinde ruhig zu trotzen vermag, sich nur dadurch Schaden zufügen kann, daß es sich uferloser Verzweiflung und dem Schrecken der schlimmsten Anarchie überläßt ..., beschließt die Nationalversammlung die Dringlichkeit und dekretiert: ...

Artikel 2. Alle guten Bürger werden aufgefordert, sich mehr denn je hinter die Nationalversammlung und die verfassungsmäßigen Gewalten zu stellen und mit allen in ihrer Macht stehenden Mitteln an der Wiederherstellung der öffentlichen Ruhe und Ordnung mitzuwirken ...

Artikel 4. Der Bürgermeister von Paris erstattet der Nationalversammlung täglich zur Mittagszeit über die Lage in der Stadt sowie über die zur Ausführung dieses Dekrets getroffenen Maßnahmen Bericht.

Maton de la Varenne, ein gefangengesetzter Rechtsanwalt, während der Septembermorde (2. – 5. September 1792):

Kaum hatte ich die Feder (an seinem Testament) niedergelegt, als ich abermals zwei uniformierte Männer kommen sah, von denen der eine, dessen Arm, Rock ebenso wie sein Säbel voll Blut waren, sagte: »Seit zwei Stunden haue ich links und rechts Gliedmaßen ab, ich bin müder als ein Maurer, der seit zwei Tagen Gips rührt.« Sie sprachen danach von Rulhière (einem Ritter des St.-Ludwigs-Ordens), dem sie in Aussicht stellten, ihn alle Grade der grausamsten Qualen erleiden zu lassen; sie schworen mit den greulichsten Eiden, dem den Kopf abzuschlagen, der ihm einen Gnadenstoß geben würde ... und gaben ihm mit aller Kraft flache Säbelhiebe, die ihn bald bis auf die Eingeweide zerfleischten ...

Ich legte meinen Morgenrock ... ab, um mich mit einem groben, sehr schmutzigen Hemd, einem schlechten Überrock ohne Weste und einem alten runden Hut zu bekleiden, die ich mir aus Furcht vor dem Kommenden ... hatte holen lassen. Ich dachte, so angetan würde ich nicht in den Verdacht kommen, zu der Zahl Gebildeter zu gehören, die man wie Verräter abschlachtete.

Maton de la Varenne (nach seiner Freilassung):

So ging ich durch die Rue des Ballets, auf der an jeder Seite eine Dreierreihe von Menschen beiderlei Geschlechts und jeden Alters stand. An ihrem Ende angekommen, fuhr ich mit Entsetzen zurück, als ich in dem Bach einen ungeheuren Haufen nackter Leichen erblickte, mit Schmutz und Blut besudelt, auf die ich einen Eid ablegen mußte ... ich sprach die Worte aus, die sie von mir forderten, als ich von einem meiner Klienten erkannt wurde, der zweifellos durch Zufall vorbeikam. Er verbürgte sich für mich ...

Madame Royale, die fünfzehnjährige Tochter von Ludwig XVI. und Marie-Antoinette, in ihren von Juni bis September 1792 im Temple verfaßten Memoiren:

Jeden Tag gingen wir wegen der Gesundheit meines Bruders im Garten spazieren, und fast jedes Mal wurde mein Vater von den Gardesoldaten beschimpft ...

Dieser Mensch (Rocher, der Pförtner) hielt sich dauernd im Turm auf und versuchte, meinen Vater auf jede Weise zu quälen; mal sang er die »Carmagnole« ..., mal blies er ihm im Vorbeigehen eine Tabakwolke ins Gesicht, weil er wußte, daß mein Vater Pfeifenrauch nicht liebte. Er lag immer schon im Bett, wenn wir zum Abendessen gingen, nur weil wir durch sein Zimmer mußten ... Mein Vater trug alles mit Sanftmut ...

Meinem Vater fehlten alle Mittel; er schrieb wegen des Geldes, das ihm zustand, an Pétion, erhielt aber keine Antwort …

Am 2. September wurden die Beleidigungen noch schlimmer …

… unter anderem sagte er (ein Soldat der Stadtwache zu Ludwig): »… die Alarmkanone hat geschossen, die Feinde sind in Verdun. Wenn sie hierherkommen, werden wir alle umkommen, aber Sie werden zuerst sterben.«

… Mein Bruder brach in Tränen aus und floh in das andere Zimmer … er vermeinte, meinen Vater schon tot zu sehen.

(3. September) … Mehrere Soldaten der Stadtwache und Offiziere der Garde erschienen; letztere wollten, daß mein Vater sich an den Fenstern zeige; die ersteren waren mit Recht dagegen. Als mein Vater fragte, was vorgehe, sagte ein junger Offizier zu ihm: »Nun, Monsieur, wenn Sie es wissen wollen, man will Ihnen den Kopf von Madame de Lamballe zeigen.«

Meine Mutter war starr vor Entsetzen.

Madame Royale über die Behandlung ihres Bruders, des Dauphins (August 1793):

Über meinen Bruder erhielten wir einige Nachrichten durch die Soldaten der Stadtwache … Wir hörten ihn jeden Tag mit Simon (der Schuster, der für das Kind sorgen sollte) die »Carmagnole« singen, das Lied der Marseiller und tausend andere entsetzliche Sachen. Simon setzte ihm die rote Mütze auf und hängte ihm eine Jakobinerjacke um. Er ließ ihn am Fenster singen, damit die Gardisten ihn hörten, mit abscheulichen Flüchen gegen Gott, seine Familie und die Aristokraten. Glücklicherweise konnte meine Mutter all diese Scheußlichkeiten nicht hören …

Aus dem Dekret des Konvents vom 22. September 1792:

… es wird dekretiert, daß alle öffentlichen Urkunden künftig das Datum tragen sollen *Im ersten Jahr der Französischen Republik.*

Marat, als er am 25. September 1792 im Konvent eine Diktatur verlangte:

Ich scheine eine Menge persönlicher Feinde in dieser Versammlung zu haben.

(Und nachdem der Antrag, ihn unter Anklage zu stellen, abgelehnt worden war): Wenn meine Anklage beschlossen worden wäre, so hätte ich mich am Fuß der Tribüne erschossen.

Marat in einer Rede gegen die Girondisten, 4. Oktober 1792:

Ich habe Euch gesagt, daß ich den allergrößten Teil der Mitglieder des Konvents für lauter halte ... aber ich habe Euch auch gesagt, daß ich seit langem schon einen Teil der Männer, die in dieser Versammlung sitzen, für schlechte Bürger und Ränkeschmiede halte ... Ich sage, daß es in dieser Versammlung Männer gibt, die aufgrund von Intrigen sich haben wählen lassen ... Ihr kennt alle die Briefe von Brissot, Lasource, Guadet, Vergniaud ..., die vor den Wahlen in den Departements verbreitet worden sind ... Es ist doch sehr merkwürdig, daß Ihr Euch eine politische Anzeige nicht anhören wollt, und etwas anderes mache ich nicht; ich habe mich nicht zu Schmähungen hinreißen lassen, als ich mir die scheußlichen Verwünschungen anhören mußte, die vorhin hier gegen mich ausgesprochen wurden ...

(Marat wurde öfter durch Zwischenrufe und Gelächter unterbrochen.)

Brissots Aufruf gegen die Jakobiner im Oktober 1792:

Wollt ihr die Geister der Zerstörung kennenlernen? Lest Marat, hört Robespierre, Collot d'Herbois, Chabot auf der Rednertribüne ...; seht die Plakate an, die die Mauern von Paris verunzieren; ... grabt die Leichen des 2. September aus; erinnert euch an die Predigten der Mörderapostel in den Departements! ... Die Straflosigkeit des 2. September hat Europa an unseren Grundsätzen zweifeln lassen.

Die Deorganisierer sind jene, die alles gleichmachen wollen, das Eigentum, den Wohlstand, den Preis der Lebensmittel und die Dienste, die der Gesellschaft zu leisten sind.

Robespierre am 5. November 1792 über die Septembermorde:

Inmitten dieser allgemeinen Bewegung erweckt das Herannahen der auswärtigen Feinde das Gefühl des Unwillens und der Rache, das in den Herzen gegen die Verräter kochte, die sie gerufen hatten. Bevor sie ihren Herd, ihre Frauen und ihre Kinder verlassen, wollen die Bürger, die Sieger der Tuilerien, die Bestrafung der Verschwörer, die ihnen versprochen war; man läuft in die Gefängnisse ... Konnten die Behörden das Volk zurückhalten? Denn es war eine Volksbewegung, und nicht, wie man lächerlicherweise angenommen hat, der vereinzelte Aufruhr einiger zur Ermordung ihrer Mitmenschen bezahlter Schurken ...

Man versichert, daß ein Unschuldiger umgekommen ist, man hat beliebt, die Zahl derselben zu übertreiben, aber ein einziger ist viel zuviel ... Bürger, beklagen Sie dieses grausame Mißverständnis ... Beklagen Sie sogar die strafbaren Opfer, welche für die Rache der Gesetze aufbewahrt wurden, die unter dem Schwerte der Volksjustiz gefallen sind; aber Ihr Schmerz soll eine Grenze haben, wie alle menschlichen Dinge.

Sparen wir einige Tränen für rührenderes Unglück. Beweinen Sie zehntausend Patrioten, die von der Tyrannei geopfert wurden ...

Saint-Just in einer Rede vor dem Konvent am 13. November 1792:

Ich behaupte, daß der König wie ein Feind bestraft werden muß; wir müssen gegen ihn kämpfen, nicht ihn vor Gericht stellen ... Welche Art von Gesetz könnte es überhaupt geben zwischen der Menschheit und einem König?

Brissot im Konvent am 26. November 1792:

Wir werden nicht ruhen, bis Europa, und zwar das gesamte Europa, in Flammen steht.

Danton über die Glaubensfreiheit am 30. November 1792:

... Doch der vom Schicksal gepeinigte Mensch sucht seine Freuden im Wahn. Wenn er sieht, wie sich ein reicher Mann all seinen Neigungen hingibt ..., glaubt er, daß in der anderen Welt seine Freuden um so größer sein werden ... Laßt ihm seinen Irrtum ... aber klärt ihn auf. Erklärt ihm, daß es ausdrückliche Absicht des Konvents ist, nicht zu zerstören, sondern bessere Verhältnisse zu schaffen ...

Sagt dem Volk klar und deutlich: Ihr werdet die Priester so lange behalten, als Ihr glaubt, sie für Euer Glück nötig zu haben. Der *ci-devant* König wird in allernächster Zeit abgeurteilt, und der Konvent ist bereit, zur Sicherung Eures Auskommens alle notwendigen Opfer zu bringen ...

Zeigt Vertrauen, Umsicht, Entschlossenheit – und Ihr werdet die Republik retten.

Robespierre, Rede vor dem Konvent, Ende November 1792:

Ist der König nicht schuldig, so sind es die, die ihn abgesetzt haben. Ihn vor Gericht zu stellen käme einer gerichtlichen Untersuchung gleich, die einen Fall einem höheren Gericht zur Entscheidung vorlegt.

Roux über den Königsprozeß am 1. Dezember 1792:

Die Könige sind des Todes würdig von dem Augenblick an, da sie das Licht des Lebens erblicken. Welche Strafe muß nicht der erleiden, dessen Ruchlosigkeit die eines Medici und Nero übertrifft, wenn man nur an die Metzeleien in Nancy, Montauban und Nîmes, in den Kolonien ... auf dem Marsfeld denkt ...

Entweder fällt Louis' Kopf, oder wir werden uns unter den Trümmern der Republik begraben. Die Könige haben den Despotismus durch das ungerecht vergossene Blut des Volkes zusammengekittet; es ist an der Zeit, die Freiheit der Völker durch das rechtmäßige Vergießen des unreinen Blutes der Könige zu sichern. England zögerte nicht, Charles Stuart aufs Schafott zu führen. Rom strafte sogar den Sohn des Brutus mit dem Beil der Konsuln ...

Strenge und Gerechtigkeit sind die Haupttugenden eines Republikaners ... Macht Antoinette den Prozeß.

Marat über den Königsprozeß am 6. Dezember 1792:

Man hat versucht, die Patrioten in dieser Versammlung zu unbedachten Maßnahmen zu verleiten, indem man den Antrag stellte, über den Tod des Tyrannen durch Akklamation abzustimmen ...

Um zu wissen, wer die Verräter sind – denn es gibt Verräter in dieser Versammlung – ... um Gewißheit über sie zu haben, schlage ich Euch ein unfehlbares Mittel vor, nämlich daß über den Tod des Tyrannen mit Namensaufruf abgestimmt und daß das Ergebnis veröffentlicht wird.

Robespierre, Anklagerede gegen Ludwig XVI., Dezember 1792:

Besser, daß Ludwig stirbt, als Hunderttausende von guten Bürgern! Ludwig muß sterben, damit das Vaterland lebe!

Ludwig XVI., Brief an seinen Verteidiger de Malesherbes im Dezember 1792:

Ich gebe mich keiner Täuschung ... hin: Die Undankbaren, die mich entthront haben, werden nicht auf halbem Wege stehenbleiben; sie müßten zu sehr erröten, ihr Opfer fortwährend vor Augen zu haben. Meiner erwartet das Los Karls I., ... auf daß ich gestraft werde, daß ich niemals (Blut) vergossen habe. Aber sollte es nicht möglich sein, meine letzten Augenblicke zu adeln?

Vergniaud, am 31. Dezember 1792, für einen Appell an das Volk im Königsprozeß:

Das Volk, das Louis die Unverletzlichkeit versprochen hat, kann allein erklären, daß es von seinem Recht zu strafen, auf das es verzichtet hatte, wieder Gebrauch machen will.

Ernsthafte Überlegungen bestimmen Euch, daß Ihr Euch nach den Grundsätzen richtet.

Seid Ihr ihnen treu, so habt Ihr keinen Tadel zu befürchten, und wenn das Volk den Tod von Louis will, dann wird es ihn anordnen. Wenn Ihr aber die Grundsätze verletzt, dann setzt Ihr Euch zum wenigsten dem Tadel aus, vom Weg der Pflicht abgekommen zu sein.

Und welche schreckliche Verantwortung ist Euch durch die Pflichtvergessenheit nicht aufgeladen!

Beschluß des Konvents vom 15. bis 17. Januar 1793:

Artikel I

Der Nationalkonvent erklärt, daß Louis Capet, der letzte König der Franzosen, der Verschwörung gegen die Freiheit der Nation und des Komplotts gegen die allgemeine Sicherheit des Staates schuldig ist.

Artikel II

Der Nationalkonvent verurteilt Louis Capet zum Tode.

Jean-Baptiste Cléry, Kammerdiener des Königs, in einem Journal, London 1798:

... der König machte keine Bewegung, die auf Überraschung oder Erregung schließen ließ; er schien nur bewegt von dem Schmerz des würdevollen alten Mannes (Malesherbes, der ihm das Todesurteil mitteilte) ... Der König ... ließ mich den Band der englischen Geschichte bringen, der vom Tod Karls I. handelt. In den folgenden Tagen las er viel darin. Ich erfuhr bei dieser Gelegenheit, daß seine Majestät zweihundertfünfzig Bücher während seiner Zeit im Temple gelesen hatte.

Roux' Bericht an den Generalrat der Pariser Kommune über die Hinrichtung des Königs, 21. Januar 1793:

Wir haben uns in den Temple begeben und dem Tyrannen angekündigt, daß die Stunde der Hinrichtung gekommen sei.

Er verlangte, einige Minuten für seinen Beichtvater zu haben. Er wollte uns ein Päckchen geben, das wir euch zustellen sollten. Wir erwiderten, daß wir nur den Auftrag hätten, ihn zum Schafott zu führen. Er antwortete: »Das ist richtig!« Er empfahl seine Familie und bat, Cléry, sein Kammerdiener, solle Kammerdiener bei der Königin werden, dann verbesserte er sich schnell und sagte: bei meiner Frau. Übrigens bat er, daß seine früheren Diener in Versailles nicht vergessen würden. Dann sagte er zu Santerre (dem Chef der Nationalgarde): »Gehen wir!« Über den Hof ging er zu Fuß, dann stieg er in den Wagen. Unterwegs herrschte das tiefste Schweigen.

Es gab keinen Zwischenfall. Wir stiegen in die Büros des Marinegebäudes, um das Protokoll über die Hinrichtung aufzunehmen. Wir haben Capet bis zur Guillotine nicht aus den Augen gelassen. Um zehn Uhr zehn Minuten kam er an ... Er wollte zum Volke reden, jedoch hat Santerre dies nicht zugelassen. Sein Kopf fiel. Die Bürger tauchten ihre Piken und ihre Taschentücher in sein Blut.

Ludwigs XVI. letzte Worte auf dem Schafott, am 21. Januar 1793:

Mein Volk, ich sterbe als ein Unschuldiger. Ich vergebe denen, die für meinen Tod verantwortlich sind ...

(Seine weiteren Worte wurden vom Trommelwirbel übertönt.)

Immanuel Kant in Metaphysik der Sitten *(1797):*

Unter allen Greueln einer Staatsumwälzung ist selbst die Ermordung eines Monarchen noch nicht das Ärgste; denn noch kann man sich vorstellen, sie geschehe vom Volke aus Furcht ... Die formale Hinrichtung ist es, was die mit Ideen des Menschenrechts erfüllte Seele mit einem Schaudern ergreift, das man wiederholentlich fühlt, sobald und so oft man sich diesen Auftritt denkt, wie das Schicksal Karls I. oder Ludwigs XVI.

5 DER KONFLIKT MIT EUROPA (1790–1796)

Im August 1791 hatte die Nationalversammlung feierlich erklärt, nie an einem Eroberungskriege teilnehmen zu wollen. Noch im gleichen Monat erfolgte aber die Pillnitzer Erklärung, die, obwohl dem Charakter Kaiser Leopolds II. entsprechend vorsichtig abgefaßt, von den Patrioten als Einmischung in innerpolitische Angelegenheiten aufgefaßt wurde. Da diese ohnehin den Krieg wünschten und nach Leopolds Tod sein Nachfolger Franz II. eine noch starrere Haltung einnahm, wurde der Krieg an Österreich erklärt, das inzwischen eine militärische Allianz mit Preußen geschlossen hatte.

Die französische Kriegserklärung war im Grunde eine Tollkühnheit, denn man war denkbar schlecht auf eine Auseinandersetzung mit zwei der stärksten Militärmächte Europas vorbereitet. Die kommandierenden französischen Generäle, zu denen auch Lafayette gehörte, glaubten ebensowenig an einen Sieg wie der König und verhielten sich entsprechend. Rückschläge und Niederlagen blieben denn auch nicht aus, aber diese, und vor allem das die Pariser Bevölkerung bedrohende Manifest des preußischen Oberbefehlshabers, des Herzogs von Braunschweig, stärkten den französischen Widerstand im Lande und an den Fronten enorm. Neue Generäle, wie Dumouriez und Kellermann, wurden ernannt, und bei der Kanonade von Valmy hielten die Revolutionstruppen allem stand, was das seit den Tagen Friedrichs des Großen gefürchtete preußische Heer ins Feld führen konnte. Noch bedeutender und für Europa eindrucksvoller war der Sieg Dumouriez' bei Jemappes im November. Die Alliierten zogen sich zurück, und die Revolutionsarmeen folgten ihnen bis an den Rhein und die Alpen und besetzten Belgien. Die Frage war nur, ob diese Besetzungen als Eroberungen oder als Befreiung der Länder anzusehen waren.

Der Beschluß der Nationalversammlung, in den besetzten Gebieten Revolutionsverwaltungen einzusetzen, löste nicht nur starke

Widerstände der Bevölkerung, sondern auch den Bruch mit England und damit eine Reihe neue Niederlagen aus. England konnte sich mit der französischen Besetzung Antwerpens nicht abfinden, und Pitt gab seine lange durchgeführte Neutralitätspolitik auf. Es begann eine antifranzösische Stimmungsmache in London, und als Ludwig XVI. hingerichtet wurde, trug der englische Hof Trauer. Aber die eigentlichen Gründe für Englands Einschreiten waren wirtschaftlicher Natur und bestimmt von der traditionellen Sorge um das politische Gleichgewicht auf dem Kontinent. Dagegen war die Feindseligkeit gegen Frankreich in Spanien und Italien vor allem weltanschaulicher und religiöser Art.

Seit März 1793 befand sich Frankreich im Krieg mit ganz Europa, mit Ausnahme der Schweiz und der skandinavischen Länder. Der Rückschlag war unvermeidlich: Belgien und andere Gebiete gingen wieder verloren. Die patriotischen Freiwilligenkorps, die bei den Siegen von 1792 eine hervorragende Rolle gespielt hatten, gingen im folgenden Jahre an Stärke sehr zurück, da viele Freiwillige, wie es ihr Recht war, ihren Abschied nahmen. Neue Truppenaushebungen erwiesen sich als schwieriger und stießen, besonders in der Bretagne, der Vendée und im Süden, auf starken Widerstand.

Die Pariser Regierung traf energische Gegenmaßnahmen. Im August 1793 wurde die allgemeine Wehrpflicht, die berühmte Levée en masse, eingeführt, und eine erstaunliche Anzahl von begabten Heerführern trat jetzt in den Vordergrund: Außer den schon Genannten waren es Pichegru, Hoche, Jourdan, Kléber, Moreau, dann auch Championnet und d'Augereau. Während zuvor einige Generäle sehr selbständig vorgegangen waren und sogar, wie Lafayette und Dumouriez, zum Feinde übergelaufen waren, wurde jetzt die Heeresleitung unter strikte Kontrolle gestellt. Der radikale Jakobiner Saint-Just, ein Freund Robespierres, nahm die Organisation in die Hand und reiste unermüdlich von einem Hauptquartier zum anderen. Ungehorsame Generäle wie Houchard und Custine wurden angeklagt und hingerichtet.

Wiederum erfolgte ein Umschwung zugunsten Frankreichs. Belgien wurde zurückerobert, und im Oktober 1794 hatten die französischen Armeen Köln, Koblenz, im Januar 1795 Holland besetzt. Dann schieden zwei der Hauptgegner aus der Koalition aus: Preußen im April und Spanien im Juli 1795. Im folgenden Jahr drangen die französischen Heere noch tiefer in Deutschland ein: Frankfurt, Würzburg, Nürnberg wurden besetzt.

Im selben Jahr begann der Siegeszug Napoleons in Italien.

Chronologie

1790 22. Mai: Die Nationalversammlung gibt in einer Proklamation bekannt, daß sie keine Eroberungskriege mehr zu führen gedenkt.

27. Juli: Die Konvention von Reichenbach zwischen Österreich und Preußen; einstweilige Einstellung der Rivalität der beiden Mächte und erster Ansatz zu einer gemeinsamen gegenrevolutionären Aktion.

28. Juli: Die Nationalversammlung untersagt den österreichischen Truppen, auf dem Marsch nach Belgien über französisches Gebiet zu ziehen.

14. August: Katharina II. von Rußland und Gustav III. von Schweden erwägen, gegen die Revolution vorzugehen.

26. August: Durch Beschluß der Nationalversammlung wird der Pakt zwischen den Familien der Bourbonen in Frankreich und Spanien für nichtig erklärt.

22. November: Die österreichische Armee marschiert in Belgien ein, ohne auf nennenswerten Widerstand zu treffen.

3. Dezember: Ludwig XVI. fordert in einem Brief an Friedrich Wilhelm II. von Preußen die Einberufung eines Kongresses der europäischen Staaten, um seine Macht in Frankreich wiederherzustellen.

12. Dezember: Der Kaiser hat seine Macht über Belgien wiedererlangt.

1790 14. Dezember: Kaiser Leopold II. beschwert sich in einer Protestnote über die Verletzung der Feudalrechte deutscher Reichsstände im Elsaß.

1791 15. März: Die diplomatischen Beziehungen zwischen Frankreich und dem Vatikan werden abgebrochen.

3. Mai: Baron de Breteuil schickt im Namen des Königs an Kaiser Leopold II. ein Memorandum, in dem er nach den Ereignissen am 18. April, als eine Ausfahrt des Königs von der Menge gestoppt wurde, um eine Intervention bittet.

5. August: Die Nationalversammlung beschließt, daß die französische Nation sich verpflichtet, an keinem Krieg zu Eroberungszwecken teilzunehmen.

*27. August: Deklaration von Pillnitz. Bei der Zusammenkunft Kaiser Leopolds II. und Friedrich Wilhelms II. von Preußen, an der auch die emigrierten Brüder Ludwigs teilnehmen, erklären die beiden Herrscher ihre Absicht, zugunsten einer den Rechten des Souveräns und den Interessen der Nation angemessenen monarchischen Regierung in Frankreich einzuschreiten, falls die anderen eingeladenen Mächte sich daran beteiligen. In Frankreich wird diese Erklärung als Herausforderung betrachtet, vor allem weil die Brüder des Königs darin erwähnt werden.

3. Dezember: In einem geheimgehaltenen Brief fordert Ludwig XVI. Friedrich Wilhelm II. auf, zusammen mit den anderen Herrschern in Frankreich zu intervenieren.

21. Dezember: Kaiser Leopold teilt der französischen Regierung mit, daß er den Kurfürsten-Erzbischof von Trier gegen militärische Angriffe Frankreichs verteidigen werde.

27. Dezember: Die Generäle Rochambeau und Luckner wer den zu Marschällen und Kommandeuren der Nord- und Rheinarmee ernannt.

1791 28. Dezember: Die Nationalversammlung beschließt, neue Bataillone von Kriegsfreiwilligen aufzustellen.

1792 25. Januar: Die Nationalversammlung stellt Kaiser Leopold II. ein Ultimatum.

Talleyrand reist nach London, um England zu einer Annäherung an Frankreich zu bewegen.

7. Februar: Preußen und Österreich schließen eine Allianz gegen Frankreich.

1. März: Kaiser Leopold II. stirbt. Sein Sohn, der letzte Kaiser des Heiligen Römischen Reiches, tritt als Franz II. die Thronfolge an.

7. März: Der Herzog von Braunschweig wird zum Oberbefehlshaber der verbündeten österreichischen und preußischen Truppen ernannt.

27. März: Die girondistische Regierung verlangt von Österreich ultimativ die Senkung der Rüstung in Belgien.

*20. April: Die Gesetzgebende Versammlung beschließt die Kriegserklärung an Österreich und stellt drei Armeen unter dem Oberbefehl Rochambeaus, Lafayettes und Luckners auf. Nur sieben Mitglieder der Versammlung stimmen gegen die Kriegserklärung.

28. April: Kriegsbeginn. Französische Truppen unter Marschall Rochambeau dringen in Belgien ein.

29. April: Erste Gegenoffensive der Österreicher. Die französische Armee ist in Auflösung begriffen. Die hunderttausend Mann starke Armee (gegen fünfundvierzigtausend Österreicher) wird von Offizieren des Ancien régime geführt, welche die Angriffsbefehle wegen angeblicher Unerfahrenheit der Truppen verweigern. General Dillon wird von seinen Soldaten getötet.

Lafayette macht den Österreichern erfolglos das Angebot, mit der Nationalgarde nach Paris zu gehen und den König zu befreien.

1792 17. Mai: Lafayette bietet den Alliierten einen Waffenstillstand an.

18. Mai: Die drei kommandierenden Generäle beschließen, die Feindseligkeiten einzustellen, und raten dem König zu sofortigem Friedensschluß.

*5. Juli: »Das Vaterland ist in Gefahr.«

6. Juli: Preußen tritt in den Krieg gegen Frankreich ein.

12. Juli: Es werden fünfzigtausend Mann in die reguläre Armee und zweiundvierzig neue Freiwilligenbataillone (vierunddreißigtausend Mann) einberufen. In einer Woche lassen sich allein in Paris fünfzehntausend Freiwillige anwerben.

*25. Juli: Der Herzog von Braunschweig verkündet sein Manifest, in dem er die sofortige Unterwerfung des französischen Volkes unter den König fordert, bei Nichtbefolgung mit gnadenloser Bestrafung droht und verspricht, an der Stadt Paris ein Exempel zu statuieren.

19. August: Lafayette ergibt sich den Österreichern. Die preußische Armee unter dem Herzog von Braunschweig überschreitet die Grenze.

23. August: Longwy ergibt sich der österreichischen Armee.

26. August: Die Mobilmachung wird beschlossen.

29. August: Dumouriez schlägt eine Invasion Belgiens vor, um den Herzog von Braunschweig von einem weiteren Vordringen nach Paris abzulenken. Er wird aber von der vor-

läufigen Regierung angewiesen, sich mit Kellermann hinter dem Argonne-Gebiet zu vereinigen.

1792 2. September: Verdun ergibt sich den alliierten Truppen.

*20. September: Die Kanonade von Valmy. Die französische Armee zwingt in einem großen Artillerie-Duell die Preußen zum Rückzug, der dann in eine militärische Katastrophe übergeht. Die Revolutionsarmeen werden durch diesen Sieg sehr ermutigt.

30. September: Die französische Armee unter Custine besetzt Speyer.

5. Oktober: Custine besetzt Worms.

14. Oktober: Die Preußen räumen Verdun.

19. Oktober: Die Preußen ziehen sich aus Longwy zurück.

21. Oktober: Custine marschiert in Mainz ein.

23. Oktober: Die französischen Truppen unter Custine nehmen Frankfurt ein.

27. Oktober: Dumouriez marschiert mit seinen Truppen in Belgien ein.

*6. November: Die Österreicher werden bei Jemappes besiegt; Dumouriez besetzt in der Folge die österreichischen Niederlande.

14. November: Die französischen Armeen ziehen in Brüssel ein und werden als Befreier begrüßt.

19. November: Der Konvent bietet allen freiheitsliebenden Nationen Europas seine Brüderschaft und Unterstützung gegen Tyrannei an.

1792 28. November: Französische Truppen besetzen Lüttich.

29. November: Die englische Regierung protestiert gegen die Proklamation vom 19. November.

30. November: Die Franzosen ziehen in Antwerpen ein.

7. Dezember: Die französische Armee unterdrückt in Brüssel eine Kundgebung, bei der die Unabhängigkeit Belgiens gefordert wird.

*15. Dezember: Auf Antrag von Cambon wird in den besetzten Gebieten eine Revolutionsverwaltung eingesetzt. Die Feudalrechte werden abgeschafft, die Kirchengüter beschlagnahmt, die Reichen stark besteuert.

Das Vorgehen gegen den Klerus stößt in Belgien auf starken Widerstand.

16. Dezember: Aachen wird von den französischen Truppen besetzt.

17. Dezember: Die französische Flotte erscheint vor Neapel, um König Ferdinand IV. unter Druck zu setzen.

1793 13. Januar: Der französische Botschafter in Rom wird von einer revolutionsfeindlichen Volksmenge getötet.

24. Januar: Zwischen England und Frankreich werden die diplomatischen Beziehungen abgebrochen.

1. Februar: Der Konvent erklärt England und Holland den Krieg. England fühlt sich durch die Besetzung Belgiens bedroht.

14. Februar: Frankreich annektiert Monaco.

17. Februar: Die französische Armee unter Dumouriez dringt in Holland ein.

1793 21. Februar: Die Freiwilligenbataillone und die reguläre Armee werden zusammengelegt.

Weitere dreihunderttausend Mann werden einberufen; das stößt bei der französischen Bevölkerung auf Widerstand. Die Soldaten wählen von jetzt an ihre Korporale.

1. März: Frankreich annektiert Belgien.

Der österreichische General Coburg zwingt die französische Armee in Belgien zum Rückzug.

7. März: Der Konvent erklärt Spanien den Krieg.

17. März: In Mainz wird der Rheinische Nationalkonvent eröffnet. Er proklamiert die erste Republik auf deutschem Boden, die auf Volkssouveränität beruht. Der Konvent beschließt am 21. März, Frankreich um die Annexion der linksrheinischen Gebiete zu bitten.

18. März: Die Österreicher unter dem Herzog von Coburg schlagen Dumouriez' Truppen bei Neerwinden. Brüssel wird zurückerobert.

25. März: England und Rußland schließen ein Bündnis gegen Frankreich.

1. April: Die zu ihm gesandten Konventskommissare und Kriegsminister Beurnonville liefert Dumouriez an die Österreicher aus.

Custine muß das Rheinland aufgeben und läßt französische Soldaten im belagerten Mainz zurück.

12. Juli: Der Wohlfahrtsausschuß enthebt Custine, der sich durch seine Untätigkeit gegen die Engländer verdächtig gemacht hat, seines Kommandos.

23. Juli: Mainz wird nach dreimonatiger Belagerung von den Preußen zurückerobert. Die Mainzer Jakobiner werden grausam mißhandelt.

1793 28. Juli: Valenciennes fällt an die Alliierten.

*23. August: Aufruf zur Levée en masse.
Die englisch-holländische Armee belagert Dünkirchen.

27. August: Toulon ergibt sich den Engländern.

8. September: Die französischen Truppen besiegen die Engländer und Holländer bei Hondschoote.

12. September: Die österreichische Armee nimmt Quesnoy ein.

22. September: Die spanischen Truppen besiegen die Franzosen bei Truillas in den Ostpyrenäen.

16. Oktober (25. Vendémiaire II): Französische Truppen besiegen die Österreicher bei Wattigny; dies verringert die Gefahr einer Invasion.

27. Dezember (7. Nivôse II): Die französische Armee besiegt die Alliierten bei Landau, womit die unmittelbare Gefahr einer Invasion beseitigt wird.

1794 19. Januar (30. Nivôse II): Englische Truppen landen auf Paolis Hilferuf hin auf Korsika.

19. April (30. Germinal II): Haager Vertrag, in dem sich England verpflichtet, im Krieg gegen Frankreich zweiundsechzigtausend preußische Soldaten zu finanzieren.

30. April (11. Floréal II): Pichegru unterliegt bei Landrecies dem Herzog von Coburg.

1. Mai (12. Floréal II): Die spanischen Truppen werden bei Boulou geschlagen.

18. Mai (28. Floréal II): Pichegru siegt bei Turcoing.

1794 22. Mai (3. Prairial II): Die Engländer erobern Bastia.

26. Mai (7. Prairial II): Nach einem Bericht Barères im Konvent über die »Verbrechen Englands am französischen Volk« untersagt der Konvent, englische oder hannoveranische Gefangene zu machen.

8. Juni (20. Prairial II): Saint-Just vereinigt die Armeen der Mosel und der Ardennen unter Jean-Baptiste Jourdan.

25. Juni (7. Messidor II): Die französische Armee nimmt Charlesroi ein.

26. Juni (8. Messidor II): Nach einer vierzehnstündigen Schlacht besiegt Jourdan bei Fleurus den Herzog von Coburg.

8. Juli (20. Messidor II): Pichegru und Jourdan erobern Brüssel.

19. Juli (1. Thermidor II): In Genf kommt es zu einem erfolgreichen revolutionären Aufstand.

27. Juli (9. Thermidor II): Pichegru nimmt Antwerpen, Jourdan Lüttich ein.

5. August (18. Thermidor II): Die französischen Truppen besetzen Trier.

30. August (13. Fructidor II): Das französische Staatsgebiet ist mit der Rückgewinnung von Condé-sur-Escaut wieder von fremden Truppen befreit.

23. September (2. Vendémiaire III): General Jourdan besetzt Aachen.

1. Oktober (9. Vendémiaire III): Trotz heftigen Widerstands von seiten der Bevölkerung wird die Annexion Belgiens

proklamiert. Das Land wird in neun Departements unterteilt.

1794 6. Oktober (14. Vendémiaire III): Köln wird von französischen Truppen besetzt.

8. Oktober (16. Vendémiaire III): Bonn wird von französischen Truppen besetzt.

23. Oktober (2. Brumaire III): Koblenz wird von französischen Truppen besetzt. Ende des Monats haben die preußischen Truppen das linke Rheinufer aufgegeben.

19. November (29. Brumaire III): England und die Vereinigten Staaten schließen einen Vertrag zur Bekämpfung der französischen Piraten. Gleichzeitig vereinbaren sie eine Blockade der französischen Küste.

14. Dezember (24. Frimaire III): General Kléber beginnt mit der Belagerung von Mainz.

27. Dezember (7. Nivôse III): General Pichegru überschreitet mit seinen Truppen die Maas.

1795 5. Januar (16. Nivôse III): Pichegru marschiert in den Niederlanden ein. Am 19. Januar ist er in Amsterdam.

8. Januar (19. Nivôse III): Dritte Teilung Polens durch einen Vertrag zwischen Österreich, Rußland und Preußen. Dieses erhält Warschau und »Neu-Ostpreußen« zugesprochen, ist aber mit der Haltung der russischen Kaiserin unzufrieden und leitet mit Frankreich Friedensverhandlungen ein.

22. Januar (3. Pluviôse III): Die im Helder eingefrorene Flotte Hollands wird von Pichegrus Husaren besiegt. Belgien und die Niederlande werden dadurch zu Satellitenstaaten Frankreichs; England begreift sich nun erst recht als Feind der Republik.

1795 3. Februar (15. Pluviôse III): Holland wird zur Batavischen Republik erklärt.

9. Februar (21. Pluviôse III): Frankreich schließt mit dem Großherzogtum Toskana Frieden.

5. April (16. Germinal III): In Basel schließen Frankreich und Preußen Frieden. Preußen tritt das linke Rheinufer ab, läßt sich aber insgeheim dafür auf dem rechten Rheinufer eine Entschädigung zusichern. Auch die norddeutschen Staaten bleiben von nun an neutral.

7. Mai (18. Floréal III): Jourdan besetzt Luxemburg, während Pichegru – verärgert, weil der Konvent seine Leistungen nicht entsprechend würdigt – seine Truppen nicht bewegt.

16. Mai (27. Floréal III): Im Haager Frieden zwischen Frankreich und Holland wird letzteres zur Batavischen Republik erklärt und unter französisches Protektorat gestellt. Flandern und Maastricht werden annektiert. Holland leistet eine Kontribution in Höhe von hundert Millionen Gulden und bleibt weiterhin von fünfundzwanzigtausend französischen Soldaten besetzt.

17. Mai (28. Floréal III): Frankreich und Preußen setzen eine Demarkationslinie fest, die Norddeutschland vom Krieg fernhält.

17. Juli (29. Messidor III): General Moncey besiegt mit seinen Truppen die spanische Armee. Am 19. Juli nimmt er Bilbao ein.

22. Juli (4. Thermidor III): Frankreich schließt in Basel mit Spanien Frieden. Frankreich erwirbt den spanischen Teil von Santo Domingo, räumt aber Katalonien und das Baskenland.

1795 27. Juli (9. Thermidor III): Die Wiedereroberung Belgiens ist abgeschlossen.

31. August (14. Fructidor III): Belgien wird in neun Bezirke aufgeteilt.

6. September (20. Fructidor III): Jourdan überschreitet im Kampf mit den Österreichern den Rhein bei Düsseldorf, erhält aber keine Unterstützung von Pichegru und muß sich deshalb am 1. Oktober wieder zurückziehen.

1. Oktober (9. Vendémiaire IV): Der Konvent beschließt, Belgien zu annektieren.

31. Dezember (10. Nivôse IV): Die Österreicher und die Franzosen schließen Waffenstillstand.

1796 14. März (24. Ventôse IV): Moreau übernimmt anstelle von Pichegru das Oberkommando über die Rhein- und Mosel-Armee.

31. Mai (12. Prairial IV): Jourdan überquert, auf dem Marsch nach Wien, den Rhein, wird aber von Erzherzog Karl zurückgeschlagen.

24. Juni (6. Messidor IV): Moreau zieht über den Rhein und besetzt in der Folge München. Da er sich aber mit Jourdan, der inzwischen Köln und Frankfurt eingenommen hat, nicht vereinigen kann, müssen sich beide Heere im September/Oktober wieder auf die linksrheinische Seite zurückziehen.

4. Juli (16. Messidor IV): Moreau schlägt die Österreicher bei Rastatt.

9. Juli (21. Messidor IV): Die Engländer besetzen die Insel Elba.

1796 16. Juli (28. Messidor IV): Kléber besetzt Frankfurt.

25. Juli (7. Thermidor IV): Jourdan marschiert in Würzburg ein.

11. August (24. Thermidor IV): Jourdan besetzt Nürnberg.

16. und 25. August (29. Thermidor und 8. Fructidor IV): Das Direktorium schließt mit Württemberg und Baden Friedensverträge ab; beide Länder müssen ihre linksrheinischen Besitzungen an Frankreich abtreten.

3. September (17. Fructidor IV): General Jourdan wird bei Würzburg geschlagen. Die französische rechtsrheinische Offensive ist damit beendet. Die Armeen Jourdans und Moreaus ziehen sich hinter den Rhein zurück.

Zitate

Edmund Burke, Betrachtungen:

Es gab nicht, gibt nicht und wird nie eine vernunftbegründete Hoffnung geben, daß die kontinentalen Mächte einen Eindruck auf Frankreich machen werden, wenn England nicht ein Teil, ein maßgebender Teil und die Seele der Koalition gegen es ist.

Deklaration von Pillnitz, *27. August 1791:*

Der Kaiser und der König von Preußen haben die Wünsche … Monsieurs, des ältesten Bruders des Königs von Frankreich, und des Grafen Artois, vernommen und erklären gemeinschaftlich die Situation, in der sich der König von Frankreich gegenwärtig befindet, als ein gemeinsames Interesse für alle Könige Europas. Sie hoffen, daß dieses Interesse nicht verfehlen wird, von den *Mächten* anerkannt zu werden, deren Hilfe angerufen worden ist, und daß sie sich in der Folge nicht weigern werden, *gemeinschaftlich* … die wirksamsten Mittel anzuwenden, um den König in den Stand zu setzen, in *größter Freiheit die Grundlagen eines monarchischen Regiments* zu festigen, die gleichermaßen den Rechten der Souveräne und dem Wohl der französischen Nation entsprechen. *Dann und in diesem Falle* sind der Kaiser und der König von Preußen entschlossen, sofort … zu handeln, um gemeinsam den erstrebten Zweck zu erreichen. In der Voraussetzung werden sie ihren *Truppen die geeigneten Befehle erteilen,* um sie in den Stand zu setzen, einzuschreiten.

Zarin Katharina II. von Rußland an den Schriftsteller J. G. Zimmermann, 19. September 1791:

Ich stimme völlig mit der Ansicht Edmund Burkes hinsichtlich der französischen Anarchie überein. Bei ihrer Niederwerfung ist unsterblicher Ruhm zu erwerben, und zweifellos ist dieser für den König von Preußen reserviert …

Aus der Rede des Deputierten Maximin Isnard aus dem Departement Var am 29. November 1791:

… Glaubt nicht, unsere augenblickliche Lage verwehre es uns, jene entscheidenden Schläge zu führen! Ein Volk im Zustand der Revolution ist unbesiegbar! Die Fahne der Freiheit ist die Fahne des Sieges … unsere Gegner sind die Feinde der Verfassung; sie wollen, mit dem Schwert und durch Aushungerung, die Parlamente und den Adel in ihre alten Rechte einsetzen, die Vorrangstellung des Königs verstärken – eines Mannes, dessen Wille den Willen einer ganzen Nation lahmlegen kann – eines Mannes, der allein dreißig Millionen verschlingt, wo Millionen Bürger Not leiden …

Sagen wir Europa, daß, wenn die Kabinette die Könige in einen Krieg gegen die Völker verwickeln, wir die Völker in einen Krieg gegen die Könige verwickeln werden …

Kriegserklärung Frankreichs an Österreich am 20. April 1792:

… Die Nationalversammlung erklärt,

daß die französische Nation … die Waffen nur aufnimmt zur Verteidigung ihrer Freiheit und Unabhängigkeit,

daß der Krieg, den sie gezwungen ist zu führen, kein Krieg ist von Nation gegen Nation, sondern die gerechte Verteidigung eines freien Volkes gegen den ungerechten Angriff eines Königs;

daß die Franzosen niemals ihre Brüder mit ihren wahren Feinden verwechseln werden; daß sie nichts unterlassen werden, um die Geißel des Krieges zu lindern …

Der Herzog von Braunschweig zum Marquis de Bouthilliers, einem Emigranten, über den bevorstehenden Feldzug in Frankreich:

... ich sehe mit Bedauern, daß wir überhaupt kein Hindernis zu überwinden haben werden; zum Besten aller hätte ich gewünscht, die Verbündeten fänden einen Widerstand, denn die Franzosen brauchen eine solche Lehre, die niemals in ihrem Gedächtnis auszulöschen ist.

Lafayette, Brief an den Kriegsminister am 6. Mai 1792:

Ich kann nicht verstehen, wie jemals Krieg werden konnte ohne die geringste Vorbereitung.

Dekret der Nationalversammlung vom 5. Juli 1792 (Auszug): »Das Vaterland ist in Gefahr.«

Artikel 3. Alle waffenfähigen und bereits als Nationalgarden gedienten Bürger bleiben ebenfalls in ständiger Einsatzbereitschaft.

Artikel 5. Die gesetzgebende Gewalt setzt die Anzahl der Nationalgarden fest, die jedes Departement zu stellen hat.

Artikel 7. Drei Tage nach der öffentlichen Bekanntmachung des Erlasses ... versammeln sich die Nationalgarden bezirksweise und wählen unter Aufsicht der Kreisortsbehörden die von jedem Bezirk zu stellende Anzahl von Männern aus ihren Reihen.

Artikel 8. Diejenigen Bürger, die der Ehre teilhaftig geworden sind, als erste dem Rufe *das Vaterland in Gefahr* zu folgen, melden sich drei Tage darauf in ihrem Bezirkskreisort ...

Artikel 16. Jeder, der in Frankreich wohnt oder reist, ist verpflichtet, die Nationalkokarde zu tragen ...

Das Manifest des Herzogs von Braunschweig, 25. Juli 1792:

... diejenigen, welche sich die Regierung in Frankreich angemaßt haben, sind ... endlich so weit gegangen, daß sie Sr. Majestät dem Kaiser einen ungerechten Krieg erklärten und in seine niederländischen Provinzen einfielen ... Diesem großen Interesse schließt sich noch ein gleich wichtiger Zweck an, welcher den beiden Monarchen sehr am Herzen liegt, nämlich der, der Gesetzlosigkeit im Innern Frankreichs ein Ende zu machen, die Angriffe auf Thron und Altar aufzuhalten, die gesetzliche Gewalt wieder aufzurichten, dem Könige seine Freiheit und Sicherheit wieder zu erstatten ...

In dieser Hinsicht erklärt der Unterzeichnete, Oberbefehlshaber der verbündeten Heere, folgendes:

1. Daß die beiden verbündeten Höfe … nur das Heil Frankreichs beabsichtigen, aber keineswegs sich durch Eroberungen bereichern wollen;

2. daß sie nicht die Absicht haben, sich in die innere Regierung Frankreichs zu mischen …

4. daß die Nationalgarde vorläufig aufgefordert ist, für die Ruhe der Städte und des flachen Landes … bis zur Ankunft der Heere Ihrer Majestäten … zu wachen; daß im Gegenteile die Nationalgardisten, welche gegen die verbündeten Truppen kämpfen und mit den Waffen in der Hand gefangen werden würden, als Feinde und Aufrührer gegen ihren König und gegen die öffentliche Ordnung behandelt werden sollen;

5. daß die Generäle, Offiziere, Unteroffiziere und Soldaten des französischen Linienheers ebenfalls aufgefordert sind, zu ihrer alten Treue zurückzukehren und sich auf der Stelle dem König, ihrem rechtmäßigen Fürsten, zu unterwerfen.

8. Die Stadt Paris und alle ihre Bewohner ohne Unterschied sind schuldig, sich sogleich ihrem König zu unterwerfen, ihn in volle Freiheit zu setzen … Ihre Majestäten erklären ferner auf ihr kaiserliches und königliches Ehrenwort, daß, wenn das Schloß der Tuilerien gestürmt oder sonst verletzt, wenn die mindeste Beleidigung dem Könige, der Königin und der ganzen königlichen Familie zugefügt, nicht unmittelbar für ihre Sicherheit, ihr Leben und ihre Freiheit gesorgt wird, sie eine beispiellose und für alle Zeiten denkwürdige Rache nehmen und die Stadt Paris einer militärischen Exekution und einem gänzlichen Ruine preisgeben, die Verbrecher selbst aber dem verdienten Tode überliefern werden …

Goethe, Campagne in Frankreich, *18. bis 22. September 1792, Die Kanonade von Valmy:*

Die Unsrigen brannten vor Begierde, auf die Franzosen loszugehen: Offiziere wie Gemeine hegten den glühenden Wunsch, der Feldherr möge diesen Augenblick angreifen; auch unser heftiges Vordringen schien darauf hinzudeuten. Aber Kellermann hatte sich zu vorteilhaft gestellt, und nun begann die Kanonade, von der man viel erzählt, deren augenblickliche Gewaltsamkeit jedoch man nicht beschreiben, nicht einmal in der Einbildungskraft zurückrufen kann …

Kanonenkugeln flogen wild auf uns ein, ohne daß wir begriffen, wo sie herkommen konnten … Ich hielt seitwärts vor der Fronte und hatte den wunderbarsten Anblick: die Kugeln schlugen dutzendweise vor der Eskadron nieder, zum Glück nicht ricochetierend, in den weichen Boden hineingewühlt; Kot aber und Schmutz bespritzte Mann und Roß; die schwarzen Pferde, von tüchtigen Reitern möglichst zusammengehalten, schnauften und tosten. Endlich kam der Befehl, zurück- und hinabzugehen … nur ein einziges Pferd … ward getötet, da wir übrigen, besonders auf dem äußersten rechten Flügel, eigentlich alle hätten umkommen müssen …

So war der Tag vergangen: unbeweglich standen die Franzosen, Kellermann hatte auch einen bequemern Platz genommen; unsere Leute zog man aus dem Feuer zurück, und es war eben als wenn nichts gewesen wäre. Die größte Bestürzung verbreitete sich über die Armee. Noch am Morgen hatte man nichts anders gedacht, als die sämtlichen Franzosen anzuspießen und aufzuspeisen, ja mich selbst hatte das unbedingte Vertrauen auf ein solches Heer, auf den Herzog von Braunschweig zur Teilnahme an dieser gefährlichen Expedition gelockt; nun aber ging jeder vor sich hin, man sah sich nicht an, oder wenn es geschah, so war es, um zu fluchen oder zu verwünschen … diesmal sagte ich: Von hier und heute geht eine neue Epoche der Weltgeschichte aus, und ihr könnt sagen, ihr seid dabeigewesen.

(Die letzten Worte schrieb Goethe erst Jahrzehnte später nieder).

Brigadegeneral Dampierre über die Schlacht von Jemappes, 6. November 1792:

Die erste Reihe der Schanzen nahmen wir mit dem Bajonett; aber der Feind verdoppelte seine Anstrengungen, um die übrigen Schanzen zu verteidigen. Kartätschenladungen, Gewehrsalven, Kavallerieattacken, alles wurde von ihm eingesetzt, und alles scheiterte an dem Mut der Franzosen …

Am schwersten war es, die letzten Schanzen zu nehmen; sie wurden von den ungarischen Grenadieren, der Elite der kaiserlichen Truppen, verteidigt …

Der unerschrockene Dumouriez, die Generale Beurnonville, Egalité und ich haben an der Spitze der Schwadronen Attacke geritten ... Soldaten aus Paris und den anderen Städten der Republik halten seit zwei Monaten unglaubliche Anstrengungen aus und bringen die Nacht im Biwak zu, vor Kälte erstarrt und durchnäßt vom Regen.

Ich will nicht schließen, ohne an die Tat des Veteranen Jolibois ... zu erinnern. Einige Tage vor der Schlacht erfuhr er, daß sein Sohn aus dem Pariser Bataillon desertiert ist. Es kommt der Morgen der Schlacht; er nimmt den Posten seines Sohnes ein, und während er Schuß auf Schuß auf die Sklaven des Despotismus feuerte, rannen Tränen aus seinen Augen. Er rief: »Ach, mein Sohn, ist es möglich, daß ein so schöner Tag durch den Gedanken an deine Feigheit beschmutzt wird?« ... Ich schrieb dem Tapfersten der Tapferen, dem General Dumouriez, er möchte für den braven Veteranen ein Offizierspatent verlangen.

Der Moniteur universel, *das inoffizielle Regierungsorgan, über einen Kampf Mitte November 1792:*

General Dumouriez versammelt alle Grenadiere seiner Armee um sich und redet sie ungefähr mit diesen Worten an: »Kameraden, wir kämpfen für die Freiheit der Völker; ihr wißt, daß die Soldaten der Despoten die blanke Waffe fürchten. Ich habe euch zu mir gerufen, um euch zu fragen, ob wir diesen Posten (Mont Panisel) nicht im Nahkampf nehmen können; wenn wir ihn nehmen, werden wir bald Herren von Mons sein.« Kaum hatte der General das gesagt, riefen die Grenadiere: »Jawohl, General, vorwärts!« Sie warfen Gewehre, Patronentaschen und Gürtel ab, und mit dem Säbel in der Faust erkletterten sie heldenmütig die hohen Verschanzungen, drangen darin ein und richteten ein Blutbad an, für das die Geschichte wenig Beispiele bietet.

Im Moniteur universel, *November 1792, abgedruckter Brief, den man bei einem toten preußischen Offizier gefunden hatte:*

... Die Emigranten haben nichts für uns getan, und die französischen Soldaten sind keineswegs so, wie man sie uns geschildert hat. Wir haben schöne Menschen gesehen und sehr gut eingerittene Kavallerie. Ihre Disziplin ist ebenso gut wie unsere ...

Aus dem Dekret des Konvents zur Politik in den besetzten Ländern, 15. Dezember 1792:

Artikel 1. In den Ländern, die von den Armeen der Französischen Republik besetzt sind oder noch besetzt werden, proklamieren die Generäle unverzüglich im Namen der französischen Nation die Abschaffung der bisher dort geltenden Abgaben und Steuern, des Zehnten, der widerruflichen und der unwiderruflichen Feudalrechte, der dinglichen und persönlichen Leibeigenschaft, des alleinigen Jagdrechts, des Adels und überhaupt aller Privilegien ...

Artikel 2. Sie proklamieren die Souveränität des Volkes und die Aufhebung aller bisher bestehenden Gewalten. Sodann rufen sie das Volk in Ur- und Gemeindeversammlungen zusammen, um eine vorläufige Verwaltung ins Leben zu rufen ...

Artikel 4. Die Generäle stellen sodann alles bewegliche und unbewegliche Gut, das sich im Besitz des Fiskus, des Fürsten, seiner Helfershelfer, Parteigänger und freiwilligen Mitläufer sowie öffentlicher Anstalten, weltlicher und geistlicher Körperschaften und Vereinigungen befindet, unter den Schutz und die Obhut der Französischen Republik ...

Artikel 9. Die vom Volk ernannte vorläufige Verwaltung sowie die Tätigkeit der Nationalkommissare endet, sobald das Volk seine Souveränität, seine Freiheit und Unabhängigkeit erklärt und eine freie, demokratische Regierung gebildet hat.

Levée en Masse vom 23. August 1793:

Artikel 1. Ab sofort bis zu dem Augenblick, in dem die Feinde vom Territorium der Republik verjagt sein werden, unterliegen alle Franzosen der ständigen Einberufung zum Heeresdienst.

Artikel 2. Die jungen Männer gehen an die Front, die verheirateten schmieden Waffen und übernehmen den Verpflegungstransport; die Frauen nähen Zelte, Uniformen und tun in den Hospitälern Dienst; die Kinder zupfen aus altem Leinenzeug Scharpie, die Greise lassen sich auf öffentliche Plätze tragen, um den Soldaten Mut und Haß gegen die Könige zu predigen ...

Die nationalen Gebäude werden in Kasernen, die öffentlichen Plätze zu Rüstungswerkstätten umgewandelt, die Kellerfußböden ausgelaugt, um Salpeter zu gewinnen.

Artikel 4. Alle Reitpferde werden zur Vervollständigung der Kavalleriekorps, alle Zugpferde, mit Ausnahme der für die Landwirtschaft gebrauchten, zum Transport der Artillerie und der Verpflegung requiriert.

Artikel 7. Niemand kann sich bei dem Wehrdienst, zu dem er einberufen wird, von einem anderen vertreten lassen. Alle Staatsbeamten bleiben auf ihrem Posten.

Artikel 11. Das in jedem Distrikt aufgestellte Bataillon sammelt sich unter einem Banner mit folgender Aufschrift: *Das französische Volk erhebt sich gegen die Tyrannen.*

Robespierre am 17. November 1793 (27. Brumaire II):

Es ist jetzt allgemein bekannt, daß die Politik des Londoner Kabinetts viel dazu beitrug, unsrer Revolution den ersten Stoß zu geben. Pitts Entwurf war weit gespannt: er wollte, mitten unter politischen Wunden, das erschöpfte und zerrissene Frankreich zu einer Regierungsveränderung bringen und den Herzog von York auf Ludwigs XVI. Thron setzen. Dieser Entwurf sollte durch die Intrige des Hauses Orléans begünstigt werden, dessen Haupt, feindselig gegen den Hof von Frankreich gesinnt, schon lange Zeit mit dem englischen in genauer Verbindung stand ... Die Ausführung dieses Plans sollte England die drei großen Gegenstände seines Ehrgeizes oder seiner Eifersucht, Toulon, Dünkirchen und unsre Kolonien sichern ...

Einem Kinde gleich, dessen schwache Hand durch ein feuerschwangres Gefäß verletzt ward, das es unbedachtsamerweise anrührte, wollte Pitt mit dem Frankenvolke spielen und wurde zerschmettert ...

Was das politische Phänomen der Allianz zwischen dem König von Preußen und dem Haupt des Hauses Österreich anbetrifft, so haben wir es schon erklärt ... Unterdessen verbirgt diese scheinbare Einigkeit der beiden Mächte einen wahren Zwiespalt.

Aber Österreich wird in diesem Fall von Preußen betrogen, dessen Kabinett im Grunde von Rußland regiert wird, ein Umstand, der freilich nicht allgemein bekannt ist ...

Sogar den kleinen König von Sardinien betört man mit der Hoffnung, einst König der Dauphiné, der Provence und der seinen alten Staaten nahegelegenen Länder zu werden ...

England ließ auch Dänemark mit seinen Geschwadern bedrohen, um es zu zwingen, seiner Liga beizutreten, aber Dänemark, durch einen geschickten Minister regiert, hat mit Würde diese unverschämten Anfälle zurückgewiesen …

Übrigens, sollte auch ganz Europa sich gegen uns erklären, wir sind stärker als Europa …

Um unser Glück desto besser zu sichern, wollt Ihr, wie man sagt, uns aushungern und habt die Blockade von Frankreich mit hundert Schiffen unternommen, seht Euch vor! …

Übrigens ist ein großes Volk, dem man mit Hungersnot zu drohen wagt, ein schrecklicher Feind; wenn ihm nur Eisen übrigbleibt, so nimmt es von seinen Unterdrückern Speise und Brot nicht an; es gibt ihnen den Tod …

Am Ende dieses Feldzugs wird das verworfene Ministerium von London die Liga durch seine sträflichen Versuche fast zugrunde gerichtet, die englischen Waffen entehrt, sein Glück wankend sehen …

Saint-Just, als Kommissar der Heeresverwaltung, am 17. Juni 1794 (29. Prairial II):

Auf den Bericht des … General Kléber hin, daß am gestrigen Tag das 2. Bataillon von la Vienne schimpflich vor dem Feind geflohen ist, während die Banner der anderen Bataillone dem Sieg entgegenflatterten … und in Anbetracht dessen, daß dieses Vergehen nicht das des ganzen Bataillons sein kann, weil Tapferkeit und Haß gegen die Tyrannen in den Herzen aller Franzosen leben, und daß, wenn ein Posten seinen Bataillonsposten verläßt, die Schuld in der Feigheit der Offiziere oder ihrem Versäumnis liegt, die Disziplin aufrechtzuerhalten und die Soldaten, die sie befehligen, zu dem Streben nach Ruhm zu erziehen … Ordnen an, daß die Bataillonsführer und alle Hauptleute des 2. Bataillons von la Vienne abgesetzt und unter Arrest gestellt werden.

Warnung der österreichischen Soldaten an die französische Bevölkerung an der Grenze von Luxemburg, Sommer 1794:

Wenn wir also trotz dieser Gefühle, die wir immer hegen werden, wenn wir trotz des Wunsches, ein unglückliches Land zu schonen … gestern dem Antrieb zu gerechter Rache bei dem Dorf Tiercelet gefolgt sind, so wundert euch nicht darüber! … Warum haben sie auf uns geschossen? Warum verteidigten sie sich, sie, denen wir nichts zuleide tun?

Möge dieses Beispiel euch zur Lehre dienen! Möge es euch beweisen, daß, wenn die Brandstifter Robespierres nur mit der Fackel in der Hand Krieg führen können, die tapferen österreichischen Soldaten es verstehen, sich zu rächen.

... wir schwören euch, daß wir, dieser Greueltaten müde, die eure Soldaten jeden Tag begehen, keine Zurückhaltung mehr üben werden; jedesmal und so viele Male, wie diese Schurken ein einziges unserer Dörfer anzünden, werden wir unsererseits zehn andere in eurem Land niederbrennen ...

6 DIE REPUBLIK BIS ZUM FALL ROBESPIERRES (22. JANUAR 1793 BIS 28. JULI 1794)

Seit dem März des Jahres 1793 befand sich die Republik in einer großen Krise: Frankreich kämpfte gegen beinahe ganz Europa, die Wirtschaft lag darnieder, im Lande tobte der Bürgerkrieg, und innerhalb der Regierung spitzte sich der Gegensatz zwischen Gironde und Bergpartei immer mehr zu.

Die Teuerung hatte sich im letzten Winter weiter verschärft, die Bauern hamsterten, und die Bevölkerung in den Städten, namentlich in Paris, hungerte. Infolge der neuen großen Aushebungen verbreiteten sich die Aufstände in der Vendée rasend. Seit April hatten Adlige die Führung der Rebellen übernommen, die auch Unterstützung von England erhielten. Sie blieben bis zum Oktober des Jahres unbesiegt.

Die außerordentlichen Notstandssituationen erforderten außerordentliche Maßnahmen, zu denen aber die Girondisten nicht bereit waren. Durch die Maßnahmen, die dennoch zustande kamen – Sondergerichte, Höchstpreise für Lebensmittel im Mai, die Gründung des Wohlfahrtsausschusses –, wird die Gironde von der energischeren und rücksichtsloseren Bergpartei zurückgedrängt, und der Aufstand des 31. Mai bedeutet ihr Ende in der Regierung des Landes. Dafür übernimmt die Gironde die Führung in allen großen Städten des Südens: Lyon, Bordeaux, Marseille, Toulon, Nîmes und andere leisten bewaffneten Widerstand gegen die republikanischen Armeen. Marseille wird im August, Bordeaux erst im September wieder eingenommen, und es werden große Strafgerichte über die abtrünnigen Städte verhängt, am schlimmsten über Lyon. Gegen Ende Juni befanden sich nicht weniger als sechzig der dreiundachtzig Departements in den Händen der Gironde oder der Royalisten, und man hat den Eindruck, daß die Republik im Juli kurz vor ihrer Auflösung stand. Aber die Pariser Regierung schlägt zurück und behauptet sich.

Eine neue, konsequent demokratische Verfassung, die vor allem die Stellung des Parlaments für alle Zeiten sichern soll, wird schnell ausgearbeitet, wenn auch ihre tatsächliche Einführung auf Friedenszeiten verschoben wird. Das Heer wird durch die allgemeine Wehrpflicht neu organisiert, Toulon, das den Engländern in die Hände gespielt worden war, schließlich auch zurückerobert. Jacques Roux und seine extremen »Enragierten« dringen im Konvent nicht durch, seine Aufstandsversuche werden niedergeschlagen. Marat, einer der drei »Triumvirn«, wird im Juli ermordet; um sein Erbe streiten sich die Radikalen Hébert und Roux, aber die eigentliche Führung geht immer eindeutiger auf Robespierre über, der sich als klardenkender und geschickter Politiker erweist. Er ist ein Idealist, Schüler von Rousseau, und völlig unbestechlich. Er versteht es, für ein Jahr lang zwischen linken Extremisten und Sansculotten auf der einen Seite und Antirevolutionären, Royalisten, Kriegsgewinnlern und Wucherern auf der anderen zu balancieren; allerdings muß er zu immer schärferen Terrormaßnahmen greifen. Die eigentliche »Schreckensherrschaft« beginnt in Paris Anfang September mit der Verhaftung von »Verdächtigen« und nimmt in den Provinzen, vor allem in den zurückeroberten Städten, besonders radikale Formen an. Der Terror, die Massenhinrichtungen wüten in Marseilles, Bordeaux, Nantes und vielen anderen Orten.

Die Zeit vom September 1793 bis zum Juli 1794 ist sicherlich die dramatischste der Revolution und auch am meisten und ausführlichsten in der Literatur beschrieben worden. Die eigentlich schöpferische Periode der Revolution liegt aber, wie schon Jean Jaurès bemerkt hat, in der Zeit vor dem Sturz der Gironde.

Neue Gefahren drohen dem Regime durch die Ent-Christianisierungswelle, die im Oktober um sich greift. Diese Bewegung, von Hébert geführt, sah in allen Priestern Monarchisten und Feinde des Volkes, befürwortete das Umgießen von Glocken in Kanonenrohre und begann, Helden der griechischen und römischen Geschichte an die Stelle der christlichen Schutzheiligen zu setzen. Robespierre, von Danton unterstützt, sah, daß sich diese Anschauung auf die Dauer niemals durchsetzen und zudem das Ausland noch weiter erbittern würde. Wohl wurde Héberts radikaler »Vernunft-Kult« im Dezember vom Konvent abgelehnt, aber die Verehrung eines »Höchsten Wesens« wurde auch von Robespierre akzeptiert und fand ihren bedeutendsten Ausdruck in der großen Feier vom 8. Juni 1794, kurz vor Robespierres Sturz.

Weitere Erschütterungen im Oktober: die plötzliche Furcht vor einer »Verschwörung des Auslands«, die sich gegen Thomas Paine, Anacharsis Cloots und eine Reihe von ausländischen Geschäftsleuten richtete, denen man vorwarf, sie wollten die Republik zu allzu extremen Maßnahmen verführen und damit zugrunde richten. Diese Befürchtungen kamen aus den Reihen der im allgemeinen fremdenfeindlichen Sansculotten und hingen sicher mit dem Ostindien-Skandal zusammen, der im selben Monat aufgedeckt wurde und in den auch Freunde Dantons verwickelt wurden. Dieser und sein Freund Desmoulins befürworteten von nun an eine Politik der Versöhnung unter dem Motto: Es ist genug Blut vergossen worden. Aber der Winter 1793/94 war ein besonders harter für die Pariser Bevölkerung, die Stimmung verbittert und die »Indulgenten« scheiterten am Widerstand Robespierres, der sich selbst treu blieb und die Terrorherrschaft konsequent weiterführte.

Der Wohlfahrtsausschuß und damit Robespierre bewahrten durch alle Krisen die Kontrolle, und im März 1794 gelang es Robespierre, die letzten Rivalen zu vernichten, die seiner Alleinherrschaft im Wege standen: zuerst, mit Dantons Hilfe, Hébert und seine »Cordeliers«, dann Danton selbst und seine Anhängerschaft. Dieser hatte nach der Vernichtung der extremen Hébertisten wohl angenommen, seine Stunde sei wieder gekommen, aber Robespierre ließ sich das Heft nicht aus der Hand nehmen, und für die nächsten vier Monate herrschte er unumschränkt. Die Form des Parlamentarismus blieb gewahrt, aber der Konvent gehorchte ihm blindlings, und die Minister waren vom Wohlfahrtsausschuß und damit von Robespierre abhängig. Der Sicherheitsausschuß führte in seinem Namen die Schreckensherrschaft durch. Die täglichen Massenhinrichtungen der »Verdächtigen« gingen weiter, und man hat den Eindruck, daß sich schließlich niemand mehr sicher fühlen konnte. Ein letztes, nochmals verschärftes Terrorgesetz wurde am 10. Juni erlassen, da man geplanten Attentaten gegen Robespierre und seinen Kollegen Collot d'Herbois auf die Spur gekommen war. Zwei Tage zuvor hatte Robespierre noch einmal im Mittelpunkt der Ereignisse, beim »Fest des Höchsten Wesens«, gestanden.

Eine genaue Erklärung, wie es zum 9. Thermidor und dem Ende von Robespierres Jakobiner-Diktatur kam, ist bisher nicht vorgelegt worden und wahrscheinlich auch gar nicht möglich, weil schriftliche Aufzeichnungen von Personen, die die sich überstürzenden Ereignisse wirklich überblicken konnten, fehlen. Die gegen Robespierre Verschworenen bildeten keine einheitliche politische Gruppe, fühlten sich aber wahrscheinlich alle gefährdet durch Robespierres Rede gegen die »Verräter« am Tage zuvor, deren Namen er allerdings nicht nannte. Offenbar war auch die revolutionäre Begeisterung der Massen erkaltet – schon vor Monaten hatte Saint-Just bemerkt, die Revolution sei »eingefroren«. Dazu kam sicher das Gefühl, daß genug und zuviel Blut vergossen worden war; vielleicht fühlte man auch, daß nach den militärischen Erfolgen Pichegrus und Jourdans eine Diktatur nicht mehr vonnöten war. Jedenfalls kam die Kommune, auf deren Hilfe Robespierre rechnete, nur langsam und ohne rechte Führung auf den Plan, und Barras, noch vor kurzem einer der gefürchtetsten Terroristen und nun vom Konvent beauftragt, für Ordnung zu sorgen, hatte mit ein paar schnell zusammengerufenen Truppen keine Schwierigkeit, jeder Behinderung durch die Bevölkerung die Spitze zu nehmen.

Sowohl Robespierre wie auch sein Freund Saint-Just, der mit ihm hingerichtet wurde, waren ungewöhnlich begabte und persönlich integre Persönlichkeiten. Um die Gesetze der Ökonomie kümmerten sie sich nicht, und ihre Stellung war niemals eine ganz sichere, da sie stets zwischen Bourgeoisie und Sansculotten lavieren mußten.

Mit ihnen scheiterten die Gleichheits-Bestrebungen, die die Revolution auf ihre Fahnen geschrieben hatte, endgültig.

Chronologie

1793 22. Januar: Garat wird anstelle des zurückgetretenen Roland Innenminister.

31. Januar: Ludwig, »Comte de Provence«, erklärt den inhaftierten minderjährigen Sohn Ludwigs XVI. zum König (Ludwig XVII.).

1793 1. Februar: Es werden achthundert Millionen neue Assignaten ausgegeben. Der Wert des Papiergeldes ist auf fünfundfünfzig Prozent seines Nominalwerts gesunken.

14. Februar: Jean-Nicolas Pache, früher Girondist, jetzt der Bergpartei angehörig, wird zum Bürgermeister von Paris gewählt.

16. Februar: Nachdem Condorcet dem Konvent einen Verfassungsentwurf vorgelegt hat, wird das Verfassungskomitee aufgelöst.

21. Februar: Der Radikale Jacques Roux fordert die Todesstrafe für Kriegsgewinnler und Schieber und das Recht des Volkes auf Selbsthilfe.

24. Februar: Der Konvent beschließt die Massenaushebung von dreihunderttausend Mann. Die willkürliche Auswahl, die z.B. die Bürgerlichen in eine bevorzugte Stellung setzt, gibt zu Unruhen – vor allem in der Vendée – Anlaß.

*25. und 26. Februar: Die Bevölkerung (die sogenannten Enragierten) rebelliert gegen die steigenden Brotpreise und die Entwertung der Assignaten. Die Unruhen beginnen im Bezirk Halles und werden von Roux angeführt. Die Nationalgarde schlägt den Aufstand am 26. nieder.

3. März: In der Bretagne setzt eine königstreue Erhebung ein.

*10. März: Ein weiterer von den Enragierten angezettelter Aufstand in Paris wird unterdrückt.

Der Konvent setzt ein Revolutionstribunal ein, gegen dessen Entscheidungen keine Berufung eingelegt werden kann. Fouquier-Tinville wird öffentlicher Ankläger.

11. März: Der Konvent sendet Vertreter in alle Departements, die die Verwaltungen kontrollieren sollen. Da diese

Abgesandten fast alle der Bergpartei angehören, hat die Gironde jetzt eine überragende Stellung im Konvent inne.

In der Vendée kommt es zu royalistischen Aufständen, bei denen sich die Bauern mit den Adligen und Priestern gegen die Bürger in den Städten verbünden. Nach der Einnahme von Machecoul werden im Laufe eines Monats mehr als fünfhundert Beamte, Soldaten der Nationalgarde und »verfassungsuntreue« Priester von den Aufständischen getötet.

1793 15. März: Der Aufstand in der Bretagne weitet sich aus.

*18. März: Der Konvent bedroht alle Unternehmungen, die sich gegen das Eigentum richten, mit der Todesstrafe; dies zielt vor allem auf die Enragierten ab.

In Lyon kommt es zu Auseinandersetzungen zwischen Befürwortern und Gegnern der Revolution.

*19. März: Der Konvent beschließt, über alle Aufständischen in der Vendée die Todesstrafe zu verhängen.

Die republikanischen Truppen unter General Macé werden in der Vendée bei Pont-Charrault geschlagen.

21. März: In allen Bezirken von Paris werden Ausschüsse zur Überwachung von Ausländern und Verdächtigen gebildet, die dann vor das Revolutionstribunal kommen.

*28. März: Die Gesetze gegen die Emigranten werden zusammengefaßt und verschärft. Von nun an ist eine Rückkehr nach Frankreich bei Todesstrafe untersagt, ferner wird der Besitz der Emigranten beschlagnahmt.

Anfang April: Der Wert der Assignaten ist auf dreiundvierzig Prozent ihres Nominalwertes gesunken.

1. April: Um Marat unter Anklage stellen zu können, wird auf Antrag der Gironde die Immunität der Abgeordneten des Konvents aufgehoben.

1793 5. April: Dumouriez, gegen den wegen seiner Niederlage eine Untersuchung eingeleitet wird, läuft zu den Österreichern über, und mit ihm geht der Sohn Philippe Égalités, der spätere König Louis-Philippe. Damit wird Égalités Stellung unhaltbar, er wird am folgenden Tag verhaftet und im November guillotiniert. Der Verrat von Dumouriez schadet dem Ansehen der Gironde.

Marat wird Präsident der Jakobiner.

6. April: Der Wohlfahrtsausschuß (Comité du salut public) wird als Exekutivrat des Konvents gebildet. Er hat neun Mitglieder, von denen nur zwei der Bergpartei angehören (Danton und Delacroix), die übrigen zählen sich zur Ebene. Danton wird erster Vorsitzender. Der Ausschuß arbeitet geheim und hat beinahe uneingeschränkte Vollmachten.

Das Revolutionstribunal tritt zu seiner ersten Sitzung zusammen.

9. April: Regierungsagenten mit uneingeschränkter Vollmacht werden den Armeen zugeteilt (Vorläufer der »roten Kommissare« in der Sowjetunion).

11. April: Der Kurs der Assignaten wird festgeschrieben.

12. April: Marat taucht unter, nachdem der Konvent seine Verhaftung angeordnet hat.

15. April: Fünfunddreißig der achtundvierzig Pariser Sektionen bringen eine Petition ein, in der sie die Absetzung von zweiundzwanzig der bekanntesten Gironde-Delegierten fordern.

22. April: Die Aufständischen in der Vendée erringen unter Bonchamp und d'Elbée einen weiteren Sieg über die Regierungstruppen.

24. April: Marat wird vor das Revolutionstribunal gestellt, das jedoch aus Mitgliedern der Bergpartei besteht und ihn

freispricht. Er wird im Triumph zum Konvent zurückgetragen.

1793 1. Mai: Im Faubourg Saint-Antoine findet eine Kundgebung statt, bei der die Festsetzung von Höchstpreisen und eine Zwangsanleihe von den Reichen gefordert wird.

*4. Mai: Das »kleine« Maximum. Für Getreide und Mehl werden Höchstpreise eingeführt (ein Sieg der Sansculotten).

5. Mai: Der republikanische General Quétineau ergibt sich den Aufständischen in der Vendée bei Thouars. Es werden weitere zwölfhundert Millionen Assignaten ausgegeben.

10. Mai: Der Konvent zieht von der Manège in das alte Theater der Tuilerien um.

Saint-Just wird in den Wohlfahrtsausschuß gewählt.

18. Mai: Die Girondisten setzen im Konvent ein Komitee durch, das das Treiben der Pariser Kommune und Sektionen und ihren Einfluß auf die Gesetzgebung durchleuchten soll (die »Zwölfer-Kommission«).

20. Mai: Der Bourgeoisie wird eine Zwangsanleihe in Höhe von tausend Millionen Livres auferlegt.

*24. Mai: Die »Zwölfer-Kommission« des Konvents, fast ausschließlich Girondisten, verhaftet Hébert und Varlet als Agitatoren, die aber bald wieder freigelassen werden.

25. Mai: Truppen der Vendée besetzen Fontenay.

26. Mai: Unter Führung Paolis kommt es auf Korsika zur Rebellion. Marat und Danton rufen zur Rebellion auf.

29. Mai: Ein antirevolutionärer Aufstand der Gemäßigten und Königstreuen in Lyon stürzt den von der Bergpartei ge-

stellten Magistrat. Bürgermeister Chalier wird im Juli hingerichtet und in Paris zum »Märtyrer der Freiheit« erklärt.

In Paris wird von der Kommune ein Geheimkomitee ins Leben gerufen, das eine Erhebung gegen den Konvent vorbereiten soll.

1793 31. Mai: Unter Führung eines »Komitees der Sechs« kommt es in Paris zum Aufstand. Der Konvent wird umzingelt, die »Zwölfer-Kommission« abgesetzt.

2. Juni: Erneuter Aufstand in Paris, in dessen Verlauf die Verhaftung von neunundzwanzig Girondisten und den Ministern Clavière und Lebrun erzwungen wird. Die Gironde ist am Ende, die Idee des Parlamentarismus hat einen schweren Schlag erlitten. Bis zum 26. Juli 1794 ist die Macht des Konvents stark eingeschränkt.

Seit 6. Juni: In Reaktion auf die Verhaftung der Girondisten revoltieren im Westen Frankreichs die Föderalisten.

9. Juni: Die Aufständischen in der Vendée erobern Saumur.

10. Juni: Alle noch bestehenden Feudalrechte werden endgültig abgeschafft. Die Bauernbefreiung ist damit abgeschlossen.

*13. Juni: Eine Reihe geflohener Girondeführer versammelt sich in Caen. Dort wird der Bürgerkrieg beschlossen, der bald einen großen Teil des Landes erfaßt.

18. Juni: Die Truppen der Vendée nehmen unter Stofflet und d'Elbée Angers ein.

*24. Juni: Die neue, konsequent demokratische Verfassung wird angenommen. Darin wird das Recht des Volkes auf Widerstand bestätigt, wenn die Regierung die Rechte des Volkes verletzt, und Ziel und Zweck einer Gesellschaft als das »Gemeinwohl« bekräftigt.

1793 *25. Juni: Jacques Roux trägt im Konvent das Manifest der Enragierten vor. Er wird ausgezischt.

28. Juni: Im Jakobiner-Klub wendet sich Robespierre gegen die Enragierten.

3. Juli: Die Regierungstruppen unter Westermann besetzen Chatillon, das aber zwei Tage später von den Vendée-Truppen wieder zurückerobert wird.

4. Juli: Marat greift den Wohlfahrtsausschuß an, den er als »Komitee des öffentlichen Ruins« bezeichnet. Auch Roux und die Enragierten kritisiert er heftig.

10. Juli: Danton tritt freiwillig aus dem Wohlfahrtsausschuß aus. Er wird zwar wieder in den Konvent gewählt, spielt dort aber nur noch eine passive Rolle.

12. Juli: In Toulon bricht ein Aufstand gegen den Konvent aus.

13. Juli: Charlotte Corday ermordet Marat.
In der Normandie siegen Pariser Freiwilligen-Truppen über Gironde-Truppen.

16. Juli: Marat wird in den Gärten der Cordeliers beigesetzt, da Robespierre eine Bestattung im Panthéon verhindert.

17. Juli: Charlotte Corday wird vom Revolutionstribunal zum Tode verurteilt.

18. Juli: Den Vendée-Truppen gelingt bei Vihiers ein großer Sieg über die Regierungstruppen.

26. Juli: Der Besitz der Emigranten wird zum Verkauf aufgeteilt.

1793 27. Juli: Robespierre übernimmt den Vorsitz im Wohlfahrtsausschuß und übt ein Jahr lang eine sich immer mehr verschärfende Diktatur aus.

Lebensmittelaufkäufer und -wucherer sollen zukünftig mit dem Tod bestraft werden.

1. August: In der Abtei Saint Denis werden die Königsgräber geschändet. – Der Konvent beschließt, die Vendée systematisch zu verwüsten.

2. August: Marie-Antoinette wird vom Temple in die Conciergerie verlegt.

4. August: Die demokratische Verfassung vom 24. Juni wird ratifiziert. Jedoch wird die Diskussion über die Verfassung am 11. August ausgesetzt.

8. August: Konventstruppen unter Kellermann belagern Lyon.

14. August: Carnot und Prieur von der Côte d'Or werden Mitglieder des Wohlfahrtsausschusses.

16. August: Die Pariser Sektionen fordern eine Massenaushebung.

22. August: Robespierre wird Präsident des Konvents.

Jacques Roux wird verhaftet, aber nach wenigen Tagen wieder freigelassen.

23. August: Nach einer großen Rede von Barère, in der er die Republik mit einer großen belagerten Festung vergleicht, beschließt der Konvent die »Levée en masse«, die allgemeine militärische Dienstpflicht. Die Generäle sind der Zivilregierung verantwortlich. Lazare Carnot organisiert die Aushebung, Jourdan und Hoche, beide noch sehr jung, werden zu Generälen ernannt. Ende September stehen fünfhunderttausend Mann unter Waffen.

1793 4. August: Das Große Buch der öffentlichen Schulden wird eingeführt.

25. August: Marseille, das sich gegen den Konvent ausspricht und die Engländer um Hilfe gebeten hat, wird von den Konventstruppen unter Carteaux eingenommen, ehe die Engländer eingreifen können. Unter Barras und Fréron wird ein Terror-Regime errichtet, die Stadt wird in »Ville-sans-Nom« (Stadt ohne Namen) umgetauft.

28. August: Custine wird vom Revolutionstribunal zum Tode verurteilt und hingerichtet.

30. August: Royer sagt vor dem Konvent: »Machen wir den Terror zum Alltag.«

4. September: Vor dem Hôtel de Ville versammelt sich eine Volksmenge und fordert Brot.

*5. September: Die Sansculotten besetzen den Konvent. Unter Druck verfügt der Konvent u. a. die Aufstellung einer Revolutionsarmee, die Verhaftung der »Verdächtigen«, die Abstimmung über eine Zwangsanleihe in Höhe von hundert Millionen Livres. Wohlfahrtsausschuß und Konvent bekennen sich zum Terror (Terreur) als zulässiges Regierungsmittel. Jacques Roux wird verhaftet.

6. September: Auf das Drängen der Sansculotten werden Collot d'Herbois und Billaud-Varenne Mitglieder des Wohlfahrtsausschusses und mit der Überwachung der Regierungsvertreter in den Departements betraut.

9. September: Durch ein Dekret des Konvents wird eine Revolutionsarmee ins Leben gerufen und unter den Befehl von General Ronsin, einem Anhänger Héberts, gestellt.

Den Mittellosen in Paris wird ein Tagegeld von vierzig Sous bewilligt, um ihnen den Besuch der Sektionsversammlungen zu ermöglichen.

1793 *17. September: Beginn der Schreckensherrschaft. Couthon, Mitglied des Wohlfahrtsausschusses, bringt das Gesetz gegen die Verdächtigen durch. Die Personenkreise, deren sich das Regime entledigen will, werden für suspekt erklärt. Dies ist der Beginn einer ungeheuren Anzahl von Prozessen und Todesurteilen. Anfang Oktober befinden sich etwa zweitausendvierhundert Personen, am 21. Dezember viertausendfünfhundertfünfundzwanzig in den Pariser Gefängnissen.

18. September: In Bordeaux beginnt unter Tallien die Schreckensherrschaft.

19. September: In Nièvre beginnt die Schreckensherrschaft unter Fouché.

21. September: Alle Frauen sind verpflichtet, die Trikoloren-Kokarde zu tragen.

28. September: Zwei Milliarden Assignaten werden in Umlauf gebracht.

*29. September: Das »Maximum«-Gesetz. Es werden Höchstpreise für Lebensmittel, aber auch für Löhne vorgeschrieben, und es wird eine Anzeigepflicht für Vorräte eingeführt.

2. Oktober: Die sterblichen Überreste von Descartes werden ins Panthéon überführt.

3. Oktober: Der Konvent beschließt, Marie-Antoinette vor das Revolutionstribunal zu stellen.

Einhundertsechsunddreißig Konventsmitglieder stehen mittlerweile unter Anklage und sind daher von den Sitzungen ausgeschlossen.

5. Oktober (14. Vendémiaire II): Der republikanische Kalender tritt offiziell in Kraft (s. 22. September 1792).

1793 *9. Oktober (18. Vendémiaire II): Nach zweimonatiger Belagerung fällt Lyon in die Hände der republikanischen Truppen und wird teilweise zerstört. Viele Einwohner werden umgebracht. Die Stadt wird in »Ville-Affranchie« umbenannt.

10. Oktober (19. Vendémiaire II): Es wird eine Revolutionsregierung gebildet. Der Wohlfahrtsausschuß erhält zusätzliche diktatorische Vollmachten.

12. Oktober (21. Vendémiaire II): Marie-Antoinette muß vor dem Revolutionstribunal erscheinen.

16. Oktober (25. Vendémiaire II): Marie-Antoinette wird hingerichtet.

17. Oktober (26. Vendémiaire II): General Kléber besiegt bei Cholet die Vendée-Truppen.

23. Oktober (2. Brumaire II): Die Vendée-Truppen nehmen Laval ein und vereinigen sich mit den Chouans.

28. Oktober (7. Brumaire II): Der Konvent untersagt den Religionsunterricht.

31. Oktober (10. Brumaire II): Einundzwanzig prominente Girondisten, darunter Brissot und Vergniaud, werden hingerichtet. Öffentlicher Ankläger ist Fouquier-Tinville.

Saint-Just erlegt den Besitzenden in Straßburg eine Steuer in Höhe von neun Millionen Livres auf.

7. November (17. Brumaire II): Philippe Égalité wird hingerichtet.

*8. November (18. Brumaire II): Manon Roland, die Gattin von Roland de la Platière, wird guillotiniert. Er selbst war dem Tribunal am 31. Oktober entkommen; er begeht jedoch Selbstmord, als er vom Tod seiner Frau hört.

Barnave wird hingerichtet.

1793 10. November (20. Brumaire II): In Notre Dame (nun in »Tempel der Vernunft« umbenannt) wird, gefördert von Hébert, Chaumette und Anacharsis Cloots, ein Freiheits- und Vernunftkult zelebriert.

11. November (21. Brumaire II): Der berühmte Astronom Jean Sylvain Bailly wird hingerichtet.

Saint-Just erlegt den Reichen in Nancy eine Steuer von fünf Millionen Livres auf.

14. November (24. Brumaire II): Die Vendée-Truppen, die Avranches eingenommen hatten, werden zurückgeschlagen und zur Loire abgedrängt.

In Paris wird beschlossen, die sterblichen Überreste Marats in das Panthéon zu überführen.

Robespierre läßt eine Reihe von Abgeordneten (Chabot, Basire, Delaunay, Julien), die sich auf Spekulationen mit Aktien der Ostindischen Gesellschaft eingelassen haben, verhaften. Er erhält dabei Unterstützung von Danton und Desmoulins im Kampf gegen die extreme antichristliche »Linke« Héberts.

Nur Fabre d'Eglantine wird einstweilen (bis zum 13. Januar 1794) verschont.

20. November (30. Brumaire II): Danton kehrt nach Paris zurück, wo er den Kampf für gegenseitige Duldung und nationale Einigung beginnt, die von Desmoulins' *Vieux Cordelier* unterstützt wird.

22. November (2. Frimaire II): Staatlicher Landbesitz wird für den Verkauf aufgeteilt.

23. November (3. Frimaire II): Auf Befehl der Kommune werden in Paris alle religiösen Kultstätten geschlossen.

25. November (5. Frimaire II): Die Asche Mirabeaus wird aus dem Panthéon entfernt.

1793 4. Dezember (14. Frimaire II): Die Vollmachten des Wohlfahrtsausschusses werden durch ein weiteres Gesetz nochmals vergrößert. Nunmehr ist eine »Kriegs-Diktatur« an der Macht.

5. Dezember (15. Frimaire II): Die erste Nummer des *Vieux Cordelier* erscheint, in dem sich Desmoulins vor allem gegen die Ultra-Terroristen und die christenfeindlichen Hébertisten wendet.

Der Ehrenbürger Anacharsis Cloots wird als Ultra-Radikaler aus dem Jakobiner-Klub ausgeschlossen.

6. Dezember (16. Frimaire II): Der Konvent bestätigt die Freiheit der Religionsausübung und wendet sich damit gegen Héberts Vernunft-Kult.

12. Dezember (22. Frimaire II): Vor Le Mans erleiden die Vendée-Truppen eine schwere Niederlage.

*15. Dezember (25. Frimaire II): In der dritten Nummer des *Vieux Cordelier* steht ein Angriff auf Robespierre.

19. Dezember (29. Frimaire II): Die republikanischen Truppen treiben die Engländer aus Toulon, wobei der kurz zuvor zum Major beförderte Bonaparte eine entscheidende Rolle spielt. Die Stadt wird geplündert, und es kommt zu einem Blutbad unter den »Feinden der Republik«.

23. Dezember (3. Nivôse II): Napoleon Bonaparte wird zum Brigadegeneral befördert.

Kléber schlägt die Truppen der Vendée bei Savenay vernichtend.

31. Dezember (11. Nivôse II): Hébert greift den gemäßigten Desmoulins an; damit beginnt die Auseinandersetzung zwischen den »Citras« (Gemäßigten) und den »Ultras« (Radikalen), zwischen denen Robespierre und Saint-Just zu vermitteln versuchen.

1794 13. Januar (24. Nivôse II): Fabre d'Eglantine, Dramatiker, Mitglied des Konvents und Erfinder der Monatsnamen des neuen Kalenders, wird verhaftet und guillotiniert.

16. Januar (27. Nivôse II): Der Konvent tauft Marseille offiziell in »Ville-sans-Nom« um.

17. Januar (28. Nivôse II): Der Kommandeur in der Vendée, General Turreau, gründet die »Colonnes infernales« (Kolonnen der Hölle), um die Vendée systematisch zu zerstören. Tausende von Menschen werden umgebracht.

1. Februar (13. Pluviôse II): Stofflet übernimmt die Führung der Vendée-Armee, nachdem La Rochejaquelein gefallen ist.

*4. Februar (16. Pluviôse II): Der Konvent beschließt die Abschaffung der Sklaverei in den Kolonien.

6. Februar (18. Pluviôse II): Napoleon Bonaparte wird zum Befehlshaber der Artillerie der Italien-Armee ernannt.

10. Februar (22. Pluviôse II): Jacques Roux begeht im Gefängnis Selbstmord.

*26. Februar (8. Ventôse II): Saint-Just setzt im Konvent die Beschlagnahme des Vermögens aller Verdächtigen durch, das den Armen zur Verfügung gestellt werden soll. Die Maßnahme sollte den noch radikaleren Hébertisten des Cordeliers-Klubs das Wasser abgraben.

2. März (12. Ventôse II): Die Hébertisten (Ronsin, Vincent) unternehmen einen weiteren Aufstandsversuch, der jedoch nicht genügend vorbereitet ist und scheitert.

*13. und 14. März (23. und 24. Ventôse II): Die Führer des Cordeliers-Klubs (Hébert, Ronsin, Cloots u. a.) werden verhaftet.

1794 24. März (4. Germinal II): Die Hébertisten werden hingerichtet.

28. März (8. Germinal II): Der Mathematiker, Erzieher und Philosoph Condorcet, der als Gemäßigter verdächtigt und verhaftet worden war, begeht im Gefängnis Selbstmord.

*30. März (10. Germinal II): Danton und seine Anhänger Desmoulins, Delacroix und Philippeaux werden verhaftet.

*3. April (14. Germinal II): Danton hält seine große Verteidigungsrede vor dem Tribunal.

*5. April (16. Germinal II): Danton und seine Anhänger werden hingerichtet.

13. April (24. Germinal II): Die neunzehn »Verschwörer von Luxemburg«, darunter Chaumette, Gobel, die Witwen von Hébert und Desmoulins, werden als Verräter hingerichtet.

14. April (25. Germinal II): Die sterblichen Überreste Rousseaus werden auf Antrag Robespierres ins Panthéon überführt.

22. April (3. Floréal II): Malesherbes, Le Chapelier und Thouret werden hingerichtet.

26. April (7. Floréal II): Im Wohlfahrtsausschuß, wo man Carnot des Kontakts mit Aristokraten bezichtigt, kommt es zum Zusammenstoß zwischen diesem und Saint-Just.

*7. Mai (18. Floréal II): Der Konvent erkennt das »Höchste Wesen« an. Es werden vier große Festtage zur Verherrlichung des 14. Juli 1789, des 10. August 1792, des 21. Januar und des 31. Mai 1793 festgesetzt.

10. Mai (21. Floréal II): Madame Elisabeth, die Schwester Ludwigs XVI., wird hingerichtet.

1794 22. Mai (3. Prairial II): Die Geliebte Talliens, Thérésa Cabarrus, wird verhaftet. Dieser Vorfall gibt u.a. einen Anlaß zur Verschwörung gegen Robespierre.

4. Juni (16. Prairial II): Robespierre wird einstimmig zum Präsidenten des Konvents gewählt.

*8. Juni (20. Prairial II): Es wird das Fest des »Höchsten Wesens« gefeiert, angekündigt von Jacques Louis David und geleitet von Robespierre, der damit den Vernunft-Kult desavouiert. Prozession von den Tuilerien zum Marsfeld.

*10. Juni (22. Prairial II): Robespierre drückt ein neues Terror-Gesetz gegen die »Verdächtigen« durch, die nun ganz der Willkür des Revolutionstribunals preisgegeben sind (sie können ohne Beweisaufnahme oder Diskussion verurteilt werden). Im Konvent finden sich erste Ansätze, Robespierre sein tyrannisches Verhalten zu verübeln.

11. Juni (23. Prairial II): Beginn des »Großen Schreckens«. Von diesem Tag bis zum 27. Juli werden eintausenddreihundertsechsundsiebzig Todesurteile ausgesprochen, mehr als im gesamten vorausgegangenen Jahr.

19. Juni (1. Messidor II): Zwölfhundert Millionen neue Assignaten werden in Umlauf gebracht.

29. Juni (11. Messidor II): Im Wohlfahrtsausschuß kommt es zu einem heftigen Streit zwischen Carnot, Billaud-Varenne, Collot d'Herbois und Robespierre, in dem dieser als Diktator bezeichnet wird. Robespierre verläßt den Ausschuß und kehrt erst am 23. Juli wieder zurück.

1. Juli (13. Messidor II): Im Jakobiner-Klub gibt Robespierre bekannt, daß gegen ihn eine Verschwörung im Gange sei.

4. Juli (16. Messidor II): Während einer Sitzung des Konvents rechtfertigt Barère den Terror.

1794 14. Juli (16. Messidor II): Auf einen Antrag Robespierres hin wird Fouché aus dem Jakobiner-Klub ausgeschlossen.
Die Feier des Sturms auf die Bastille verläuft friedlich.

21. Juli (3. Thermidor II): Der Sansculottenführer Bouchotte wird verhaftet.

22. Juli (4. Thermidor II): Der Wohlfahrts- und der Sicherheitsausschuß unternehmen unter Leitung von Barère und Saint-Just einen Versuch, sich miteinander auszusöhnen.

23. Juli (5. Thermidor II): Alexandre de Beauharnais, General und erster Gemahl der späteren Kaiserin Joséphine, wird vom Revolutionstribunal für die Kapitulation von Mainz verantwortlich gemacht und zum Tode verurteilt.

25. Juli (7. Thermidor II): André Chénier, einer der größten französischen Dichter des 18. Jahrhunderts, der sich erst für die Revolution begeisterte, dann aber wegen der Exzesse ihr Gegner wurde, wird hingerichtet.

*26. Juli (8. Thermidor II): Robespierre hält im Konvent eine große Rede, in der er heftige Anklagen gegen die »Verräter« äußert, deren Namen aber nicht angibt. Dadurch fühlen sich viele bedroht, und es wird in der folgenden Nacht ein Komplott gegen ihn vorbereitet.

*27. Juli (9. Thermidor II): Robespierre, Saint-Just und Couthon werden im Konvent durch eine Verschwörung gestürzt, hinter der Barère, Billaud-Varenne, Collot d'Herbois, Tallien und eventuell auch Fouché stehen. Damit ist der Terror beendet. Robespierre wird, nachdem ihn seine Anhänger befreit haben, im Rathaus am Kinn verwundet. Im Konvent wird er geächtet. Sein Bruder stürzt sich aus einem Fenster.

*28. Juli (10. Thermidor II): Robespierre und einundzwanzig seiner Anhänger, darunter Saint-Just, Couthon und

Le Bas, werden guillotiniert. Am gleichen Tag bringt der »letzte Karren« noch fünfundvierzig, während der Schrekkensherrschaft Verurteilte zur Guillotine.

1794 29. Juli (11. Thermidor II): Es finden weitere Hinrichtungen unter den Rufen der Menge: »Nieder mit den Höchstpreisen!« statt. Im ganzen werden einhundertsechs Anhänger Robespierres guillotiniert.

Zitate

Danton am 21. Januar 1793 über die Ermordung Le Peletiers:

Aber, Bürger, seien wir großmütig. Das Leben von Le Peletier war schön; noch sein Tod wird der Republik dienen! Großmütiger Bürger, ich beneide Dich um Deinen Tod ...

Man hat das Panthéon für ihn beantragt. Gewiß, er hat bereits die ewige Palme eines Märtyrers der Freiheit geerntet. Ja, auch ich stimme für das Panthéon.

Roux nach den Hunger-Unruhen im Halles-Distrikt, Februar 1793:

Die Händler mußten nur das an das Volk zurückgeben, was sie ihm durch ihre hohen Preise seit langem weggenommen hatten.

Marat am 26. Februar 1793 zur Selbsthilfe:

Die Volksbewegungen, die gestern in Paris stattgefunden haben, sind das Werk dieser verbrecherischen Faktion (der Rechten) und ihrer Agenten. Sie ist es, die in die Sektionen ihre Geheimboten schickt, damit sie dort die Unruhe schüren. Ihr habt gesehen, wie vor fünf oder sechs Tagen aufrührerische Bürger aus Paris hierherkamen, um unheilvolle Maßnahmen zu verlangen. Und als die Patrioten Euch die Machenschaften anzeigen wollten, haben die Sendlinge der Faktion Roland sie von Euch ferngehalten; und weil ich in meiner Entrüstung gesagt habe, man müsse die Läden der Wucherer plündern und sie an der Ladentür aufhängen, einzig wirksames Mittel, um das Volk zu retten ... wagt man, gegen mich das Anklagedekret zu beantragen!

Aus dem Dekret zur Bildung des Revolutionstribunals, 10. März 1793:

Abschnitt I

Artikel 1. In Paris wird ein außerordentlicher Kriminalgerichtshof eingerichtet, der jede gegenrevolutionäre Tätigkeit, jeden gegen die Freiheit, Gleichheit, Einheit und Unteilbarkeit der Republik, gegen die innere und äußere Sicherheit des Staates gerichteten Anschlag sowie jede Verschwörung mit dem Ziel, das Königtum wiederzuerrichten oder irgendeine andere der Freiheit, Gleichheit und Souveränität des Volkes feindlich gesinnte Macht einzusetzen, aburteilen wird ...

Artikel 13. Das Urteil wird unter Ausschluß der Berufung an den Kassationshof vollstreckt.

Abschnitt II

Artikel 2. Das Vermögen der zur Todesstrafe Verurteilten verfällt der Republik; für den Unterhalt der Witwen und Kinder wird gesorgt, falls sie über sonst kein Vermögen verfügen.

Artikel 3. Diejenigen, welche eines Verbrechens oder Vergehens überführt sind, das vom Strafgesetzbuch und den späteren Gesetzen nicht vorgesehen ist ... werden zur Strafe der Deportation verurteilt.

Danton am 10. März 1793:

Die allgemeinen Betrachtungen (Robespierres), die man Euch vorgetragen hat, haben ihre Richtigkeit, aber jetzt muß es darum gehen, den Grund der Ereignisse zu untersuchen, bevor wir übereilt Heilmittel anwenden. – Wenn ein Haus brennt, dann stürze ich mich nicht auf die Gauner, die es ausräumen wollen, sondern ich lösche zuerst das Feuer.

Bürger, ich sage Euch, daß Ihr Euch von den Depeschen Dumouriez' überzeugen lassen müßt, daß Ihr nicht einen Augenblick verlieren dürft, um alle Kräfte der Nation in Bewegung zu setzen.

... Dumouriez hat den Mut nicht verloren. Er steht mitten in Holland. Er hat Gertruydenberg genommen. Er hat überall Kriegsmaterial. Er braucht nur Soldaten, und Frankreich ist voll davon ...

Wo ist das Zentrum der Bewegungen unserer Feinde? Es ist im englischen Kabinett. Pitt weiß wohl, daß es keine Schonung gilt, da er alles zu verlieren hat ... Bürger, es gilt nicht zu überlegen, sondern zu handeln. Ihr habt ein Dekret (über die Ernennung von

Kommissaren für die Sondermission zu den Armeen); dieses Dekret soll die Entschiedenheit überall hintragen. Die Kommissare müssen sofort aufbrechen, sie müssen noch in dieser Nacht aufbrechen ...

Schon einmal befand ich mich in einer Situation wie der heutigen, als der Feind in Frankreich stand. Damals sagte ich zu den vorgeblichen Patrioten: Eure Zwistigkeiten schaden der Freiheit. Weicht von mir, Ihr seid alle Verräter. Schlagen wir den Feind, diskutieren können wir danach ... Ich sagte: Ach, was kümmert es mich, daß man meinen Namen besudelt, wenn nur Frankreich frei ist! ...

Seht Euch vor! Der Reiche soll dieses Wort vernehmen. Unsere Eroberungen müssen für unsere Schulden herhalten, oder der Reiche muß sie zahlen, und zwar bald.

Danton am 10. März 1793 (abends):

Lernen wir aus den Fehlern unserer Vorgänger. Tun wir, was die Gesetzgebende Versammlung nicht getan hat: seien wir schrecklich, damit nicht das Volk schrecklich sein muß; organisieren wir ein Tribunal – nicht gut, denn das ist unmöglich, aber so wenig schlecht als möglich, damit das Volk wisse, daß das Schwert des *Gesetzes* über dem Haupt all seiner Feinde schwebt.

Vergniaud am 13. März 1793 über die Gleichheit:

Vergniaud: Ich bitte um das Wort (*Marat*: Um uns die Zeit zu stehlen –) ...

Am Tage, da den Urhebern der ersten Lebensmittelunruhen Straffreiheit zugebilligt wurde, sind neue Verschwörungen zum Schaden der Republik entstanden ...

Also vom Verbrechen zur Amnestie, von der Amnestie zum Verbrechen fortschreitend, begann eine große Anzahl von Bürgern, die aufrührerischen Aufstände mit dem großen Aufstand für die Freiheit zu verwechseln ...

Ein Tyrann des Altertums hatte ein eisernes Bett, auf welches er seine Opfer legte; diejenigen, die größer waren als das Bett, verstümmelte er, und diejenigen, die kleiner waren, streckte er durch das Ausrenken der Glieder, um sie auf das Maß zu bringen. Dieser Tyrann war ein Freund der Gleichheit, und diese Gleichheit der Schurken ist die, durch deren Wüten du zerrissen wirst. Die

Gleichheit ist für den gesellschaftlichen Menschen nur die Gleichheit der Rechte.

Aus dem Dekret des Konvents über konterrevolutionären Aufruhr, 19. März 1793:

Artikel 1. Alle, die gegenwärtig oder zukünftig der Teilnahme an einer während der Rekrutierung in den verschiedenen Departements ausgebrochenen oder ausbrechenden gegenrevolutionären Revolte oder Meuterei beschuldigt werden, sowie alle, die gegenwärtig oder zukünftig die weiße Kokarde oder irgendein anderes Abzeichen des Aufruhrs annehmen, stellen sich damit außerhalb des Gesetzes und können folglich nicht in den Genuß der gesetzlichen Bestimmungen hinsichtlich des Kriminalprozeßverfahrens und der Einsetzung von Geschworenen kommen.

Artikel 2. Falls die Betreffenden mit der Waffe in der Hand ergriffen oder verhaftet werden, werden sie binnen vierundzwanzig Stunden dem Scharfrichter überantwortet und hingerichtet, nachdem der Tatbestand von einer Militärkommission ... festgestellt und durch Beweise erhärtet erklärt worden ist ...

Artikel 7. Die in den ... festgelegten Fällen ausgesprochene Todesstrafe zieht die Vermögenskonfiszierung nach sich ...

Artikel 9: Die Kommandanten der bewaffneten Macht lassen unverzüglich einen Aufruf an alle Rebellen verbreiten, sich zu zerstreuen und die Waffen niederzulegen. Wer dem Aufruf binnen vierundzwanzig Stunden Folge leistet ..., darf weder behelligt noch verfolgt werden.

Danton am 27. März 1793:

Eine große Nation im Zustand der Revolution ist wie das Erz, das im Schmelzofen brodelt: Die Statue der Freiheit ist noch nicht gegossen, das Erz befindet sich im Verschmelzungsprozeß. Wenn Ihr mit dem Schmelzofen nicht umzugehen versteht, dann wird er Euch alle verschlingen ...

Roland (ich werde nur eine Tatsache erwähnen und bitte Euch, sie dann sogleich zu vergessen) – Roland schrieb Dumouriez in einem Brief, den dieser mir und Delacroix zeigte: »Sie müssen sich mit uns verbinden, um diese Partei von Paris zu vernichten und vor allem diesen Danton.« (Entrüstung)

Urteilt nun, Bürger, ob ein Hirn, das solche Gedanken zu produzieren vermag, ob ein Mensch, der im Zentrum der Republik steht, wohl einen unheilvollen Einfluß ausgeübt hat …

Unsere Feinde haben Erfolge aufzuweisen; während wir berieten, haben die Despoten ihre Kräfte gesammelt und uns zurückgetrieben. Aber indem er zurückweicht und den Boden seines Landes betritt, sammelt der Franzose, gleich jenem Riesen in der Sage, wieder neue Kräfte.

Dekret des Konvents zur Bestrafung der Emigranten, 28. März 1793:

Abschnitt 1. Artikel 1. Die Emigranten werden auf ewige Zeit aus dem Territorium verbannt; *sie sind im bürgerlichen Sinne tot;* ihr Vermögen verfällt der Republik.

Artikel 2. Zuwiderhandlungen gegen die in Artikel 1 ausgesprochene Verbannung werden mit dem Tode bestraft.

Marat am 2. April 1793:

Das Elend ist einer der Gründe, die das Volk dazu zwingen können, wieder nach der Knechtschaft zu verlangen. (Mehrere Stimmen: »Sie verleumden das Volk.«) Nein, ich verleumde es keineswegs, aber Brot ist vor allem notwendig. Ich beantrage, daß der Konvent, in Rücksicht auf das Elend in den durch den Bürgerkrieg zerstörten Provinzen, diesen die rückständigen Steuerschulden erläßt. (Eine große Zahl der Deputierten ruft: »Davon würden nur die Reichen profitieren«.) Die Freiheit muß durch Gewalt begründet werden, und jetzt ist der Augenblick gekommen, da man den vorübergehenden Despotismus der Freiheit errichten muß, um den Despotismus der Könige zu vernichten!

Robespierre im Konvent über das Eigentum am 24. April 1793:

Ihr sollt wissen, daß das Agrargesetz (wonach aller Landbesitz aufgeteilt werden sollte), von dem ihr so viel gesprochen habt, nur ein Hirngespinst ist, das einige Schurken erfunden haben, um dumme und leichtgläubige Menschen zu erschrecken; es wäre sicherlich keine Revolution notwendig, um der Welt zu zeigen, daß extreme Mißverhältnisse der Besitztümer die Quelle für viele Mißstände und viele Verbrechen sind, aber wir sind nicht weniger überzeugt, daß eine Gleichheit des Besitzes ein Traumgespinst ist … Es geht eher darum, die Armut zu einem ehrbaren Stand zu machen, als den Reichtum zu ächten …

Ihr habt eine Vielzahl von Artikeln verfaßt, um eine möglichst große Freiheit in der Ausübung des Eigentumsrechtes zu gewährleisten, und ihr habt nicht ein einziges Wort gesagt, um den legitimen Charakter des Eigentums zu bestimmen, so daß eure Erklärung nicht für die Menschen im allgemeinen, sondern für die Reichen, die Spekulanten, die Wucherer und die Tyrannen gegeben zu sein scheint. Ich schlage vor, … die folgenden Wahrheiten einzusetzen:

Artikel 1. Das Eigentum ist das Recht eines jeden Bürgers, über den Teil der Güter frei zu verfügen, der ihm durch das Gesetz garantiert wird.

Artikel 2. Das Eigentumsrecht ist wie jedes andere Recht durch die Verpflichtung eingeschränkt, die Rechte des Nächsten zu respektieren.

Artikel 3. Das Eigentum darf weder die Sicherheit, die Freiheit, die Existenz noch das Eigentum unserer Mitmenschen beeinträchtigen.

Artikel 4. Jeder Besitz und jeder Handel, der diesen Grundsatz verletzt, ist unlauter und unmoralisch.

… Die Bürger, deren Einkommen die für ihren Lebensunterhalt notwendige Summe nicht übersteigt, sollen von der Verpflichtung entbunden werden, zu den öffentlichen Ausgaben beizutragen; die anderen sollen progressiv je nach der Größe ihres Vermögens die Lasten tragen.

Saint-Just am 24. April 1793:

Man nahm an, daß der Mensch von Natur wild und mordgierig sei, um das Recht zu seiner Knechtung zu erwerben.

So ist das Prinzip der Sklaverei und des Unglücks des Menschen sogar in seinem Herzen für heilig erklärt worden; er hat sich dem Glauben der Tyrannen zufolge für wild gehalten, und aus Sanftmut ließ er es geschehen, daß man ihn für wild hielt und zähmte.

Die Menschen sind nur nach dem Urteil der Unterdrücker wild gewesen, untereinander waren sie nicht wild …

Die französische Monarchie ist zugrunde gegangen, weil die reiche Klasse der andern gegen die Arbeit Widerwillen einflößte. Je mehr Arbeit und Tätigkeit in einem Staat herrscht, desto befestigter ist auch dieser Stand ... Und ebenso kommt in der volkstümlichen Regierung die Sittlichkeit von selbst zur Herrschaft, weil die Regierung niemand korrumpiert und hier jeder arbeitet ...

Der allgemeine Wille in seiner eigentlichen Bedeutung und in der Sprache der Freiheit entsteht aus der Majorität der besonderen Willensmeinungen, indem diese ohne fremden Einfluß sich bestimmen und von jedem Individuum abgegeben werden. Das Gesetz, welches auf diese Weise zustande kommt, ist der notwendige Ausdruck des allgemeinen Interesses, weil, indem der Wille eines jeden durch sein Interesse bestimmt wird, aus der Majorität der Willen die Majorität der Interessen hat hervorgehen müssen.

Danton am 27. April 1793:

... Das Volk in seiner Masse hat mehr Instinkt und Genie für die Revolution als jene, die sich für große Männer halten. In einem Volk zählen die großen Männer nicht mehr als die großen Bäume in einem weit ausgedehnten Wald.

... Die Reichen! Es kann ihnen nur von Nutzen sein, wenn man Abgaben von ihnen verlangt. Für die großen Besitzer, die großen Kapitalisten ist es ein wirklicher Vorteil, wenn sie große Opfer mit dem Ergebnis bringen, daß der Feind nicht in unser Territorium eindringt. Je größer das Opfer, je mehr wird das Eigentum geachtet und bewahrt ...

Seht nur, über welche immensen Hilfsmittel Frankreich mit einem Schlag verfügt. Paris hat unzählbare Reichtümer: nun denn mit einem Dekret, das Ihr erlassen habt, wird dieser Schwamm ausgepreßt ...

Genügend Vorteile bleiben dem, der vom Schicksal begünstigt ist ...

Vingternier, Mitglied der sansculottischen »Défenseurs de la republique«, Entwurf zu einer Veröffentlichung, April 1793:

Ein Sansculotte, Ihr Herren Schufte? Das ist einer, der immer zu Fuß geht, der keine Millionen besitzt, wie Ihr sie alle gern hättet, keine Schlösser, keine Lakaien zu seiner Bedienung, und der mit seiner Frau und seinen Kindern, wenn er welche hat, ganz schlicht im vierten oder fünften Stock wohnt.

Er ist nützlich, denn er versteht ein Feld zu pflügen, zu schmieden, zu sägen, zu feilen … und bis zum letzten Tropfen sein Blut für das Wohl der Republik zu vergießen. Und da er arbeitet, kann man sicher sein, weder im Café Chartres auf ihn zu stoßen, noch in den Spielhöllen, wo man konspiriert …

Am Abend tritt er vor seine Sektion, nicht etwa mit einer hübschen Larve, gepudert und gestiefelt, in der Hoffnung, daß ihn alle Bürgerinnen auf den Tribünen beachten, sondern vielmehr, um mit all seiner Kraft die aufrichtigen Anträge zu unterstützen und jene zunichte zu machen, die von der erbärmlichen Clique der regierenden Politikaster stammen.

Übrigens: Ein Sansculotte hat immer seinen Säbel blank, um allen Feinden der Revolution die Ohren abzuschneiden. Manchmal geht er mit seiner Pike ruhig seiner Wege; aber beim ersten Trommelschlag sieht man ihn nach der Vendée gehen, zur Alpenarmee oder zur Nordarmee …

Auszug aus dem Gesetz zum »kleinen Maximum« vom 4. Mai 1793:

Artikel 25. Zwecks Festsetzung eines Höchstpreises für Getreide in jedem Departement sind die Distriktsdirektorien verpflichtet, ihrem zuständigen Departementsdirektorium eine Liste mit den Marktberichten ihres Bezirkes vom 1. Januar bis zum 1. Mai dieses Jahres einzureichen.

Der aus diesen Listen errechnete Durchschnittspreis, zu dem jede Getreideart zwischen den beiden genannten Daten verkauft worden ist, ist der Höchstpreis, der nicht überschritten werden darf …

Artikel 26. Der auf diese Weise festgesetzte Höchstpreis nimmt in folgendem Verhältnis ab: zum 1. Juni reduziert er sich um ein Zehntel, des weiteren zum 1. Juli um ein Zwanzigstel des Restpreises, zum 1. August um ein Dreißigstel und schließlich zum 1. September nochmals um ein Vierzigstel.

Artikel 27. Jeder Bürger, der für schuldig befunden wird, Getreide oder Mehl zu einem höheren als dem festgesetzten Höchstpreis verkauft oder gekauft zu haben, wird mit der Konfiszierung des Getreides oder Mehls … sowie einer vom Käufer wie Verkäufer gemeinsam zu erlegenden Geldbuße bis zu tausend, mindestens jedoch von dreihundert Livres bestraft.

Artikel 28. Wer überführt wird, böswillig und vorsätzlich Getreide oder Mehl verdorben, verschwinden gelassen oder heimlich vergraben zu haben, wird mit dem Tode bestraft.

Vergniaud am 24. Mai 1793:

Bürger, die Tatsache, daß die Verschwörung vom 10. März straffrei blieb, hat Unordnung in Eure Sitzungen gebracht und Euch den Anschlägen der Aufwiegler ausgeliefert. Bliebe die Verschwörung straffrei, die soeben mißglückt ist, dann würde sie so lange neue hervorbringen, bis Ihr und die Freiheit endlich von den Schrecken der Anarchie würdet verschlungen worden sein.

Danton am 13. Juni 1793:

Lafayette und seine Faktion wurden schnell demaskiert: heute haben die neuen Feinde des Volkes sich selber verraten; sie sind geflohen, sie haben ihren Namen gewechselt, ihren Stand, sie haben sich falsche Pässe verschafft ... Dieser Brissot, dieser Anführer jener ruchlosen Sekte, die man bald auslöschen wird, dieser Mann, der seinen Mut und seine Bescheidenheit herausstrich, indem er mich anklagte, voller Gold zu stecken, er ist heute nur noch ein Elender, der dem Schwert der Gesetze nicht entkommen kann ...

Diese Verfassung ist ... eine Batterie, die Kartätschen gegen die Feinde der Freiheit feuert und sie alle vernichten wird; bildet eine bewaffnete Macht, aber tut das gegen die Feinde der Vendée ... Erstickt die Rebellion in diesem Teil Frankreichs, und Ihr werdet den Frieden haben.

Wenn das Volk über die neueste Phase der Revolution unterrichtet ist, wird man es nicht mehr überrumpeln können. Man wird keine Verleumdungen mehr gegen eine Stadt hören, die die Freiheit geschaffen hat und die nicht mit der Freiheit untergehen, sondern mit ihr triumphieren wird und mit ihr unsterblich werden.

Aus der Verfassung vom 24. Juni 1793:

Artikel 1. Das Ziel der Gesellschaft ist das allgemeine Glück.

Die Regierung ist eingesetzt, um den Menschen den Genuß seiner natürlichen und unveräußerlichen Rechte zu verbürgen.

Artikel 2. Diese Rechte sind Gleichheit, Freiheit, Sicherheit, Eigentum.

Artikel 3. Alle Menschen sind von Natur und vor dem Gesetz gleich.

Artikel 19. Ohne seine Einwilligung darf niemand des geringsten Teils seines Eigentums beraubt werden, wenn es nicht die gesetzlich festgestellte öffentliche Notwendigkeit erfordert, und unter der Bedingung einer gerechten und vorher festgesetzten Entschädigung.

Artikel 20. Eine Steuer darf nur für den allgemeinen Nutzen auferlegt werden. Alle Bürger haben das Recht, bei der Festsetzung der Steuern mitzuwirken, über ihre Anwendung zu wachen und sich davon Rechenschaft geben zu lassen.

Artikel 30. Öffentliche Dienste sind ihrem Wesen nach zeitlich begrenzt; sie können nicht als Auszeichnungen oder Belohnungen, sondern nur als Verpflichtungen betrachtet werden.

Artikel 35. Wenn die Regierung die Rechte des Volkes verletzt, ist für das Volk und jeden Teil des Volkes der Aufstand das heiligste seiner Rechte und die unerläßlichste seiner Pflichten.

Artikel 101. Kein Bürger ist von der ehrenvollen Verpflichtung ausgeschlossen, zu den öffentlichen Lasten beizusteuern.

Artikel 108. Die Republik unterhält selbst in Friedenszeiten eine besoldete Land- und Seestreitmacht.

Artikel 109. Alle Franzosen sind Soldaten. Alle werden im Gebrauch der Waffen geübt.

Artikel 110. Es gibt keinen Generalissimus.

Artikel 118. Das französische Volk ist der Freund und natürliche Verbündete aller freien Völker.

Roux, aus dem Manifest der Enragierten, *25. Juni 1793:*

… immer wieder habt ihr uns versprochen, die Blutsauger des Volkes zu vernichten. Jetzt soll die Konstitution dem Volkssouverän zur Billigung vorgelegt werden; habt ihr darin die Börsenspekulation geächtet? Nein! Habt ihr die Todesstrafe gegen die Hamsterer ausgesprochen? Nein! Habt ihr festgelegt, worin die Handelsfreiheit besteht? Nein! Habt ihr den Verkauf von Münzgeld verboten? Nein! Nun denn, so erklären wir euch, daß ihr nicht alles für das Glück des Volkes getan habt.

Die Freiheit ist nur ein leerer Wahn, solange eine Klasse die andere verhungern lassen kann. Die Gleichheit ist nur ein leerer Wahn, solange der Reiche kraft seines Monopols über Leben und

Tod seiner Mitmenschen entscheidet. Die Republik ist nur ein leerer Wahn, solange die Gegenrevolution tagtäglich am Werk ist, indem sie alle Lebensmittelpreise hinaufschraubt, die von Dreivierteln der Bürger nur unter Tränen aufgebracht werden können ... Seit vier Jahren haben allein die Reichen von den Vorteilen der Revolution profitiert. Die Händleraristokratie, schrecklicher als die Adels- und Priesteraristokratie, hat sich ein grausames Spiel daraus gemacht, die Privatvermögen und Finanzen der Republik an sich zu reißen ...

Abgeordnete des Berges, warum seid ihr nicht in die oberen Stockwerke, von der dritten bis neunten Etage, der Häuser dieser revolutionären Stadt hinaufgestiegen: das Herz hätte sich euch erweicht angesichts der Tränen und Seufzer eines ungeheuren Volkes ohne Brot und Kleidung, das in diesen Zustand der Not und des Elends geraten ist durch die Schuld der Börsenspekulanten und Hamsterer, weil die Gesetze grausam waren für den Armen, weil sie nur von den Reichen und für die Reichen gemacht sind ...

Gebt uns doch zu, daß ihr aus Kleinmut den Wertverlust des Papiergeldes gutheißt, daß ihr dem Staatsbankrott Vorschub leistet, indem ihr Übergriffe und Vergehen duldet, deren sich der Despotismus in den letzten Tagen seiner brutalen Macht geschämt hätte.

Friedrich Schiller in dem Brief an den Herzog Friedrich Christian von Augustenburg vom 13. Juli 1793:

Der Versuch des französischen Volkes, sich in seine heiligen Menschenrechte einzusetzen und seine politische Freiheit zu erringen, hat bloß das Unvermögen und die Unwürdigkeit desselben an den Tag gebracht und ... einen beträchtlichen Teil Europens und ein ganzes Jahrhundert in Barbarei und Knechtschaft zurückgeschleudert.

Aus der Petition der Sektion »Sans-Culottes« vom 2. September 1793:

... den Konvent zu bitten, daß er dekretieren möge:

1. Die ehemaligen Adligen sollen keinerlei militärische Funktionen ausüben noch irgendein öffentliches Amt bekleiden dürfen ..., die ehemaligen Priester, Parlamentsräte und Finanzleute sollen aus allen Verwaltungs- und richterlichen Funktionen entfernt werden.

2. Alle Hauptnahrungsmittel sind unveränderlich auf den Preis der sogenannten »früheren Jahre« 1789 bis 1790 festzusetzen ...

3. Ebenso sollen die Rohstoffpreise festgesetzt werden, und zwar so, daß die Industrieprofite, die Arbeitslöhne und die Handelsgewinne, die durch Gesetz in Grenzen gehalten werden, den Industriearbeiter, den Bauern, den Kaufmann in die Lage versetzen, sich nicht nur die Dinge zu verschaffen, die er zum Leben braucht, sondern auch all das, was es ihm angenehm machen kann.

8. Es soll ein Maximum für Vermögen festgesetzt werden.

9. Ein einzelner soll nur ein *Maximum* besitzen dürfen.

11. Ein Bürger soll nicht mehr als eine Werkstatt oder einen Laden besitzen dürfen.

Danton am 5. September 1793:

Aber noch sind sowohl die inneren Feinde zu bestrafen, die Ihr bereits verhaftet habt, als auch jene, die Ihr erst noch ergreifen müßt. Das Revolutionstribunal muß in eine genügend große Zahl von Abteilungen aufgegliedert werden ..., damit jeden Tag ein Aristokrat, ein Verbrecher für seine Freveltaten mit seinem Kopfe zahlt.

Danton am 6. September 1793:

Wo die Kanone nichts ausrichtet, da soll das Gold wirken; und wenn die Guinees von Pitt die Fundamente der Freiheit angreifen, warum dann nicht gleichermaßen die Gegenseite unterminieren? Es ist unsinnig, den Feind allein diese Mittel anwenden zu lassen.

Dem Ausschuß stehen fünfzig Millionen zur Verfügung. Ich behaupte, daß wir mit drei oder vier Millionen Toulon schon für Frankreich zurückerobert und die Verräter gehenkt hätten, die es den Engländern ausgeliefert haben ...

Man muß den Feind mit allen Mitteln bekämpfen; man muß sich seiner eigenen Mittel bedienen; man muß sogar die Laster einzelner Menschen ausnutzen. Bedenkt endlich diese neuen Mittel, die der Sache des Volkes zum Triumph verhelfen können.

Aus dem Gesetz über die Verdächtigen vom 17. September 1793:

Artikel 1. Sofort nach Verkündigung des vorliegenden Dekrets werden alle verdächtigen Personen, die sich auf dem Territorium der Republik aufhalten ..., in Haft genommen.

Artikel 2. Als verdächtige Personen gelten: 1. alle, die sich durch ihr Verhalten oder ihre Beziehungen oder durch ihre mündlich oder schriftlich geäußerten Ansichten als Parteigänger der Tyrannen … und Feinde der Freiheit zu erkennen gegeben haben; 2. alle, die sich nicht auf die … vorgeschriebene Weise über ihre Existenzmittel und die Erfüllung ihrer Bürgerpflichten ausweisen können; 3. alle, denen das Bürgerzeugnis verweigert worden ist …; 5. alle diejenigen vormaligen Adligen, ob Männer, Frauen, Väter, Mütter, Söhne oder Töchter, Brüder oder Schwestern sowie Bevollmächtigten der Emigranten, die nicht dauernd ihre Verbundenheit mit der Revolution unter Beweis gestellt haben; 6. alle, die in dem Zeitraum zwischen dem 1. Juli 1789 und der Verkündung des Gesetzes vom 8. April 1792 emigriert sind, auch wenn sie in der durch dieses Gesetz gesetzten Frist oder auch früher nach Frankreich zurückgekehrt sind.

Artikel 7. Die Verhafteten dürfen zu ihrem Gebrauch die allernötigsten Möbel in dieses Gebäude schaffen lassen; sie bleiben hier bis zum Friedensschluß in Haft.

Auszug aus dem Gesetz über das »große Maximum« vom 29. September 1793:

Artikel 1. Die Waren, denen der Nationalkonvent unbedingten Bedarfscharakter zuerkannt hat und für die er einen Maximal- oder Höchstpreis festsetzen zu müssen geglaubt hat, sind: Frischfleisch, Pökelfleisch und Speck, Butter, Speiseöl, Rindfleisch, Salzfisch, Wein, Branntwein, Essig, Apfelwein, Bier, Brennholz, Holzkohle, Steinkohle, Kerzen, Brennöl, Salz, Soda, Zucker, Honig, unbeschriebenes Papier, Leder, Eisen, Blei, Stahl, Kupfer, Hanf, Leinen, Wolle, Stoffe, Gewebe, alle für die Fabrikation benötigten Rohstoffe, Holzpantinen, Schuhe, Raps und Rübsamen, Seife, Pottasche, Tabak.

Artikel 3. Die Höchstpreise für alle anderen (außer Holz, Kohle und Tabak) in Artikel 1 aufgeführten Lebensmittel und Waren entsprechen im gesamten Geltungsbereich der Republik bis zum September des nächsten Jahres den jeweiligen Preisen von 1790 … zuzüglich eines Drittels des damaligen Preises …

Artikel 7. Alle Personen, die … zu einem höheren als dem festgesetzten … Höchstpreis kaufen oder verkaufen, zahlen eine gemeinsam aufzubringende … Geldbuße in Höhe des doppelten Wertes des Kaufobjekts, die der Denunziant erhält. Ihre Namen werden in die Liste der verdächtigen Personen eingetragen, und sie werden als solche behandelt.

Aus dem Dekret zum eroberten Lyon vom 12. Oktober 1793 (21. Vendémiaire II):

Artikel 3. Die Stadt Lyon wird zerstört … es wird nichts stehenbleiben als das Haus des Armen, die Wohnungen der erwürgten und geächteten Patrioten …

Artikel 4. Der Name Lyon wird aus der Städtetafel der Republik gestrichen. Der Haufen stehengebliebener Häuser wird künftig »Befreite Stadt« genannt.

Artikel 5. … wird sich auf den Trümmern Lyons eine Säule erheben mit der Inschrift: »Lyon hat sich gegen die Freiheit erhoben, Lyon ist dem Erdboden gleich.«

Jeanne Manon Roland, Gattin des Girondisten-Führers, auf dem Schafott am 8. November 1793 (18. Brumaire II):

O Freiheit, wie viele Verbrechen begeht man in deinem Namen!

Louis Marie Turreau de Garambouville, republikanischer General, in seinen Memoiren über die Kämpfe in der Vendée:

Eine bisher unbekannte Kampfmethode, die wahrscheinlich unnachahmbar ist, da sie nur in diesem Land geübt werden kann und vielleicht auch mit der Veranlagung seiner Bewohner zusammenhängt … Ihr Angriff ist ein schreckliches, plötzliches und fast immer unvorgesehenes Hervorbrechen, weil es schwer ist, in der Vendée gut zu rekognoszieren … und sich gegen eine Überrumpelung zu schützen … Bevor man Zeit findet, sich zu orientieren, steht man unter einem so heftigen Feuer, daß man es mit dem, was unsere Schießvorschriften bieten, überhaupt nicht vergleichen kann … Sie zerstreuen sich, entkommen über Felder und Hecken, durch Wälder und Gebüsch, da sie alle Wege kennen … Als Sieger umzingeln sie einen, schneiden einem jeden Weg ab; sie verfolgen einen mit einer unbegreiflichen Wut, Hartnäckigkeit und Schnelligkeit … Mögen sie (die Offiziere) … sagen, ob sie nicht lieber ein Jahr an den Grenzen Krieg führen möchten als einen Monat in der Vendée.

Robespierre am 17. November 1793 (27. Brumaire II) im Konvent über die außenpolitische Lage:

Pitt hat sich in unserer Revolution sehr getäuscht, ebenso wie Ludwig XVI. und die französischen Aristokraten, die sich von ihrer

Verachtung für das Volk irreführen ließen; dabei gründet sich ihre Verachtung allein auf das Bewußtsein ihrer eigenen Niedrigkeit.

Der Minister Georges III. war selbst zu unmoralisch, um an die Tugenden der Republikaner zu glauben, und er war zu einfallslos, einen Schritt in die Zukunft zu tun. So blieb er hinter seinem Jahrhundert zurück ...

Nehmen wir an, Frankreich wäre vernichtet oder zerstückelt, die politische Welt würde zusammenbrechen. Denkt euch diesen mächtigen und notwendigen Verbündeten weg, der die Unabhängigkeit der mittleren Staaten gegenüber den großen Despoten garantiert: ganz Europa würde geknechtet. Die kleinen deutschen Fürsten und die sogenannten freien Städte Deutschlands würden von Österreich und Brandenburg gierig verschlungen; Schweden und Dänemark würden früher oder später die Beute ihrer mächtigen Nachbarn; die Türken würden über den Bosporus zurückgetrieben und aus der Liste der europäischen Mächte gestrichen; Venedig verlöre seinen Reichtum, seinen Handel und seine Bedeutung, die Toskana ihre Existenz: Genua würde ausgelöscht; Italien wäre nur noch ein Spielball der das Land umgebenden Despoten; die Schweiz würde wieder arm ... die Nachfahren Wilhelm Tells würden den Tyrannen unterliegen ... Und ihr, tapfere Amerikaner? Eure Freiheit wurde mit unserem Blut erworben ... Ihr würdet unter das schändliche Joch eurer ehemaligen Herrscher zurückfallen ...

Was würde denn aus England selbst werden? Könnte denn dieser verbrecherische Sieg lange Zeit über Englands eigentliche Schwierigkeiten und seine alten Wunden hinwegtäuschen?

Danton am 3. Dezember 1793 (13. Frimaire II):

Coupé hat versucht, die Meinung über mich zu vergiften.

Gewiß ist, daß ich niemals versucht habe, die Sehne der Revolution zu durchschneiden, da ich sagte, die Verfassung müsse so lange ruhen, als das Volk damit beschäftigt sei, seine Feinde zu schlagen.

Die Prinzipien, die ich vertreten habe, beruhen auf der Unabhängigkeit der Volksgesellschaften von jeder Art Autorität ...

Man hat mein Erscheinen auf der Rednertribüne mit Mißfallenskundgebungen begleitet. Habe ich denn die Züge verloren, die das Antlitz eines freien Mannes kennzeichnen? Bin ich denn nicht mehr derselbe, der in Zeiten der Gefahr an Eurer Seite stand? ...

Ich war einer der unerschrockensten Verteidiger Marats; ich rufe den Schatten des Volksfreundes zu meiner Verteidigung herauf.

Wenn ich Euch mein Privatleben schildere, werdet Ihr mit Erstaunen feststellen, daß das riesige Vermögen, das meine und Eure Feinde mir andichten, sich auf das kleine Vermögen beschränkt, das ich immer besessen habe.

Desmoulins in Nummer 3 seines Vieux Cordelier *vom 15. Dezember 1793 (25. Frimaire II):*

Ich für meinen Teil habe wieder völlig Mut gefaßt; und solange ich atme, werde ich meine wahrheitsliebende republikanische Feder vor Schimpf zu bewahren wissen. Jetzt, nach dieser Nummer III des *Vieux Cordelier*, möge Pitt nur kommen und sagen, daß ich meine Meinung nicht ebenso frei aussprechen kann wie der *Morning Chronicle*! Mag er doch behaupten, es gebe in Frankreich keine Pressefreiheit mehr …

Zweifellos ist die Maxime der Republiken: *Besser ein paar Schuldige unbestraft lassen als einen einzigen Unschuldigen zu treffen.* Aber ist es denn nicht in Wahrheit so, daß in einer Zeit der Revolution diese vom Geiste der Vernunft und Humanität geprägte Maxime dazu beiträgt, die Vaterlandsverräter zu ermuntern, weil die Tatsache, daß das den Unschuldigen begünstigende Gesetz klare Beweise fordert, dem Schuldigen, wenn er nur schlau genug ist, hilft, sich der Strafe zu entziehen? Solcherart liefert ein freies Volk die Waffen gegen sich selbst …

Im Gegensatz dazu ist die Maxime des Despotismus: *Besser ein paar Unschuldige umkommen als einen einzigen Schuldigen laufen zu lassen …*

Der Wohlfahrtsausschuß hat dies richtig empfunden; und er hat geglaubt, daß er zur Errichtung der Republik kurzfristig auf die Rechtsprechung des Despotismus nicht verzichten könne … Also hat er für einige Zeit die Statue der Freiheit verhüllt. Aber … Darf man die Verfassung, das Geschöpf der Bergpartei, mit den Mißgeburten Pitts gleichsetzen, die Irrtümer des Patriotismus mit den Verbrechen der Auslandspartei …?

General François Joseph Westermann in dem Brief an den Konvent nach seinem Sieg in der Vendée bei Savenay vom 23. Dezember 1793 (2. Nivôse II):

Es gibt keine Vendée mehr. Ich werde sie in den Sümpfen von Savenay begraben. Ich habe die Kinder unter den Hufen der Pferde zertreten und die Frauen umbringen lassen. Ich habe keinen Gefangenen, der mir Vorwürfe machen kann. Ich habe alle ausgerottet.

(Wenige Monate danach wurde Westermann selbst, der sich zu den Dantonisten geschlagen hatte, hingerichtet.)

Robespierre am 25. Dezember 1793 (4. Nivôse II) im Konvent:

Der Freund der Könige und der Generalanwalt der Menschheit kommen nebeneinander aus. Ein Fanatiker im Mönchsgewand und ein fanatischer Atheist haben viel miteinander gemein. Die demokratischen Barone sind die Brüder der Marquis von Koblenz; und manchmal ist die rote Mütze der Sansculotten den roten Kappen der Aristokraten ähnlicher, als man denken sollte ...

Als Folge von fünf Jahren des Verrats und der Tyrannei, als Folge von Unvorsichtigkeit und Leichtgläubigkeit ... haben Österreich, England, Rußland, Preußen und Italien Zeit gehabt, in Frankreich eine geheime Regierung zu bilden, die mit der französischen Regierung rivalisiert ...

Noch dazu schicken die fremden Höfe seit geraumer Zeit alle in ihrem Sold stehenden, verräterischen Schurken in unser Land. Ihre Agenten unterwandern unsere Armeen, selbst der Sieg von Toulon ist ein Beweis dafür: Die ganze Tapferkeit unserer Soldaten, die ganze Treue unserer Generäle und das ganze Heldentum der Abgeordneten waren notwendig, den Verrat zu besiegen ...

Nicht in den Herzen der Armen und der Patrioten muß die Angst vor dem Terror herrschen, sondern in den Schlupfwinkeln der fremden Briganten, wo man sich die Beute teilt und das Blut des französischen Volkes trinkt.

Bürger L., der Ende 1793 nach anderthalbjähriger Abwesenheit in das Paris der Schreckensherrschaft zurückkehrte:

Und anstelle dieses bunten Treibens, dieser angeregten Menge, dieses imposanten Glanzes herrscht nun in allen Straßen von Paris Grabesschweigen; alle Läden sind geschlossen, jeder verbarrikadiert sich eiligst in seinem Hause, und man möchte meinen, ein Trauerflor sei über alles, was atmet, gebreitet.

... Da das Sansculottenwesen angepriesen wurde und man sich, um nicht Luxus zur Schau zu tragen, in ein Extrem des Gegenteils gestürzt hatte, um arm und elend zu erscheinen, täuschten auch diese Kerle Elend vor. Unsauber zu sein, war damals in Paris eine Art Passierschein.

... »Wen nennst du Sie? Man sieht, daß in deiner Kommune nicht Schritt gehalten wird; nur der Pitt und der Coburg nennen sich Sie; lerne erst mal, daß man sich in einem freien Land duzen muß!«

... Ich fragte sie, wo ihr Mann sei ... sie sagte, ... er sei zur Place de la Révolution gegangen, um zu sehen, wie dreißig Aristokraten in den Sack niesen. So bezeichnete nämlich Hébert ... in einem Schmutzblatt, das »Der große Zorn des Père Duchesne« hieß, das Abschlagen der Köpfe.

Aushängeschild eines Pariser Barbiers, Ende 1793:

Die Geistlichen rasiere ich kahl, die Adligen werden über den Kamm geschoren, den Dritten Stand bediene ich.

Eglé, ein achtzehnjähriges Straßenmädchen, das als Royalistin und Mitverschworene Marie-Antoinettes zum Tode verurteilt wurde (berichtet von Beugnot, Januar 1794):

Ja, das ist großartig! Da habt ihr wirklich Verstand gezeigt! Ich, Mitverschworene von der, die ihr die Witwe Capet nennt und die doch die Königin war trotz eurer dummen Fressen! Ich, ein armes Mädchen, das an den Straßenecken sein Brot verdiente und das nicht einmal gewagt hätte, einen ihrer Küchenjungen anzusprechen! Das paßt zu einem solchen Haufen von Taugenichtsen und Idioten, wie ihr seid!

(Als der Richter ihr Eigentum konfiszierte:) Ha, du Dieb! Das habe ich mir gedacht! Na, zu meinem Eigentum wünsche ich dir viel Glück! Daran wirst du dich nicht überfressen, das sage ich dir!

Beugnot, Rechtsanwalt und Deputierter, auf dem Wege ins Gefängnis, Januar 1794:

Als ich aus dem Wagen stieg, erhob sich die Menge und stieß ein Freudengeschrei aus. Händeklatschen, Trampeln, krampfhaftes

Lachen drückten die wilde Freude dieser Kannibalen bei der Ankunft einer neuen Beute aus …

Unmittelbar nach … der skandalösen Szene, die der Ermordung der (girondistischen) Deputierten voraufgegangen war, führte man Bailly auf diesen Schauplatz. Er erschien mit der würdevollen Ruhe eines der hervorragendsten Männer seines Jahrhunderts. Kein Vorwurf, keine Klage kam von seinen Lippen … und dennoch kocht dem kaltsinnigsten Menschen das Blut, wenn er die Fragen liest, die man ihm stellte … Ja, ich habe Bailly gesehen …, wie er taumelte unter dem Stoß der einen, brutal wieder aufgezerrt wurde von den anderen und ihr Spielball war … Dieses Schauspiel machte mich trauriger, als sein Tod es getan hätte …; denn der Tod eines Gerechten … hat etwas Großes und Heiliges … aber die Erniedrigung ist nichts als abstoßend, und die Tugend, die sie ertragen muß, hat nicht die Kraft, sie zu veredeln.

(Auch Bailly wurde guillotiniert).

Robespierre am 5. Februar 1794 (17. Pluviôse II):

Wir wollen eine Ordnung der Dinge, wo alle niedrigen und grausamen Leidenschaften unbekannt sind; alle wohltätigen und edlen Neigungen von den Gesetzen aufgemuntert werden; …

Wir wollen, mit einem Wort, die Wünsche der Natur erfüllen; die Bestimmung der Menschheit erreichen; die Versprechungen der Philosophie halten …

Frankreich, einst unter den sklavischen Ländern so ausgezeichnet, möge von nun an den Ruhm aller freien Völker, die je existiert haben, verdunkeln; und ein Muster der Nationen, ein Schrecken der Unterdrücker und eine Zierde des Erdballs werden! …

Nur in der Demokratie ist der Staat wirklich das Vaterland aller Individuen, aus denen er besteht; er kann daher ebensoviele Verteidiger, die an seiner Sache interessiert sind, zählen, als er Bürger enthält; dies ist die Quelle der Überlegenheit der freien Völker gegen alle anderen. Hierin liegt auch der Grund, warum Athen und Sparta über die Tyrannen Asiens, und die Schweizer über Spaniens und Österreichs Tyrannen gesiegt haben …

Eine Nation ist wirklich verdorben, wenn sie allmählich ihren Charakter und ihre Freiheit verliert, und von der Demokratie zur Aristokratie oder zur Monarchie übergeht …

Als der Geiz nach einem vierhundertjährigen Ruhme endlich mit den Gesetzen Lykurgs die guten Sitten aus Sparta verjagte, opferte Agis vergebens sein Leben auf, um sie zurückzurufen. Demosthenes donnerte umsonst gegen Philipp; dieser fand in den Lastern Athens beredsamere Verteidiger als Demosthenes war …

So wie im Frieden die Triebfeder der Volksregierung die Tugend ist, so ist es in einer Revolution die Tugend und der Schrecken zugleich; die Tugend, ohne welche der Schrecken verderblich, der Schrecken, ohne den die Tugend ohnmächtig ist …

Nachsicht für die Royalisten! rufen gewisse Leute; Gnade für die Bösewichter! Nein! Gnade für die Unschuld, Gnade für die Menschheit! …

Die Langsamkeit bei den Urteilen ist ebensoviel als die Erlassung der Strafe; die Ungewißheit der Bestrafung muntert alle Verbrecher auf …

Nur der forderte Frankreich zur Eroberung der ganzen Welt auf, der keine andere Absicht hatte, als die Tyrannen zur Eroberung Frankreichs herbeizurufen (gemeint ist Brissot). Der heuchlerische Ausländer (Anacharsis Cloots), der seit fünf Jahren Paris für die Hauptstadt des Erdballs ausschreit, übersetzte nur die Verwünschungen der niedrigen Föderalisten, welche Paris der Zerstörung weihten (die Girondisten), in ein anderes Kauderwelsch. Den Atheismus predigen ist ein Mittel, den Aberglauben freizusprechen und die Philosophie anzuklagen; und der Krieg, welchen man der Gottheit erklärte, war nichts als eine Diversion zugunsten der Königswürde (gegen die Hébertisten gerichtet) …

Woher kam auf einmal dieser Schwarm von Fremden, von Priestern, Edelleuten, Ränkemachern jeder Art, die sich alle zur gleichen Zeit auf dem Boden der ganzen Republik verbreitet haben, um im Namen der Philosophie einen Gegenrevolutionsplan auszuführen …?

… Zweierlei Frevel können die Demokratie stürzen: die Aristokratie derjenigen, welche die Regierung in Händen haben; und die Geringschätzung des Volkes gegen die von ihm selbst eingesetzten Autoritäten …

Das doppelte Bestreben der Gemäßigten und der falschen Revolutionäre ist, uns beständig zwischen diesen beiden Klippen hin und her zu werfen.

Robespierre am 7. Februar 1794 (19. Pluviôse II):

Terror ist nichts anderes als Gerechtigkeit, prompt, sicher und unbeugsam. Er ist eine Offenbarung der Tugend.

Saint-Just am 26. Februar 1794 (8. Ventôse II) zu den Ventôse-Dekreten:

Wir sind mit einer Menge von entarteten Schriften überschwemmt; man verkündigt einen intoleranten und fanatischen Atheismus; man könnte glauben, die Priester wären Atheisten und die Atheisten Priester geworden: Besser wäre es, wenn hiervon gar nicht mehr gesprochen würde. Denn während wir jetzt der Tatkraft bedürfen, verleitet man uns zu Wahnsinn und Schwäche ...

Blicken Sie auf Europa! In Europa gibt es vier Millionen Gefangene, deren Angstgeschrei Sie nicht hören, während unsere vatermörderische Mäßigung alle Feinde Ihrer Regierung triumphieren läßt.

Wie töricht sind wir doch! Wir verwenden einen abstrakten Luxus auf die Verteidigung unserer Prinzipien; die Könige, tausendmal grausamer als wir, schlafen ruhig in ihrem Verbrechen ...

Ihr Revolutionstribunal hat dreihundert Bösewichter in einem Jahr sterben lassen. Hat die spanische Inquisition nicht mehr geopfert? ...

Es gibt eine politische Sekte in Frankreich, die es mit allen Parteien hält (gemeint sind die Dantonisten); sie geht langsamen Schrittes. Sprechen Sie von der Schreckensherrschaft, so spricht sie Ihnen von Milde, wenn Sie der Milde Gehör geben, rühmt sie Ihnen die Schreckensherrschaft. Sie verlangt Glück und Genuß ...

Im Anfang der Revolution erhoben sich nachsichtige Stimmen zugunsten derer, welche sie bekämpften. Diese Nachsicht, welche damals einige Schuldige schonte, hat seitdem in der Vendée zweihunderttausend Menschen das Leben gekostet; diese Nachsicht hat uns in die Notwendigkeit versetzt, Städte schleifen zu müssen ...

Wie lange werden wir uns durch eine übel angebrachte Nachsicht von unsern innern und äußern Feinden hintergehen lassen, deren Absichten wir durch unsere Schwäche begünstigen?

... Unsere Feinde können uns nicht lange widerstehen, sie führen mit uns Krieg, um sich untereinander selbst zu vernichten. *Pitt will das Haus Österreich vernichten, Österreich Preußen, alle zusam-*

men Spanien, und diese verabscheuungswürdige und falsche Allianz will die europäischen Republiken vernichten.

Saint-Just zu den Ventôse-Dekreten am 3. März 1794 (13. Ventôse II):

Diejenigen, die eine Revolution nur halb gemacht haben, haben sich noch stets ihr eigenes Grab geschaufelt. Die Revolution bringt uns dahin, jenen Grundsatz anzuerkennen, wonach derjenige, der sich als Feind seines Vaterlandes erwiesen hat, kein Besitzender in ihm sein kann … Ich schlage euch das folgende Dekret vor:

Artikel 1. Jede Gemeinde der Republik stellt eine Liste der armen Patrioten, die sie beherbergt, auf …

Artikel 2. Sobald der Wohlfahrtsausschuß diese Listen empfangen hat, fertigt er ein Gutachten an über die Möglichkeiten, alle Notleidenden mit dem Vermögen der Feinde der Revolution zu entschädigen …

Saint-Just am 13. März 1794 (23. Ventôse II) in seiner Rede gegen die Hébertisten:

Jede Partei ist also verbrecherisch, weil in ihr eine Isolierung vom Volke und den Volksgesellschaften sowie eine Unabhängigkeit von der Regierung liegt. Jede Faktion ist also verbrecherisch, weil sie darnach strebt, die Bürger zu zerspalten …

Die Faktionen waren gut, um den Despotismus zu isolieren und den Einfluß der Tyrannei zu vermindern; sie sind heute ein Verbrechen, weil sie die Freiheit isolieren und den Einfluß des Volkes vermindern …

Die Berichte, welche wir uns verschaffen, haben uns gezeigt, daß die Verbündeten nicht den Feldzug eröffnen werden, um das Volk durch die Kriegsereignisse nicht von den Bewegungen abzuleiten, welche man im Innern und in Paris vorbereitet. Ein Feldzug von Verbrechen, von Unruhen, von Korruption und Hungersnot ist es, den man gegen uns vorbereitet.

Danton am 19. März 1794 (29. Ventôse II) nach der Verhaftung, jedoch vor der Hinrichtung der Hébertisten:

Aber, ich wiederhole es, wir dürfen nichts überstürzen; lassen wir den Ausschüssen Zeit, sich zu erklären; sie arbeiten Tag und Nacht; greifen wir ihnen nicht vor …

Unsere Ausschüsse sind die politische Avantgarde. Unsere Anstrengungen müssen koordiniert sein …

Ich verlange, daß der Wohlfahrtsausschuß sich mit dem Sicherheitsausschuß abstimmt, um das Verhalten aller Beamten zu überprüfen.

Jeder von uns muß sich erklären.

Wer hätte sich mehr erklärt als ich? – Ich war der erste, der die Revolutionsregierung gefordert hat. Zuerst hat man meinen Gedanken verworfen, man hat ihn dann übernommen. Diese Revolutionsregierung hat die Republik gerettet; diese Regierung, das seid Ihr. Ich verlange also, daß alle, die Auskünfte über das öffentliche Interesse zu geben haben, die den vereinigten Ausschüssen mitteilen …

Robespierre am 31. März 1794 (11. Germinal II) über Danton:

Auch ich bin Pétions Freund gewesen; doch als er sich entlarvte, habe ich ihn aufgegeben; ich habe freundschaftliche Beziehungen zu Roland gehabt; er ist zum Verräter geworden, und ich habe ihn angezeigt. Danton will ihren Platz einnehmen, in meinen Augen ist er nichts anderes als ein Feind des Vaterlandes.

Saint-Just am 31. März 1794 (11. Germinal II) gegen Danton und die »Indulgenten«:

Danton, Du hast der Tyrannei gedient: Zwar bist Du Lafayette entgegengetreten; allein Mirabeau, Orléans, Dumouriez traten ihm ebenfalls entgegen. Würdest Du zu leugnen wagen, daß Du diesen gewalttätigen drei Verschwörern gegen die Freiheit verkauft warst? Durch den Schutz Mirabeaus wurdest Du zum Administrator des Departements Paris ernannt, zu der Zeit, wo die Wahlversammlung entschieden royalistisch war. Alle Freunde Mirabeaus prahlten laut damit, daß er Dir den Mund verschlossen habe; so lange als diese abscheuerregende Persönlichkeit gelebt hat, bist Du fast stumm gewesen …

Als Mirabeau tot war, konspiriertest Du mit den Lameth und unterstütztest sie …

Als das Gewitter vom 10. August sich vorbereitete, zogst Du Dich abermals nach Arcis-sur-Aube zurück … und da Du wußtest, daß der Fall der Tyrannei … unvermeidlich war, kehrtest Du am 9. August nach Paris zurück. Du legtest Dich in dieser furchtbaren Nacht zur Ruhe! Deine Sektion, welche Dich zu ihrem Präsidenten ernannt hatte, erwartete Dich lange Zeit; man entriß Dich Deiner schmachvollen Ruhe. Du präsidiertest eine Stunde und verließest Deinen Sitz um Mitternacht, als die Sturmglocken erschallten; in demselben Augenblick traten die Trabanten des Tyrannen ein und setzten das Bajonett auf die Brust dessen, der Deinen Platz eingenommen hatte: Du, Du schliefst! …

Der Haß, sagtest Du, ist meinem Herzen unerträglich; und Du hattest uns gesagt: Ich liebe Marat nicht. Bist Du indes nicht ein Verbrecher und verantwortlich dafür, daß Du die Feinde des Vaterlandes nicht haßtest? Bestimmt ein Staatsmann seine Indifferenz oder seinen Haß nach seinen Privatneigungen oder nach seiner Vaterlandsliebe, welche Dein Herz niemals gefühlt hat? …

Die Berichte, von denen ich spreche, stellen Dich als einen Mann dar, über den sich ganz Paris unterhält …

Wir haben seit langer Zeit erkannt, daß Du oder Deine Freunde diese Berichte redigierten. Danton, Du warst somit der Mitschuldige von Mirabeau, Orléans, Dumouriez, Brissot. Briefe des spanischen Gesandten zu Venedig … sagen, daß man gegen Dich in Paris den Verdacht hege, Du hättest mit der Königin im Temple Konferenzen gehabt …

Es hat also eine mehrere Jahre hindurch gesponnene Verschwörung gegeben, um die französische Revolution sich in einen Dynastiewechsel verlaufen zu lassen. Die Faktionen von Mirabeau, von den Lameth, Lafayette, Brissot, Orléans, Dumouriez, Carra, Hébert; die Faktionen von Chabot, Fabre, Danton haben nacheinander zu diesem Zweck durch alle Mittel beigetragen, welche die Republik an ihrer Befestigung und die Regierung an ihrer Stärkung hindern konnten …

Die Tage des Verbrechens sind vorüber; wehe über diejenigen, welche seine Ursache aufrechterhalten! Die Politik ist entlarvt. Möge alles Verbrecherische untergehen! Man macht keine Republik durch Schonung …, sondern durch unbeugsame Strenge gegen alle diejenigen, welche verraten haben.

Danton nach seiner Verhaftung, Anfang April 1794:

Es ist genug Blut vergossen worden. Es ist besser, guillotiniert zu werden, als zu guillotinieren!

Desmoulins in einem Brief aus dem Gefängnis an seine Frau, Anfang April 1794:

Aber Robespierre, der meinen Haftbefehl unterzeichnet hat, aber die Republik nach allem, was ich für sie getan habe! Das ist der Lohn, den ich für so viele Tugenden und Opfer erhalte! Ich, der ich mich für die Republik seit fünf Jahren so großem Haß und so vielen Gefahren ausgesetzt habe … Ich werde von Menschen, die sich meine Freunde nannten, die sich Republikaner nannten, in einen Kerker, in Einzelhaft geworfen, als ob ich ein Verschwörer wäre.

Danton vor dem Tribunal, April 1794:

Meine Behausung wird bald das Nichts sein; aber mein Name wird weiterleben im Pantheon der Geschichte.

Danton nach seiner Verurteilung vor dem Revolutionstribunal, 4. April 1794 (15. Germinal II):

Elender Robespierre! Du wirst mir folgen!

(Robespierre hatte ihm einst geschrieben: »Ich liebe Dich mehr denn je und bis in den Tod!«)

Danton auf dem Richtkarren zu Desmoulins, der um Hilfe rief, 5. April 1794 (16. Germinal II):

Still! Glaubst du, daß du dieses Pack erweichen kannst?

Danton am 5. April 1794 (16. Germinal II) auf dem Schafott zum Henker:

Du mußt meinen Kopf hochheben und ihn der Menge zeigen. So einen wird man sobald nicht wiedersehen.

Abbé Carrichon, der die Marschallin von Noailles und ihre Tochter zum Schafott begleitete, im April 1794:

Die versammelte Menschenmenge erkannte sie alsbald, gab nur noch auf sie acht und steigerte ihre Qual durch Schimpfworte, die sie geduldig ertrug. »Da ist sie also, diese Marschallin, die früher so großartig auftrat, die in schönen Karossen fuhr; jetzt ist sie auf dem Karren, wie alle anderen!« Nichts ist so verletzend für ein empfindsames Wesen wie dieses Kannibalengeschrei. Unglückliche sollten heilig sein …

Man muß zugeben, die Hinrichtung wurde, sei es infolge eines Restes von Menschlichkeit, sei es infolge der Gewohnheit und des Wunsches, schneller fertig zu werden, ungemein gemildert durch die Geschwindigkeit, in der alles verlief, und weil darauf geachtet wurde, zunächst alle Verurteilten absteigen zu lassen und mit dem Rücken zum Schafott zu stellen, so daß diese nichts sehen konnten. Ich war den Henkern bis zu einem gewissen Grade dankbar dafür, auch für den Anstand, den sie wahrten, und ihren Ernst, ohne eine zum Lachen verzogene oder die Opfer beleidigende Miene.

Robespierre am 7. Mai 1794 (18. Floréal II) im Konvent gegen den Atheismus:

Für den Gesetzgeber ist alles, was nützlich und gut ist, wahr. Die Idee eines Höchsten Wesens und der Unsterblichkeit der Seele erinnert uns ständig an die Gerechtigkeit. Darum ist diese Idee sozial und republikanisch.

Das Revolutionstribunal, als es den berühmten Chemiker Antoine Lavoisier zum Tode verurteilte, am 8. Mai 1794 (19. Floréal II):

Die Republik braucht weder Gelehrte noch Chemiker.

Cassanyès, Deputierter, in den Memoires inédites *über das Fest des Höchsten Wesens am 8. Juni 1794 (20. Prairial II):*

Als Robespierre hinabstieg, um den Holzstoß anzuzünden, folgten ihm sieben oder acht Mitglieder (des Konvents), die ihm zweifellos ergeben waren. Das rief im Konvent ein Murmeln hervor, man sagte einander ins Ohr: »Das sind seine Liktoren.« … Als der Zug zum Marsfeld einbog, legte es Robespierre offensichtlich darauf an, an der Spitze des Konvents zu marschieren. Zweifellos hatte er den Saaldienern entsprechende Befehle gegeben, und diese gaben sich viel Mühe, den Konvent im militärischen Schritt marschieren zu lassen. Aber niemand richtete sich danach …

Vilate, Geschworener beim Revolutionstribunal, über das Fest des Höchsten Wesens, als Robespierre an diesem Tag bei ihm frühstückte:

Als ich durch den Saal der Freiheit kam, begegnete ich Robespierre, der das Kostüm des Volksrepräsentanten trug und einen

Strauß von Ähren und Blumen in der Hand hielt; auf seinem Gesicht strahlte zum ersten Male Freude ... Seine Blicke ruhten oft auf dem prächtigen Schauspiel; man sah, daß er im Rausch der Begeisterung schwelgte.

»... Das All ist hier versammelt. O Natur, wie ist deine Macht erhaben und köstlich! Wie müssen die Tyrannen erbleichen bei dem Gedanken an dieses Fest!«

Das war die ganze Unterhaltung.

Wer hätte sich nicht täuschen lassen durch die Verlogenheit des Tyrannen?

(Vilate, der dies erst 1825 niederschrieb, war offenbar vorher ein ergebenes Werkzeug Robespierres gewesen.)

Aus dem Terror-Gesetz vom 10. Juni 1794 (22. Prairial II):

Artikel 6. Als Feind des Volkes gilt, wer die Wiedererrichtung des Königtums betreibt oder die Verächtlichmachung oder Auflösung des Nationalkonvents und der republikanischen Revolutionsregierung ... anstrebt; ...

wer die Lebensmittelversorgung von Paris zu behindern oder die Teuerung in der Republik auszulösen bestrebt ist;

wer das Volk und seine Repräsentanten täuscht, um sie zu Maßnahmen zu veranlassen, die dem Interesse der Freiheit zuwiderlaufen;

wer Mutlosigkeit zu verbreiten versucht ...;

wer falsche Nachrichten ausstreut, um das Volk zu spalten oder zu verwirren ...; ...

jeder unehrliche Lieferant, der das Wohl der Republik gefährdet, und jeder, der öffentliches Vermögen vergeudet ...

Artikel 7. Die Strafe für alle Delikte, deren Aburteilung dem Revolutionstribunal vorbehalten ist, ist der Tod.

Artikel 8. ... Die Richtschnur bei der Urteilsfindung ist das von der Vaterlandsliebe erleuchtete Gewissen der Richter, ... das Verfahren besteht in der Anwendung der einfachen Mittel, die der gesunde Menschenverstand an die Hand gibt, um ... zur Erkenntnis der Wahrheit zu gelangen.

Artikel 9. Jeder Bürger hat das Recht, Verschwörer und Gegenrevolutionäre festzunehmen und vor die Behörden zu bringen; er ist zur Anzeige verpflichtet, sobald er von ihrer Tätigkeit erfährt.

Artikel 12. Der Angeklagte wird in öffentlicher Gerichtsverhandlung verhört. Die Formalität des vorangehenden geheimen Verhörs wird als überflüssig abgeschafft ...

Artikel 16. Das Gesetz gibt den verleumdeten Patrioten patriotisch gesinnte Geschworene als Verteidiger bei; die Verschwörer erhalten keine Verteidiger.

»Hymne an das Höchste Wesen«, gesungen in Tulle, Zentralfrankreich, Juni 1794:

Erster Urgrund allen Seins / Urheber aller Tugend und aller Gesetze, / Sei stets unser einziger Lehrer, / Nimm Rache für uns an den Verbrechen der Könige.

Aus Robespierres letzter Rede im Konvent vom 26. Juli 1794 (8. Thermidor II):

Welche Verbrechen wurden einem Danton, einem Fabre und einem Desmoulins vorgeworfen? Sie hätten sich für die Feinde des Vaterlandes eingesetzt und in der Absicht konspiriert, ihnen eine Amnestie zu verschaffen, die für die Freiheit verhängnisvoll gewesen wäre. Was würde man sagen, wenn die Urheber dieser eben erwähnten Verschwörung eben zu den gleichen Männern gehörten, die Danton, Fabre und Desmoulins aufs Schafott gebracht haben? Was taten die ersten Verschwörer? Hébert, Chaumette und Ronsin bemühten sich, die revolutionäre Regierung unerträglich und lächerlich zu machen, während Camille Desmoulins die Regierung in satirischen Schriften angriff und Fabre und Danton für seine Verteidigung intrigierten. Die einen sprachen die Verleumdungen aus, die anderen schufen die Vorwände für diese Verleumdungen. Dieselbe Methode wird auch heute noch in aller Öffentlichkeit fortgesetzt. Woher kommt es, daß diejenigen, die früher Hébert anklagten, nunmehr seine Komplizen verteidigen? ...

Ich habe vor einiger Zeit versprochen, ein für die Unterdrücker des Volkes furchtbares Testament zu hinterlassen. Ich werde es in diesem Augenblick veröffentlichen, und zwar mit der ganzen Freizügigkeit, die meiner Situation zukommt: ich hinterlasse ihnen die furchtbare Wahrheit und den Tod ...

Man muß die Verräter bestrafen, die Büros des Sicherheitsausschusses neu besetzen, den Ausschuß selbst säubern und ihn dem

Wohlfahrtsausschuß unterordnen; man muß den Wohlfahrtsausschuß selbst säubern …

Die Zeit ist noch nicht gekommen, wo die rechtschaffenen Menschen ohne Gefahr dem Vaterland dienen können; solange die Horde der Schurken regiert, werden die Verteidiger der Freiheit geächtet sein.

Tallien in der Sitzung des Konvents, die zum Sturz Robespierres führte (26. Juli 1794/8. Thermidor II):

Ich habe mich mit einem Dolch bewaffnet und werde dieses Mannes (Robespierre) Brust durchbohren, falls der Konvent nicht den Mut hat, seine Verhaftung anzuordnen.

Zurufe der Abgeordneten an Robespierre im Konvent am 26. Juli 1794 (8. Thermidor II):

Das Blut Dantons schnürt dir die Kehle zu!

Saint-Just, Rede am 27. Juli 1794 (9. Thermidor II) zur Verteidigung Robespierres:

… Großer Gott! Welcher Plan, den Untergang von unschuldigen Männern zu wollen! Der allgemeine Sicherheitsausschuß ist mit Blendwerk umgeben worden, um zu diesem Zweck gebracht zu werden … Ich bezeuge, daß sich Robespierre für die feste Stütze des Konvents erklärt hat und stets im Ausschuß mit Schonung gesprochen hat, um keines seiner Mitglieder anzugreifen.

Collot und Billaud nehmen seit einiger Zeit wenig teil an den Beratungen und scheinen sich mehr Privatinteressen und Rücksichten hingegeben zu haben. Billaud wohnt allen Sitzungen bei, ohne zu sprechen …, wofern es nicht etwas gegen Paris, gegen das Revolutionstribunal, gegen die Männer, deren Untergang er zu wünschen scheint, zu sagen gibt. …

Es hat also einen Plan gegeben, die Macht zu usurpieren, indem man einen Teil der Ausschußmitglieder aufopferte, die andern in der Republik zerstreute, das Revolutionstribunal vernichtete und Paris seiner Magistrate beraubte. Billaud-Varenne und Collot d'Herbois sind die Urheber dieser Verschwörung …

Ich habe es gern, daß man uns Siege ankündigt, allein ich will nicht, daß sie zu Deckmänteln der Eitelkeit werden. Man verkündete laut den Sieg von Fleurus, und andere, welche nichts darüber sprachen, hatten persönlichen Anteil daran (nämlich Saint-Just selber); man hat von Belagerungen gesprochen, und andere, die nichts darüber sagten, waren in den Laufgräben. Ich behaupte, alles Übel ist daher gekommen, daß die gesamte Autorität in einige Hände geriet, welche sie durch den Sturz alles dessen erhalten und vermehren wollten, was die Willkürmacht unterdrücken konnte …

Ich ziehe gegen diejenigen, die ich genannt habe, keine Schlußfolgerungen, ich wünsche, daß sie sich rechtfertigen und daß wir klüger und weiser werden.

Vossische Zeitung, *Berlin, Nr. 97;*
Bericht des Pariser Korrespondenten über den Sturz Robespierres:

Robespierre gab sich alle Mühe, sich Gehör zu verschaffen. Endlich schrie er: »Ich verlange den Tod!« und blickte mit Wut und Verzweiflung umher. Diejenigen Deputierten, die gegen ihn gesprochen hatten, nannte er Bösewichter, Spitzbuben, feige Menschen und Heuchler. Der Tumult wurde stark. Der Präsident setzte den Hut auf. Robespierre wollte sprechen, aber man litt es nicht.

»Mit welchem Rechte«, schrie er endlich vor Wut, »schützt der Präsident Meuchelmörder?« Abermaliger Tumult, und der Präsident bedeckte sich zum zweiten Male. Alle forderten ein Arrestdekret, und endlich wurde es unter allgemeinem Händeklatschen und dem Geschrei »Es lebe die Republik!« genehmigt …

Méda (oder Merda), Polizist, der Robespierre verhaften sollte,
in Précis historique *über den 9. Thermidor:*

… Dennoch kam ich bis zur Tür des Sekretariats …, während man immer noch auf mich einschlug; endlich wurde die Tür geöffnet.

Ich sah nun ungefähr fünfzig Männer … Mitten unter ihnen erkannte ich Robespierre … Ich sprang auf ihn zu, setzte ihm die Spitze meines Säbels auf die Brust und rief: »Ergib dich, Verräter!« Er hob den Kopf und sagte: »Du bist der Verräter, ich werde dich erschießen lassen!« Bei diesen Worten nahm ich mit der Linken eine meiner Pistolen, machte einen Schritt nach rechts und feuerte sie ab. Ich glaubte, ihn in die Brust zu treffen, aber die Kugel traf ihn am Kinn und zerschmetterte seine linke untere Kinnlade; er fiel von seinem Sessel. Der Knall meiner Pistole erschreckte seinen Bruder derart, daß er aus dem Fenster sprang.

... Ich stieg weiter hinunter und ließ Couthon holen, den man an den Füßen bis in den Saal des Generalrats schleifte ...

Die Grenadiere warfen sich auf Robespierre und Couthon, die sie für tot hielten, und schleiften sie an den Füßen bis zum Quai Pelletier. Sie wollten sie dort ins Wasser werfen. Aber ich widersetzte mich ...

Als es hell wurde, entdeckte man, daß sie noch atmeten ...

Das Journal de Perlet, *über die Hinrichtungen am 10. Thermidor:*

... der Tyrann hatte den ganzen Kopf bis auf das Gesicht verbunden ... Alle, die ihn umgaben, hatten wie er ihr anmaßendes Auftreten verloren. Ihr geducktes Wesen reizte die Entrüstung noch mehr. Man erinnerte sich, daß die Verschwörer, die ihnen voraufgegangen waren, wenigstens zu sterben wußten ...

Flüche jeder Art ertönten von allen Seiten ... Das Volk rächte sich so für die von der Schreckensherrschaft befohlenen Lobhudeleien ...

7 DIE LETZTEN MONATE DES KONVENTS UND DIE ZEIT DES DIREKTORIUMS (AUGUST 1794 BIS OKTOBER 1799)

Die erste Reaktion nach dem Sturz Robespierres war ein Gefühl der Erleichterung und der Wunsch, den gröbsten Terrormaßnahmen ein Ende zu machen: Das »Verdächtigen-Gesetz« wurde aufgehoben, die Gefängnisse wurden geöffnet und viele Hunderte von politischen Gefangenen freigelassen. Aber darüber hinaus waren sich die Umstürzler, von nun an »Thermidorianer« genannt, über die zu treffenden weiteren Maßnahmen und darüber, wer die Leitung des Staates übernehmen sollte, keineswegs einig. Man befürchtete weitere Volksaufstände und den daraus resultierenden Bürgerkrieg, und die Jakobiner, noch immer eine starke und einflußreiche Gruppe, wollten daher die Terrorpolitik nicht fallen lassen. Aber sie verloren in den nun folgenden Monaten viele ihrer Anhänger, und die antirevolutionären Gruppen wurden immer stärker.

Es war ein Glück für die Regierung, daß diese Gruppen sich untereinander nicht einigen konnten: Die katholische Kirche, noch immer eine starke Macht, war gespalten in die gallikanische Richtung, der die meisten eidverweigernden Priester angehörten, und die demokratischer orientierten Jansenisten, die den niederen Klassen näherstanden und denen sich die meisten »konstitutionellen« niederen Geistlichen angeschlossen hatten. Die andere große Oppositionsgruppe, die Royalisten, waren gespalten in die Anhänger des »Comte de Provence«, des späteren Königs Ludwig XVIII., und die des anderen Bruders von Ludwig XVI., des Grafen d'Artois, späteren Königs Karl X. Beide Gruppen wurden durch englisches Geld unterstützt und waren schon aus diesem Grunde unpopulär. Dennoch hätte die Landung von dreieinhalbtausend Emigranten in der Bucht von Quiberon, die England und Graf d'Artois organisiert hatten, der Republik gefährlich werden können, da die Emigranten sich mit den Aufständischen in der Vendée zu vereinigen drohten. Das rasche Eingreifen von General Hoche verhinderte das. Aber auch ohne rechte Führung gewannen die Royalisten, vor allem im Süden, allmählich immer mehr an Boden. Racheakte gegen Jakobiner und Aufkäufer von Nationalgütern, die den überlebenden oder aus der Emigration zurückkehrenden Aristokraten besonders verhaßt waren, waren an der Tagesordnung. Im Norden organisierte sich die Reaktion gegen den Terror in der sogenannten Jeunesse dorée, jungen, meist wohlhabenden Leuten, an ihren Zöpfen und viereckigen Kragen zu erkennen, die sich mit Knüppeln bewaffneten und nun ihrerseits Terror gegen die Jakobiner und andere frühere Machthaber ausübten. Sie gewannen Einfluß in den Sektionen der Stadt Paris und beherrschten eine Zeitlang den Konvent, wobei ihnen die allgemeine Apathie des Bürgertums und, nach dem letzten großen Volksaufstand im Mai 1795, auch die der Masse des Volkes zugute kam.

Im Konvent selbst verlor die Bergpartei immer mehr an Macht, und die Versammlung selbst wurde unpopulär. Man fühlte, daß sie zu lange an der Macht gesessen hatte und daß eine neue Verfassung notwendig wurde, da die demokratische, vom Konvent beschlossene niemals in Kraft getreten war und dem Geist der Zeit nicht mehr entsprach. Dennoch hat der Konvent noch wichtige Arbeit geleistet: Die Trennung von Kirche und Staat wurde durchgeführt, das gesamte Erziehungs- und Schulwesen neu organisiert, das Nationalinstitut für Wissenschaften und Künste gegründet; es wurden Waffenstillstände mit den Führern der Aufständischen aus der Vendée geschlossen, die allerdings die Unruhen noch nicht zum endgültigen Ende brachten, und Putschversuche der Rechten (Jeunesse dorée) und der Linken (Babeuf) abgewehrt.

Dabei war die Not der ärmeren Bevölkerung durch den harten Winter von 1794/95 aufs äußerste gestiegen. Um so aufreizender mußte das Verhalten der Wohlhabenden wirken, die jetzt wieder offen ihren Vergnügungen nachgingen. Extravagante Moden kamen auf, Konzerte, Oper und Theater blühten wieder, und in den Salons wurde ein mondänes Leben gepflegt. Man nannte sich wieder Monsieur und Madame statt Bürger und Bürgerin, die alten herrschenden Klassen verschmolzen mit den Neureichen, den Assignaten-Spekulanten, Kriegsgewinnlern und Käufern von Nationalgütern, und der Gegensatz zwischen der armen Bevölkerung, die durch die Aufhebung des »Maximum«-Gesetzes in noch größere Not geriet, und den Reichen, besonders den sogenannten Merveilleux und Incroyables, die ihren Luxus ostentativ zur Schau stellten, wurde immer schroffer.

Der Konvent, der sich im Oktober 1795 auflöste, um der von ihm geschaffenen Direktorialverfassung mit ihrem Zweikammersystem Platz zu machen, hatte über drei Jahre lang die Geschicke des Landes bestimmt. Obwohl er in vielen Fragen eine zweideutige oder schwankende Haltung eingenommen hatte, kann man sagen, daß er in einem Punkt immer konsequent geblieben ist: Er bekämpfte die Aristokratie und tat alles, um die Wiederkehr des Ancien régime zu verhindern. Noch in seinen letzten Wochen versuchte er, wenn auch vergeblich, den drohenden Wahlerfolg der Royalisten im Oktober zu verhindern. Immerhin wurden fünf überzeugte Republikaner in das Direktorium gewählt, in dem sich nun die Exekutivgewalt konzentrierte.

Die Direktorialverfassung versuchte eine Regierung des liberalen Bürgertums etwa der Art, wie sie im Jahre 1791 bestanden hatte, wieder einzuführen – aber ohne Monarchie. Die Menschenrechte wurden in ihr sogar schärfer als in der ursprünglichen Proklamation vom August 1789 definiert, wobei Gleichheit diesmal eindeutig als Gleichheit vor dem Gesetz, aber nicht Gleichheit des Besitzes erklärt wurde. Die straffe Zentralisation der Verwaltung der Jakobinerzeit wurde gelockert, und umfangreiche Maßnahmen, wie die jährliche Wiederwahl eines Direktors und eines Drittels beider Kammern, sollten die Errichtung einer Diktatur verhindern. Dieses ausgeklügelte System funktionierte auch eine Zeitlang und die Direktoren blieben gegenüber den Putschversuchen der Neo-Hébertisten, der Anhänger Babeufs und eines Teils des Militärs erfolgreich. Aber das Direktorium stützte sich im Grunde auf eine kleine Minorität der Bevölkerung, da es weder auf die Unterstützung der niederen Klassen noch auf die der Aristokraten und nicht einmal auf die des gesamten Bürgertums rechnen konnte. Im Volk wurde es nie populär, und die nun führenden Persönlichkeiten genossen sein Vertrauen nicht. Carnot, der zunächst im Mittelpunkt stand, hatte sich vom ehemaligen Terroristen zum Konservativen entwickelt, und Barras, der ihn etwa seit dem Anfang des Jahres 1797 ersetzte, war zwar ein geschickter Politiker, der sich mit allen Seiten gut zu stellen verstand, aber im Grunde ohne wirkliche Überzeugungen und offensichtlich bestechlich.

Die katastrophale Entwertung des Papiergeldes, der Assignaten, veranlaßte das Direktorium zu einem neuen Experiment, der Ausgabe von »Territorialmandaten«, Papiergeld, dessen Pfand die noch nicht verkauften Nationalgüter bildeten. Diese Mandate waren für den Ankauf von Nationalgütern gültig; aber da sie innerhalb von sechs Monaten genauso viel an Wert verloren, wie es die Assignaten in fünf Jahren getan hatten, herrschte nun eine außergewöhnlich hohe Inflation. Die Nationalgüter wurden verschleudert, und nur dadurch, daß aus den eroberten Gebieten Münzgeld hereinfloß, konnte schließlich, im Februar 1797, die Papiergeldwirtschaft aufgegeben und die Metallgeldwährung wieder eingeführt werden. Die Erfolge der Armeen, in denen der revolutionäre Geist lebendiger geblieben war als im übrigen Lande, hatten das schwache Direktorium noch einmal gerettet.

Doch schon im folgenden Monat drohte die royalistische Welle, die der Rechten in den Märzwahlen große Siege und Mehrheiten in beiden Kammern verschaffte, das Direktorium zu stürzen. Die Antwort der »Triumvirn« Barras, Reubell und La Revellière, die dieses nun kontrollierten, war ein gut vorbereiteter und energisch durchgeführter Staatsstreich, in dem sie sich die Unterstützung der entscheidenden Armeeführer zu sichern gewußt hatten. Es folgte eine Militärdiktatur, welche die opponierenden Politiker, vor allem Carnot, nach Guyana, der »trockenen Guillotine« verbannte, die Presse unterdrückte, Emigranten und opponierende Priester ins Exil schickte. Kurz, ein neues Terrorsystem herrschte, das dem unter Robespierre an Brutalität nicht viel nachstand. Nur standen diesmal die Generäle dahinter, vor allem der Sieger des italienischen Feldzugs, Bonaparte, dessen Truppen beim Staatsstreich eine entscheidende Rolle gespielt hatten. Das Direktorium fürchtete die Generäle weniger als die Royalisten, besonders da mit den Friedensverträgen mit Preußen (1795 in Basel) und mit Österreich (Oktober 1797 in Campo Formio) endlich ein Zustand der Ruhe und des Friedens auf dem Kontinent eintrat. Allerdings war mit dem Vertrag von Campo Formio kein Frieden der »natürlichen Grenzen« hergestellt, wie ihn die Republik in den vergangenen Jahren progagiert hatte, sondern ein Eroberungsfrieden Bonapartes, der sich über die Anordnungen des Direktoriums großenteils hinwegsetzte und mit seinem vollständigen Triumph in Italien sein Prestige noch weiter erhöht hatte.

Das sogenannte Zweite Direktorium, das nun den Staat noch für zwei Jahre leitete, konnte sich nur durch einen weiteren Staatsstreich an der Macht halten. Denn durch die radikalen antiroyalistischen Maßnahmen des Direktoriums fühlte sich die Linke wieder ermutigt. Eine rege neojakobinische Agitation beherrschte die Frühjahrswahlen von 1798, so daß die Regierung kurzerhand beschloß, die Wahlergebnisse in ihrem Sinne durch Gesetz abzuändern, gewählte Abgeordnete auszuschließen und durch regierungstreue Kandidaten zu ersetzen. So wurde eine direktoriale Mehrheit in beiden Kammern erzwungen, und das Direktorium konnte noch eine Reihe von Reformen durchführen: Die Staatsverschuldung wurde, auf recht gewaltsame Weise, um zwei Drittel gekürzt, das Steuersystem umgebildet, die allgemeine Wehrpflicht eingeführt. Im Herbst 1798 eröffnete Neufchâteau auf dem Marsfeld die erste Nationale Industrieausstellung, die zu einem großen Erfolg wurde. Die erste Volkszählung fand statt, in den Gemeinden wurden Wohlfahrtsbüros eingerichtet. Die erneuten Aufstände in der Vendée wurden endgültig zum Scheitern gebracht. Dennoch blieb die Stellung der Regierung schwach, da sie in der Bevölkerung nicht genug Rückhalt hatte. Eine durchgreifende Kontrolle der Wirtschaft oder auch nur eine wirksame Beschränkung der Profite der großen Unternehmer konnten nicht durchgeführt werden, und im Grunde mußten sich das Land und die Armeen von den eroberten Ländern ernähren. Als im Jahre 1799 diese verlorengingen, lebte die politische Krise wieder auf. Sieyès, ein Gegner der Direktorialverfassung, wurde zum Direktor gewählt und verdrängte Barras aus seiner Vormachtstellung. Die Zeit für eine Neuordnung der Staatsform schien gekommen.

Es lohnt sich, an dieser Stelle, zehn Jahre nach dem Ausbruch der Revolution, einen Blick auf das Frankreich von 1799 zu werfen. Das Aussehen des Landes hatte sich gewandelt. Aufstände und lokale Bürgerkriege hatten ganze Stadtteile verwüstet, in der Vendée ganze Dörfer und Landstriche zerstört. Besonders die Kirchen und Klöster hatten unter den Verwüstungen gelitten. Wer heute durch Frankreich reist, wird feststellen, daß die meisten Zerstörungen und der größte Vandalismus in den Kirchen nicht aus der Zeit der Religionskriege oder der englischen Invasion, sondern der der großen Revolution herrühren. In Paris waren viele Kirchen und Klöster zu

Ruinen geworden oder standen zum Verkauf. Der Riesenpalast in Versailles, der so lange der glänzende Mittelpunkt der königlichen Regierung gewesen war, stand leer, in seinen Höfen wuchs das Unkraut. Aber auch das alte Pariser Schloß, die Tuilerien, stand wieder leer, denn das Direktorium hatte sich in dem kleineren Luxemburg-Palais niedergelassen, das während der Schreckensherrschaft als Gefängnis gedient hatte.

In der Pariser Gesellschaft spielten jetzt die Frauen die Hauptrolle. Man versammelte sich in den Salons der großen Damen – wie dem von Thérésa Cabarrus, der früheren Marquise de Fontenay, dann Freundin und später Gattin des Thermidorianers Tallien, genannt »Notre Dame de Thermidor«, die während der Schreckensherrschaft der Guillotine nur mit knapper Not entronnen war; oder dem der Madame Recamier, Freundin von Benjamin Constant, Chateaubriand und Madame de Staël, oder dem Salon von Joséphine de Beauharnais, deren Mann 1794 guillotiniert worden war, Freundin von Barras und später Gemahlin Napoleon Bonapartes. Allen diesen Frauen war gemeinsam, daß sie Freundschaften mit mehreren Männern eingegangen waren; das wurde nun allgemein akzeptabel.

Viele der alten ländlichen Feudalsitze standen leer oder waren von Spekulanten übernommen worden. Manche Emigranten waren aber auch zurückgekehrt. Zwar war das Direktorium den Emigranten im Prinzip feindlich gesonnen, da man aus dieser Richtung nur Unruhen erwarten konnte. Doch die Regierungsbestimmungen wurden nicht mehr so strikt befolgt wie zur Zeit Robespierres, denn dem Regime fehlte es an allgemeiner Achtung. So gelang es etwa Madame de Staël, ihren Freund Talleyrand, den ehemaligen Bischof von Autun, der seit 1792 in England und Amerika im Exil gelebt hatte, nach Paris zurückzuholen, wo er in der letzten Zeit des Direktoriums und vor allem unter Napoleon eine entscheidende Rolle in der französischen und europäischen Politik spielen sollte.

Man schätzt, daß während der Revolutionszeit etwa einhundertfünfzigtausend Menschen aus Frankreich emigriert sind und ungefähr zwanzigtausend aus politischen Gründen hingerichtet worden sind. Trotz aller innenpolitischen Kämpfe war Frankreich noch immer die volkreichste Nation Europas, mit achtundzwanzig Millionen Einwohnern, und militärisch unbedingt die stärkste. Ihre Heere kämpften gleichzeitig in Belgien, am Rhein, in der Schweiz, in Italien und in Ägypten, und meist erfolgreich, und ihre Armeen trugen die Ideen von 1789 durch ganz Europa.

Dabei bleibt erstaunlich, wie wenig sich, inmitten der grundlegenden Umwälzungen, der französische Kunststil änderte. Als die Theater nach dem 9. Thermidor wieder geöffnet wurden, wurden wieder Voltaire, Corneille, Racine, Molière gespielt, wie zur Zeit Ludwigs XV. und XVI. Der neoklassizistische Stil, der das Rokoko ablöste, hatte schon lange vor 1789 begonnen. Sein Zurückgreifen auf klassische, einfachere Formen entsprach dem historischen Denken der Revolutionäre, die im klassischen Altertum ihr Vorbild sahen und Männer wie Gracchus und Brutus zu ihren Helden kürten, und der führende Maler der Revolutionszeit, Jacques Louis David, der nicht nur die Malerei, sondern auch die Innendekoration und Moden der Epoche entscheidend beeinflußte, baute ganz auf griechischen und hellenistischen Vorbildern auf.

Das Verhältnis zwischen Kirche und Staat hatte sich dagegen seit 1789 entscheidend verändert und fand nie wieder in die alten Geleise zurück. Das alte Bündnis von Thron und Altar wurde aufgelöst. Aber während man sich am Anfang auf Verweltlichung des Staates und eine Zivilverfassung für die Kirche beschränkte, verschärfte sich der Gegensatz zur Zeit des Konvents immer mehr, größtenteils wegen der staatsfeindlichen Haltung der eidverweigernden Priester. Priesterehe und Ehescheidungen wurden erlaubt, und der neue Kalender wie die Einführung der Dekade statt des Sonntags waren antikirchliche Maßnahmen, wie auch die Versuche, die »Vernunftreligion« und die Verehrung des »Höchsten Wesens«, wie auch der »theophilanthropische Kult« La Revellières. Sie verschwanden zwar sehr bald von der Bildfläche, und unter dem Konsulat setzte sich die religiöse Restauration sehr schnell wieder durch. Aber die Kirche blieb dem Staat untergeordnet, und eine gewisse Gleichgültigkeit und Feindseligkeit des Staates gegenüber allem Kirchlichen blieb bestehen. Ein Beispiel: Die Abtei von Cluny, Mittelpunkt der kirchlichen Reformbewegung und einst die größte und eine der schönsten Kirchen der Welt, wurde 1798 an einen Bauunternehmer verkauft, der ihren Abbruch veranlaßte. Nur ein kleiner Teil des Riesenkomplexes steht heute noch, denn der Abbruch wurde durch die gesamte Konsular- und Kaiserzeit bis tief in die Restaurationszeit fortgesetzt und erst im Jahre 1823 gestoppt!

CHRONOLOGIE

1794 *1. August (14. Thermidor II): Das Prairialgesetz vom 10. Juni gegen die »Verdächtigen« wird aufgehoben. Fouquier-Tinville, der öffentliche Ankläger der Schreckenszeit, wird selbst angeklagt.

5. bis 10. August (18. bis 23. Thermidor II): Das Sicherheitskomitee entläßt vierhundertachtundsiebzig Gefangene, darunter Talliens Freundin Thérésa Cabarrus; sie wird Talliens Frau, später die Geliebte von Barras.

9. August (22. Thermidor II): In Nizza wird Napoleon Bonaparte als Anhänger Robespierres verhaftet, am 20. August aber wieder freigelassen.

10. August (23. Thermidor II): Das Revolutionstribunal wird umgestaltet, hin zu einer fairen Prozeßführung.

24. August (7. Fructidor II): Die Regierung wird in sechzehn Komitees umgestaltet.

29. August (12. Fructidor II): Es findet die erste antijakobinische Kundgebung der »Jeunesse dorée« auf den Boulevards von Paris statt.

1. September (15. Fructidor II): Die »Thermidorianer« Collot d'Herbois, Billaud-Varenne und Barère scheiden aus dem Wohlfahrtsausschuß aus. Tallien wird ebenfalls zum Rücktritt gezwungen.

3. September (17. Fructidor II): Die erste Nummer des *Journal de la liberté* von François Noël (Gracchus) Babeuf erscheint; später in *Le Tribun du peuple* umbenannt.

18. September (2. Ergänzungstag II): Der Konvent verabschiedet ein Dekret, in dem die Kirche vom Staat getrennt wird, d.h., der Staat finanziert die Kirche nicht mehr.

1794 21. September (5. Ergänzungstag II): Die sterblichen Überreste Marats werden im Panthéon beigesetzt.

3. Oktober (12. Vendémiaire III): In Paris werden die Sansculottenführer verhaftet.

11. Oktober (20. Vendémiaire III): Die sterblichen Überreste Rousseaus werden ins Panthéon überführt.

13. Oktober (22. Vendémiaire III): Jean-Baptiste Carrier, der in Nantes Massen-Ertränkungen und andere Greueltaten im Namen der Republik gegen deren Feinde hat begehen lassen, wird verhaftet und angeklagt. Er wird im Dezember hingerichtet.

20. Oktober (8. Brumaire III): Eine Untersuchungskommission wird eingesetzt, die vor der Verhaftung eines Deputierten zuerst zu recherchieren hat.

Ende Oktober: Der Kurs der Assignaten ist auf zwanzig Prozent der Metall-Livres gesunken.

9. und 11. November (19. und 21. Brumaire III): Die Muscadins (Stutzer) greifen den Pariser Jakobiner-Klub an.

12. November (22. Brumaire III): Auf Betreiben der Jeunesse dorée wird der Pariser Jakobiner-Klub von Legendre, einem ehemaligen radikalen Jakobiner, geschlossen.

26. November (6. Frimaire III): Die Einfuhrkontrollen, ausgenommen die Importe aus feindlichen Ländern, werden aufgehoben.

2. Dezember (12. Frimaire III): Der Konvent bestätigt die von Carnot geforderte Amnestie für die Aufständischen der Vendée, die innerhalb eines Monats ihre Waffen niederlegen; ihnen wird auch die freie Religionsausübung zugesichert.

Ähnliche Abkommen mit anderen Royalistenführern werden im Februar und April 1795 getroffen.

1794 8. Dezember (18. Frimaire III): Die dreiundsiebzig Girondisten, die am 31. Mai 1793 ausgeschlossen worden waren, kehren in den Konvent zurück.

24. Dezember (4. Nivôse III): Das Maximum-Gesetz vom 29. September 1793 wird aufgehoben. Die Bevölkerung begrüßt zunächst diese Maßnahme, doch werden dadurch und durch die weitere Abwertung der Assignaten bald die Einkommen der Handwerker und Lohnempfänger stark vermindert.

1795 2. Januar (13. Nivôse III): Der freie Handel mit dem Ausland ist wieder zugelassen.

10. Januar (21. Nivôse III): Der Konvent beschließt die Durchführung eines jährlichen Feiertages (21. Januar), der »die gerechte Bestrafung des letzten Königs der Franzosen« in Erinnerung halten soll.

*19. Januar (30. Nivôse III): *Le Réveil du peuple*, die Hymne der antirevolutionären Jeunesse dorée, wird zum erstenmal gesungen.

21. Januar (2. Pluviôse III): Feier der Hinrichtung Ludwigs XVI.

31. Januar (12. Pluviôse III): Die Jeunesse dorée beginnt damit, Büsten Marats aus Theatern und von öffentlichen Plätzen zu entfernen.

4. Februar (19. Pluviôse III): Ein Komplott Babeufs wird unterdrückt, er wird verhaftet und bis September festgehalten. Seine Gefährlichkeit für die Bourgeoisie übertreibt Carnot absichtlich.

1795 5. Februar (20. Pluviôse III): Auf Drängen der Jeunesse dorée beschließt der Konvent, die sterblichen Überreste der Helden der Revolution, darunter auch Marats, aus dem Panthéon entfernen zu lassen, da sie noch keine zehn Jahre tot sind. Auch Davids Gemälde zur Erinnerung an Marat wird aus der Versammlungshalle des Konvents entfernt.

14. Februar (26. Pluviôse III): In Lyon werden die ersten Jakobiner umgebracht.

17. Februar (29. Pluviôse III): Die Französische Republik und die Führer der Chouans unterzeichnen einen Vertrag, in dem letzteren die freie Religionsausübung und die Übernahme ihrer Truppen in die republikanische Armee garantiert wird.

21. Februar (3. Ventôse III): Der Konvent proklamiert die freie Religionsausübung und die Trennung von Kirche und Staat.

24. Februar (6. Ventôse III): In den Departements und in Paris werden Zentralschulen eingeführt, in der Hauptstadt deren drei.

2. März (12. Ventôse III): Barère, Collot d'Herbois, Billaud-Varenne und Vadier werden verhaftet und angeklagt; letzterem gelingt es zu fliehen.

10. März (20. Ventôse III): In Toulon ermorden die Sansculotten sieben inhaftierte Emigranten.

17. März (27. Ventôse III): In Paris brechen Hungeraufstände aus.

19. März (29. Ventôse III): In Paris geht das Mehl aus. Der Kurs der Assignaten ist auf acht Prozent ihres Nominalwertes gesunken.

1795 21. März (1. Germinal III): Der Konvent ordnet an, daß alle, die einem Abgeordneten Gewalt androhen, mit dem Tode oder der Deportation bestraft werden.

Beginn des Gerichtsverfahrens gegen Barère, Collot d'Herbois und Billaud-Varenne vor dem Konvent. Carnot erklärt, daß der Konvent, falls er diese Männer verurteile, sich selbst verurteilen würde.

Die Frauen aus dem Faubourg Saint-Antoine ziehen vor den Konvent und verlangen eine Lösung der Lebensmittelversorgungs-Krise und rufen nach der Verfassung von 1793.

1. April (12. Germinal III): Unter der Führung von Ecks versammelt sich in Notre Dame eine Menschenmenge, die den Konvent für vier Stunden besetzt. Pichegru unterdrückt, mit Hilfe von Barras, den Aufstand, es kommt jedoch bereits am nächsten Tag zu weiteren Unruhen.

Der Konvent verhängt den Ausnahmezustand über Paris.

Noch bevor der Prozeß gegen sie abgeschlossen ist, werden Barère, Baillaud-Varenne und Collot d'Herbois nach Guyana verbannt.

An diesem Tag und am 5. April (16. Germinal III) werden sechzehn Abgeordnete der Bergpartei wegen Beteiligung an der Tyrannei vor dem 9. Thermidor inhaftiert.

10. April (21. Germinal III): Der Konvent geht nochmals gegen Terroristen aus der Zeit vor dem 9. Thermidor vor: Diesen werden alle Zivil- und Bürgerrechte aberkannt. Davon sind in Paris etwa sechzehnhundert Personen betroffen.

11. April (22. Germinal III): Der Konvent bildet eine elfköpfige (mit sechs Girondisten) Verfassungskommission. (Die Verfassung von 1793 kam nicht mehr ernsthaft in Betracht.)

23. April (4. Floréal III): Der Konvent ernennt eine neue elfköpfige Verfassungskommission.

1795 4. Mai (15. Floréal III): In Lyon und Marseille werden inhaftierte Jakobiner grausam massakriert.

7. Mai (18. Floréal III): Nach achtmonatiger Haft und einem langwierigen Prozeß werden Fouquier-Tinville und vierzehn Geschworene des Revolutionstribunals zum Tode verurteilt und hingerichtet.

20. bis 24. Mai (1. bis 5. Prairial III): Aufstände in Paris, die vom Faubourg Saint-Antoine ihren Ausgang nehmen. Der Konvent wird vom Volk besetzt, das »Brot und die Verfassung von 1793« fordert. Der Delegierte Féraud wird getötet und sein Kopf auf einer Pike dem neuen Konventspräsidenten Boissy d'Anglas präsentiert. Dieser läßt sich jedoch nicht einschüchtern, und die Menge wird schließlich von der Nationalgarde, dann von der Armee vertrieben, wobei zum erstenmal Murat in Erscheinung tritt. Die »Thermidorianer« machen die Bergpartei für die Aufstände verantwortlich und veranlassen weitere Verhaftungen. Die Nationalgarde erweist sich in diesen Tagen als unzuverlässig; der Widerstand der Aufständischen wird erst durch ein Freiwilligen-Armeekorps unter General Menou gebrochen.

Von manchen Historikern wird im Scheitern dieses letzten Volksaufstandes das eigentliche Ende der Revolution gesehen.

31. Mai (12. Prairial III): Das Revolutionstribunal wird aufgehoben.

8. Juni (20. Prairial III): Der Thronfolger, von den Royalisten als Ludwig XVII. anerkannt, ist im Temple gestorben ein schwerer Schlag für die Königstreuen. Der »Comte de Provence«, der jüngere Bruder Ludwigs XVI., nennt sich von nun an Ludwig XVIII.

12. Juni (24. Prairial III): Sechs Abgeordnete, die wegen ihrer Teilnahme an den Unruhen vom 20. bis 24. Mai verurteilt worden sind, begehen Selbstmord.

1795 23. Juni (5. Messidor) bis 21. Juli (3. Thermidor III): Etwa dreieinhalbtausend Emigranten aus England landen in der Bretagne an der Bucht von Quiberon, um sich mit den Aufständischen in der Vendée zu vereinigen. England stellt auf Betreiben von Graf d'Artois dafür die Schiffe zur Verfügung. Der republikanische General Hoche erfährt rechtzeitig von dem Unternehmen und riegelt die Eindringlinge ab. Siebenhunderteinundfünfzig Emigranten werden gefangengenommen, siebenhundertachtundvierzig von ihnen läßt Tallien erschießen. Damit ist der Bruch zwischen »Thermidorianern« und Monarchisten im Konvent endgültig vollzogen.

24. Juni (6. Messidor III): Im Manifest von Verona nimmt der »Comte de Provence« den Namen Ludwig XVIII. an und beansprucht den französischen Thron.

4. Juli (16. Messidor III): Erste Lesung der vorgeschlagenen Verfassung.

14. Juli (26. Messidor III): Zum erstenmal seit einem Jahr wird die *Marseillaise* wieder gesungen – in Reaktion auf die englische Invasion und die Unternehmungen der extremen Royalisten.

21. Juli (3. Thermidor III): Der Vendée-Führer Charette läßt aus Rache für die Tötung der Royalisten in der Bucht von Quiberon eintausend gefangene Republikaner erschießen.

9. August (22. Thermidor III): Zehn Abgeordnete der Bergpartei, darunter Fouché, werden angeklagt.

15. August (28. Thermidor III): Der Franc wird die offizielle Münzeinheit.

22. August (5. Fructidor III): Der Konvent nimmt die neue (dritte) »Verfassung des Jahres III« an, der eine Erklärung der Rechte und Pflichten vorausgeht: Zweikammersystem,

bestehend aus dem Rat der Alten (zweihundertfünfzig Mitglieder) und dem Großen Rat oder dem Rat der Fünfhundert (nach der Zahl seiner Abgeordneten). Letzterer schlägt die Gesetze vor, der erstere beschließt über sie. Die exekutive Gewalt liegt beim Direktorium, das aus fünf Personen besteht und vom Rat der Alten nach Listen gewählt wird, die der Große Rat vorlegt. Jedes Jahr wird ein Direktor und ein Drittel der Abgeordneten der beiden Kammern ausgewechselt. Dies soll eine Präventivmaßnahme gegen die Gefahren einer Diktatur und den Minoritätenterror darstellen. Die Wahl erfolgt diesmal indirekt, aber geheim.

1795 *22. und 31. August (5. und 13. Fructidor III): Der Konvent versucht, bei der bevorstehenden Neuwahl sich eine Zweidrittelmehrheit aller Abgeordneten zu sichern. Diese Maßnahmen sind bei den Royalisten und Gemäßigten höchst unpopulär. Der Haß richtet sich besonders auf Tallien und Marie-Joseph Chénier, den Bruder des hingerichteten Dichters Chénier.

13. September (27. Fructidor III): Die Armee schlägt die in Château-en-Thymerais und Dreux ausgebrochenen Aufstände nieder.

17. September (1. Ergänzungstag III): In Chartres kommt es zu einem Hungeraufstand.

23. September (1. Vendémiaire IV): Die Wahlergebnisse für die Direktorialverfassung werden bekanntgegeben: Über neunhunderttausend haben dafür, rund zweiundvierzigtausend dagegen gestimmt. Für die Beschlüsse zur Zweidrittelmehrheit haben nur rund einhundertsiebzigtausend (gegen fünfundneunzigtausend Neinstimmen) gestimmt.

Die Verfassung wird zwei Tage später zum Gesetz erklärt.

23. September bis 5. Oktober (1. bis 13. Vendémiaire IV): Angestiftet von der Jeunesse dorée kommt es zu Unruhen,

die sich gegen den Konvent richten. Die Jeunesse dorée befürchtet, daß dieser erneut Jakobiner und frühere Terroristen einsetzen wird.

1795 3. Oktober (11. Vendémiaire IV): Zu seinem eigenen Schutz ernennt der Konvent ein außerordentliches Komitee, dessen Vorsitz Barras innehat. Barras stellt am darauffolgenden Tag drei Bataillone, genannt die »Patrioten von 1789«, auf und setzt drei neue Generäle ein: Brune, Carteaux und Bonaparte.

5. Oktober (13. Vendémiaire IV): Letzter großer Aufstand in Paris. Die Royalisten, geführt von Danican, greifen mit zwanzig- bis fünfzigtausend Mann an und besetzen das linke Seineufer, werden dann aber von den Truppen des Konvents und deren Kanonen auseinandergetrieben. Es gibt dreihundert Tote und Verwundete. Bonaparte spielt unter Barras' Befehl bei den Kämpfen eine entscheidende Rolle.

16. Oktober (24. Vendémiaire IV): Bonaparte wird befördert.

21. Oktober (29. Vendémiaire IV): Die Wahlen zu den beiden Kammern sind beendet, wobei die Royalisten große Erfolge verbuchen konnten. Tallien versucht am nächsten Tag im Konvent, die Wahlen rückgängig zu machen.

23. Oktober (1. Brumaire IV): Die im Umlauf befindlichen zwanzig Milliarden Assignaten sind auf drei Prozent ihres Nominalwertes gesunken.

25. Oktober (3. Brumaire IV): Das Institut für Wissenschaften und Künste in Paris wird gegründet (drei Abteilungen, einhundertvierundvierzig Mitglieder). Es wird 1803 von Napoleon umorganisiert.

Letztes Gesetz des Konvents, das die Verwandten der Emigranten von allen Ämtern ausschließt. Ferner werden neue Terrorgesetze gegen Priester verabschiedet; die Monarchisten opponieren stark dagegen.

1795 26. Oktober (4. Brumaire IV): Letzte Sitzung des Konvents, der eine Amnestie für alle Abgeordneten erläßt, die er ins Gefängnis geschickt hat. Der Konvent löst sich auf.

Die Place de la Révolution wird in Place de la Concorde umbenannt.

Napoleon wird Befehlshaber der Armee des Inneren.

31. Oktober (9. Brumaire IV): Das Direktorium wird gewählt. Seine fünf Mitglieder sind allesamt »Königsmörder«, d.h., sie haben für den Tod des Königs gestimmt.

Barras übernimmt Polizei und Inneres, der Elsässer Reubell Diplomatie, Finanzen und Justiz, beide sind radikale Linke. Carnot (Kriegsministerium), ehemaliger Jakobiner, entpuppt sich als der Gemäßigtste, Letourneur (Flotte) ist ebenfalls gemäßigt, La Revellière-Lépeaux (Erziehung, Kunst, Industrie), ehemaliger Girondist, steht in der Mitte. Sieyès lehnte seine Wahl ab, da er seinen Verfassungsplan nicht durchgebracht hatte.

Die führende Rolle spielen zuerst Carnot, dann – vom Frühjahr 1797 an – Barras, der Mann des 9. Thermidor (1794) und 31. Vendémiaire (1795).

Ende Oktober: Hundert Livres in Papier-Assignaten sind nur noch 1,4 Livres in Metall wert.

3. November (12. Brumaire IV): Es werden Ministerien gebildet.

16. November (25. Brumaire IV): Der Marat-Anhänger Lebois gründet den Panthéon-Klub.

*30. November (9. Frimaire IV): Im *Tribun du peuple* erscheint Babeufs Manifest der Plebejer, in dem er das Glück aller und die tatsächliche Gleichheit aller durch Besitz- und Arbeitsgemeinschaft fordert.

1795 5. Dezember (14. Frimaire IV): Babeuf soll verhaftet werden, er taucht unter.

26. Dezember (5. Nivôse IV): »Madame Royale«, die Tochter Ludwigs XVI., wird freigelassen und gegen die bei den Österreichern einsitzenden Konventskommissare ausgetauscht.

Im Dezember: Die schlechte Ernte der beiden letzten Jahre hat den schlimmsten Revolutionswinter (1795/96) zur Folge. Straßenraub und Mord sind an der Tagesordnung, ungezählte Bettler bevölkern die Straßen.

1796 2. Januar (12. Nivôse IV): Ein allgemeines Polizeiministerium wird gebildet. Merlin de Douai, der Verfasser des Gesetzes gegen die Verdächtigen, wird erster Polizeiminister.

19. Februar (30. Pluviôse IV): Die Ausgabe von Assignaten wird eingestellt; im Augenblick sind einunddreißig Milliarden im Umlauf.

23. Februar (4. Ventôse IV): Der Chouans-Führer Stofflet, der auf Anordnung des Grafen d'Artois wieder zu den Waffen gegriffen hatte, wird gefangengenommen und am folgenden Tag in Angers erschossen.

28. Februar (9. Ventôse IV): Auf Befehl des Direktoriums schließt General Bonaparte den Panthéon-Klub.

2. März (12. Ventôse IV): Bonaparte wird zum Befehlshaber der Italienarmee ernannt.

18. März (28. Ventôse IV): Das Direktorium gibt neues Papiergeld aus, genannt »Mandat territorial«, das jedoch innerhalb weniger Wochen zwei Drittel seines Wertes verliert. Da die Mandats zum Ankauf von öffentlichem Besitz zugelassen sind, wechseln innerhalb kurzer Zeit riesige Landgebiete ihren Besitzer.

1796 23. März (3. Germinal IV): General Hoche, Befehlshaber der Westarmee, schlägt den Vendée-Führer Charette in die Flucht, der in Marais gefangengenommen und am 29. März (9. Germinal) in Nantes erschossen wird.

30. März (10. Germinal IV): Nach der Schließung des Panthéon-Klub gründet Babeuf mit dem Pisaner Filipo Buonarotti das »Das Aufstands-Komitee zur Verschwörung für die Gleichheit« und beginnt mit der Vorbereitung einer Verschwörung.

*6. April (17. Germinal IV): Babeuf und seine Anhänger veröffentlichen das *Manifest der Gleichen.*

April: Die Aufstände in der Vendée werden niedergeschlagen; das Direktorium löst die Westarmee auf.

10. Mai (21. Floréal IV): Carnot informiert das Direktorium und die Öffentlichkeit über Babeufs Umsturzabsichten und läßt diesen und seine Anhänger, meist ehemalige Anhänger von Marat, Hébert und Robespierre, verhaften.

Juli: Die Verhandlungen zwischen Pius VI. und dem Direktorium scheitern, da der Papst den Zivilstatus der Geistlichen nicht anerkennen will.

31. Juli (13. Thermidor IV): Das Experiment mit dem Mandat territorial ist beendet. Die Begleichung des Staatsbesitzes erfolgt nun in Mandaten zum Kurswert in Metall. Diese Maßnahme kommt jedoch zu spät, sie kann die billige Verschleuderung von Staatseigentum nicht mehr verhindern.

26. August (9. Fructidor IV): Die inhaftierten Babeufisten werden von Paris nach Vendôme verlegt.

9. September (23. Fructidor IV): Im Pariser Grenelle-Distrikt wird ein Aufstand der Anhänger Babeufs niedergeschlagen.

1797 Januar: Der Abbé Brottier plant einen Militärcoup gegen das Direktorium. Er wird jedoch von Oberst Malo verraten; Brottier und seine Mitverschwörer werden zu zehn Jahren Gefängnis verurteilt. Im Direktorium wächst der Einfluß von Barras, während der von Carnot schwindet.

La Revellière begründet den »theophilantropischen Kult«, der dem der Freimaurer in gewissem Maße ähnelt. Nach dem Vernunftkult und der Anbetung des Höchsten Wesens ist dies ein weiterer Versuch, das Christentum durch eine andere religiöse Richtung zu ersetzen.

4. Februar (16. Pluviôse V): Künftig erfolgt der Bargeldverkehr nur noch in Münzen. Diese Umstellung wird möglich durch die Siege der Maas-, Sambre- und Italienarmee, die erbeutetes Münzgeld nach Frankreich geschickt haben.

19. Februar (1. Ventôse V): Die Ausgabe von Assignaten wird endgültig und für immer eingestellt. Die Druckplatten werden in einer besonderen Zeremonie vernichtet.

20. Februar (2. Ventôse V): Erster Tag des Prozesses gegen Babeuf und seine Anhänger.

25. Februar (7. Ventôse V): Da das Direktorium bei den bevorstehenden Wahlen einen starken Umschwung hin zu den Royalisten befürchtet, wird den zurückgekehrten Emigranten das Wahlrecht entzogen.

März: Bei den Wahlen für ein Drittel der beiden Räte erzielen die Royalisten, trotz aller Gegenmaßnahmen des Direktoriums, einen großen Sieg.

20. Mai (1. Prairial V): Infolge der Märzwahlen gelangen drei Royalisten in leitende Positionen: Pichegru wird Präsident des Rates der Fünfhundert, Barbé-Marbois Präsident des Rates der Alten und Letourneur, der aus dem Direktorium durch Los ausgeschieden ist, wird durch den Diplomaten Barthélemy ersetzt.

1797 27. Mai (8. Prairial v): Babeuf und einer seiner Anhänger, Darthé, werden in Vendôme hingerichtet. Buonarotti erhält eine Gefängnisstrafe.

4. Juni (16. Prairial v): Der Kreis der Konstitutionellen (Cercle constitutionel) oder Salm-Klub tritt zusammen. Er besteht aus gemäßigten, nicht-terroristischen Abgeordneten wie Talleyrand, Tallien, Daunou, Garat, Sieyès.

14. Juni (21. Prairial v): Um die Macht des Direktoriums einzuschränken, übertragen die beiden Kammern dem Finanzministerium die vollständige Kontrolle der öffentlichen Finanzen.

24. Juni (6. Messidor v): Barras wendet sich an Hoche und bittet diesen, gegen die royalistische Mehrheit im Rat der Fünfhundert einen Staatsstreich durchzuführen.

27. Juni (9. Messidor v): Das Gesetz vom 25. Oktober 1795 gegen die Priesterschaft wird aufgehoben.

1. Juli (13. Messidor v): Hoche, der einzige Befehlshaber, der eindeutig für die Regierung Stellung bezieht, sendet neuntausend Soldaten nach Paris. Die anderen Generäle, Moreau am Rhein und Bonaparte in Italien, verhalten sich abwartend.

14. Juli (26. Messidor v): Hoche (Kriegsministerium) und Talleyrand (Außenpolitik) treten in die Regierung ein und stärken damit die republikanischen »Triumvirn« Barras, Reubell und La Revellière gegen Carnot und die Royalisten.

17. bis 20. Juli (29. Messidor bis 2. Thermidor v): Die Truppen von Hoche setzen sich in Paris fest.

22. Juli (4. Thermidor v): Hoche wird entlassen und durch Scherer ersetzt.

1797 27. Juli (9. Thermidor v): Napoleon schickt d'Augereau nach Paris, um Hoche bei der Vorbereitung eines Staatsstreichs zu ersetzen. D'Augereau trifft am 7. August ein.

8. August (21. Thermidor v): D'Augereau übernimmt den Oberbefehl über die 17. Militärdivision, die für Paris zuständig ist.

15. August (28. Thermidor v): Das erste nationale Konzil des verfassungstreuen Klerus findet in Notre Dame statt.

25. August (8. Fructidor v): La Revellière wird anstelle Carnots Präsident des Direktoriums.

3. September (17. Fructidor v): Die beiden Kammern beschließen, Barras, Reubell und La Revellière unter Anklage zu stellen – zu spät!

4. September (18. Fructidor v): Staatsstreich der Triumvirn gegen die Kammern. D'Augereau verhaftet Pichegru, der sich an der royalistischen Verschwörung beteiligt hat, sowie dessen Freunde in den Kammern und Barthélemy. Carnot versteckt sich und flieht später aus Frankreich. Große Proklamation des Rumpf-Direktoriums und Rückkehr zu Terrormaßnahmen: Wer für die Monarchie oder die Verfassung von 1793 eintritt, wird erschossen. Dreiundfünfzig Abgeordnete, darunter Barthélemy und Carnot, werden nach Guyana verbannt. In neunundvierzig Departements werden die Wahlen für ungültig erklärt. Die letzten Terrormaßnahmen des Konvents vom 25. Oktober 1795 werden wieder eingeführt. Die demoralisierten Kammern stimmen allem zu.

8. September (22. Fructidor v): Durch ein neues Gesetz wird die Presse der Kontrolle durch die Polizei unterstellt. Die Herausgeber von zweiundvierzig royalistischen Journalen werden deportiert. Damit ist die Militärdiktatur geschaffen.

François de Neufchâteau und Merlin de Douai werden Direktoren anstelle von Carnot und Barthélemy.

1797 30. September (9. Vendémiaire VI): Finanzminister Ramel bringt ein Gesetz zur Tilgung von zwei Dritteln der hohen Staatsverschuldung ein: Die Regierung zahlt in Bonds, die aber nur zum Ankauf von Grund verwendet werden können, der dem Adel oder der Geistlichkeit gehört hat.

17. Dezember (27. Frimaire VI): Das Direktorium verbietet sechzehn royalistische Journale.

1798 11. Mai (22. Floréal VI): Ein weiterer Staatsstreich des Direktoriums und der beiden Kammern gegen die »Linke«: Durch Gesetze werden die Wahlergebnisse revidiert und einhundertsechs Jakobiner von den Kammern ausgeschlossen und durch gemäßigtere Abgeordnete ersetzt.

17. Juni (29. Prairial VI): François de Neufchâteau, der aus dem Direktorium ausgeschieden und durch Treilhard ersetzt worden ist, wird Innenminister und führt innerhalb eines Jahres eine Reihe von aufgeklärten Reformen in der Industrie durch.

4. August (17. Thermidor VI): Die »Decadi«, jeder zehnte Tag, werden als Sonntage und offizielle Ruhetage eingeführt. Ein regelrechter Kult für diese Tage – in den Schulen usw. – wird durch Gesetz vom 9. September (23. Fructidor) festgelegt.

5. September (19. Fructidor VI): Auf Betreiben General Jourdans wird die allgemeine Wehrpflicht für alle Männer zwischen zwanzig und fünfundzwanzig Jahren wieder eingeführt.

24. September (3. Vendémiaire VII): Es werden zweihunderttausend Mann zum Militärdienst aufgerufen; nur etwa ein Drittel folgt der Einberufung.

1798 15. Oktober (24. Vendémiaire VII): Die erste Nationale Industrieausstellung, von Innenminister Neufchâteau organisiert, wird eröffnet.

23. November (3. Frimaire VII): Es wird eine Grundsteuer eingeführt.

24. November (4. Frimaire VII): Es wird eine Steuer für Türen und Fenster eingeführt.

1799 18. April (29. Germinal VII): Die Wahlen zu den beiden Kammern stärken die Linke und die Gegner der Direktorialregierung. Sieyès, zum Direktor ernannt, ist ein scharfer Gegner der Direktorialverfassung.

16. Mai (27. Floréal VII): Reubell scheidet durch Los aus dem Direktorium aus; an seine Stelle tritt Sieyès.

16. bis 20. Juni (28. Prairial bis 2. Messidor VII): Es kommt zu einem Regierungskonflikt, in dem die beiden Kammern mit Hilfe von Barras und Sieyès das Direktorium in linksrepublikanischem Sinne umgruppieren.

28. Juni (10. Messidor VII): Den Reichen wird eine Anleihe in Höhe von hundert Millionen auferlegt, um die Aushebung neuer Truppen zu finanzieren.

2. Juli (14. Messidor VII): Bernadotte wird Kriegsminister.

6. Juli (18. Messidor VII): Die »Réunion d'amis de la liberté et de l'égalité«, eine Art Jakobiner-Klub, wird gegründet.

12. Juli (24. Messidor VII): Das Geisel-Gesetz: In allen Departements können Verwandte von Emigranten oder Chouans als Geiseln festgehalten werden, von denen je vier deportiert werden, sobald ein Beamter, ein »konstitutioneller« Priester oder ein Ankäufer von Staatsbesitz einem Mord zum Opfer fällt.

1799 20. Juli (2. Thermidor VII): Sieyès setzt eine Reihe von Ernennungen ihm genehmer Persönlichkeiten durch (Cambacérès, Ducos, Fouché, Lindet) und macht sich so zum Führer des Direktoriums.

6. August (19. Thermidor VII): In Bordeaux kommt es zu einer royalistischen Revolte.

13. August (26. Thermidor VII): Die »Réunion d'amis de la liberté et de l'égalité« wird wieder geschlossen.

14. September (28. Fructidor VII): Auf Veranlassung von Sieyès wird Bernadotte, der verdächtigt wird, einen jakobinischen Staatsstreich vorzubereiten, entlassen.

15. September (29. Fructidor VII): Die überlebenden royalistischen Rebellenführer der Vendée und der Chouans schließen sich zusammen, um einen neuen Aufstand in die Wege zu leiten.

14. Oktober (22. Vendémiaire VIII): General Moreau weigert sich, einen von Sieyès vorgeschlagenen Staatsstreich durchzuführen.

Die Chouans erobern Le Mans.

19. Oktober (27. Vendémiaire VIII): Die Chouans unter Châtillon und d'Andigné erobern Nantes.

23. Oktober (1. Brumaire VIII): Lucien Bonaparte, ein jüngerer Bruder Napoleons, wird Präsident des Rates der Fünfhundert.

29. Oktober (7. Brumaire VIII): Nach anfänglichen Erfolgen werden die Vendée-Truppen bei Cholet zurückgeschlagen. Von nun an ist diese royalistische Bewegung im Abflauen begriffen.

ZITATE

Charles de Lacretelle, Pariser Bürger, nach dem Fall Robespierres:

Die Leute umarmten sich auf der Straße und in den Vergnügungsstätten und waren so überrascht, sich noch unter den Lebenden zu finden, daß ihre Freude fast in Wahnsinn umschlug.

Georges Duval, Gerichtsschreiber, über die Stimmung nach dem 9. Thermidor:

Die Tanzwut kam ganz plötzlich, spontan und erschreckend. Die Schafotte waren kaum umgestürzt ... und der Boden sog noch immer das Menschenblut auf, das zwei Monate lang über ihn vergossen worden war, als schon öffentliche Tanzvergnügen in der ganzen Hauptstadt organisiert wurden ... Die fröhlichen Töne von Klarinetten, Violinen ... forderten die Überlebenden der Schreckensherrschaft auf, sich dem Vergnügen des Tanzes hinzugeben.

Henri Meister, einer der ersten Fremden, der nach der Schreckensherrschaft Paris besuchte, in seinen Souvenirs, *September 1795:*

Überall, wo die Revolutionsausschüsse sich einnisteten, glaubt man die Spuren des verheerenden Durchzugs einer Armee von Hunnen oder Vandalen zu sehen ... Mehrere dieser Häuser konnte man noch zu dieser Zeit für ein paar Millionen, das heißt für ein Stück Brot, erwerben ...

Die weite Verbreitung und Betriebsamkeit des allgemeinen Feilschens übertreffen alle Vorstellungen ...

Man ist versucht zu glauben, ganz Paris stehe unter einer Zwangsversteigerung ...

Goethe zu Eckermann am 4. Januar 1824:

Es ist wahr, ich konnte kein Freund der Französischen Revolution sein, denn ihre Greuel standen mir zu nahe und empörten mich täglich und stündlich, während ihre wohltätigen Folgen damals noch nicht zu ersehen waren. Auch konnte ich nicht gleichgültig dabei sein, daß man in Deutschland künstlicherweise ähnliche Szenen herbeizuführen trachtete, die in Frankreich Folge einer großen Notwendigkeit waren.

Aus der Hymne Le Réveil du peuple *der Jeunesse dorée, Text von Sourigères, komponiert von Gaveaux (Januar 1795):*

Warum diese barbarische Langsamkeit / Du unabhängiges Volk, beeil dich, / All diese Trinker menschlichen Blutes / Den Ungeheuern zu überantworten.

Madame de Staël über die Konventsbeschlüsse vom 22. und 31. August 1795 (5. und 14. Fructidor III), die den alten Abgeordneten eine Zweidrittelmehrheit in den neuen Kammern sichern sollten:

Diese Beschlüsse durchbrachen den Vertrag, der stillschweigend zwischen Konvent und den anständigen Menschen geschlossen worden war.

Madame de Chastenay, eine junge burgundische Adlige, die nach dem Terror nach Paris zurückkehrte, über den Winter 1796/97:

Nie war ein Winter in Paris so lustig gewesen. In ganz Frankreich wurden des Lebens Freuden hemmungslos genossen. Eine lange Hungerzeit hatte ihr Ende gefunden, Geld erschien wieder und damit eine Fülle von allen Dingen ... Niemand sprach mehr von Denunzianten und Polizisten ... Masken wurden sogar auf den großen Straßen getragen – das ganze Leben war wie ein einziger großer Karneval.

Benjamin Constant in dem Brief vom 1. August 1797 (14. Thermidor V) über die Folgen der »royalistischen« Märzwahlen im selben Jahr:

Seitdem das neue Drittel (der Deputierten) gewählt worden ist, ist die Regierung in ihren Grundlagen erschüttert ... überall werden die Käufer von Nationalgütern ermordet oder ausgeraubt ...

Auszug aus der Deklaration der Aufständischen vom 20. Mai 1795 (1. Prairial III):

... Beschließt das Volk wie folgt;

Artikel 1. Noch heute begeben sich ohne weitere Verzögerung die Bürger und Bürgerinnen von Paris *in Massen* zum Nationalkonvent, um von ihm zu fordern:

1. Brot;
2. die Absetzung der Revolutionsregierung, deren verschiedene

Faktoren der Reihe nach sämtlich ihre Macht dazu mißbraucht haben, das Volk zugrunde zu richten, es auszuhungern und zu versklaven;

3. um vom Nationalkonvent die sofortige Proklamation und Inkraftsetzung der demokratischen Verfassung von 1793 zu fordern;

5. die sofortige Freilassung aller Bürger, die in Haft gehalten werden, weil sie Brot verlangt und ihre Meinung frei geäußert haben;

6. die Einberufung der Urwählerversammlungen zum 25. Prairial dieses Jahres zwecks Neuwahl aller Behörden ...;

7. die Einberufung der Gesetzgebenden Nationalversammlung, die den Konvent ablösen soll, auf den 25. Messidor dieses Jahres.

Artikel 10. Der Schlachtruf des Volkes ist: *Brot und die demokratische Verfassung von 1793.*

Jeder, der während des Aufstandes diese Parole nicht mit Kreide auf seinen Hut geschrieben trägt, wird als Volksaushungerer und Feind der Freiheit betrachtet.

Alle öffentlich gezeigten Fahnen, Standarten oder Feldzeichen müssen ebenfalls diese Parole tragen ...

Aus der Direktorialverfassung vom 22. August 1795 (5. Fructidor III):

Pflichten

Artikel 2. Alle Pflichten des Menschen und des Bürgers fließen aus folgenden zwei von der Natur in alle Herzen eingegrabenen Grundsätzen:

Tue andern nicht, was du nicht willst, daß man dir tu.

Erzeige andern beständig das Gute, welches du selbst von ihnen zu erhalten wünschest.

Artikel 4. Keiner ist *guter* Bürger, wenn er nicht guter Sohn, guter Vater, guter Bruder, guter Freund, guter Gatte ist.

Artikel 5. Keiner ist *ehrlicher Mann,* wenn er nicht aufrichtiger und gewissenhafter Beobachter der Gesetze ist.

Artikel 8. Auf der *Erhaltung des Eigentums* beruhen der Ackerbau, alle Quellen der Arbeit, alle Erzeugnisse und die ganze gesellschaftliche Ordnung.

Gesetzgebende Gewalt

Artikel 44. Der gesetzgebende Körper ist aus einem *Rat der Alten* und einem *Rat der Fünfhundert* zusammengesetzt.

Artikel 53. Beide Räte werden jährlich *zu einem Drittel* erneuert.

Artikel 64. Die *Sitzungen* des einen und des andern Rats sind *öffentlich;* die *Zuhörer* können an Zahl nicht die Hälfte der Mitglieder jedes Rats übersteigen.

Artikel 86. Dem Rate der Alten gehört es ausschließlich zu, die *Beschlüsse des Rats der Fünfhundert zu genehmigen oder zu verwerfen.*

Vollziehende Gewalt

Artikel 132. Die vollziehende Gewalt ist einem *Direktorium von fünf Gliedern* übertragen, welche durch den gesetzgebenden Körper ernannt werden, der alsdann, im Namen der Nation, die Stelle einer Wahlversammlung vertritt.

Artikel 137. Das Direktorium wird teilweise *erneuert,* durch die Wahl eines neuen Mitgliedes, jedes Jahr.

Während der ersten vier Jahre entscheidet das Los über den nach und nach folgenden Abtritt derer, die zum erstenmal ernannt waren.

Artikel 138. Keines der austretenden Glieder kann eher als nach einer Zwischenzeit von fünf Jahren *wieder gewählt* werden.

Auswärtige Verhältnisse

Artikel 326. Der *Krieg* kann nicht anders beschlossen werden, als durch ein Dekret des gesetzgebenden Körpers, auf den förmlichen und notwendigen Vorschlag des Vollziehungsdirektoriums.

Artikel 329. Das *Direktorium allein kann auswärtige politische Verhältnisse* unterhalten, *Unterhandlungen* betreiben, die *Land- und Seemacht,* so wie es solches für dienlich erachtet, verteilen und im Fall eines Krieges deren Leitung bestimmen.

Allgemeine Verfügungen

Artikel 352. Das Gesetz erkennt *kein religiöses Gelübde,* noch irgendeine andere den natürlichen Rechten des Menschen widerstreitende Verpflichtung.

Artikel 353. Niemand kann gehindert werden, seine *Gedanken* zu *sagen,* zu *schreiben,* zu *drucken* und *bekanntzumachen.*

Die *Schriften* können, vor ihrer öffentlichen Bekanntmachung, *keinerlei Zensur* unterworfen werden …

Artikel 354. Niemand kann gehindert werden, den *Gottesdienst,* den er sich erwählt hat, auszuüben, wenn er sich den Gesetzen gemäß verhält.

Niemand kann gezwungen werden, zu den Kosten irgendeines Gottesdienstes beizutragen. Die Republik bezahlt keinen derselben.

Artikel 355. Es gibt weder *Privilegien,* noch *Meisterschaft,* noch *Zunft,* noch *Innung der Handwerker,* noch *Einschränkung der Pressefreiheit,* des *Handels* und der Ausübung der Gewerbsamkeit und der Künste aller Art ...

Babeuf, aus dem Manifest der Plebejer *im* Tribun du peuple *vom 30. November 1795 (9. Frimaire IV):*

Wir werden die Grenzen des Eigentumsrechts festsetzen.

Wir werden beweisen, daß Grund und Boden nicht einzelnen, sondern allen gehört.

... daß alles, was sich jemand mehr davon aneignet, als er zu seiner Ernährung braucht, Diebstahl an der Gesellschaft ist.

... daß das angebliche Veräußerungsrecht ein infames, volksmörderisches Verbrechen darstellt.

... daß das Erbrecht der Familie ein nicht minder großer Greuel ist ...

... Daß Überlegenheit der Talente und des Fleißes nur ein Märchen, ein blendender Betrug ist, der zu allen Zeiten den Komplotten der Verschwörer gegen die Gleichheit einen Schein von Rechtfertigung verschafft hat.

... Daß die Unterschiede des Wertes und des Verdienstes am Produkt der Arbeit der Menschen nur auf der Ansicht beruhen, die einige von ihnen darüber gehegt und zum Sieg verholfen haben.

Daß zweifellos zu Unrecht auf Grund dieser Ansicht der Arbeitstag dessen, der eine Uhr macht, zwanzigmal höher geschätzt wird als der Arbeitstag dessen, der Furchen zieht.

... Daß es widersinnig und ungerecht ist, eine größere Belohnung für denjenigen zu verlangen, dessen Arbeit einen höheren Grad von Intelligenz, mehr Fleiß und geistige Anstrengung erfordert; daß diese keineswegs die Kapazität seines Magens vergrößern.

... Daß es nach obigem klar ist, daß alles, was diejenigen besitzen, die mehr haben als ihren gebührenden Anteil am Reichtum der Gesellschaft, Diebstahl und Usurpation ist.

Daß es also gerecht ist, es ihnen wieder zu nehmen.

... Daß es keinen Mangel geben soll an Sachen, welche die Natur allen schenkt, für alle hervorbringt ...

Daß die Erzeugnisse der gewerblichen Tätigkeit und des Geistes gleichfalls das Eigentum aller, Besitz der gesamten Verbindung der Menschen werden von dem Augenblick an, da die Erfinder und die Arbeiter sie hervorgebracht haben ...

Daß die Erziehung eine Ungeheuerlichkeit ist, wenn sie ungleich, nur das ausschließliche Vorrecht eines Teils der Gesellschaft ist ...

Daß, um es noch genauer zu sagen, man dahin kommen muß, das Schicksal anzuketten, das Los jedes Mitglieds der Gesellschaft unabhängig zu machen von allen glücklichen und unglücklichen Zufällen und Umständen ...

Daß das einzige Mittel, dies zu erreichen, darin besteht, die gemeinschaftliche Verwaltung einzuführen, das Sondereigentum aufzuheben, jedem Menschen nach seiner Anlage und seiner beruflichen Fähigkeit die für ihn geeignete Tätigkeit zuzuweisen ...

Daß diese Regierung verschwinden machen wird die Feldmarken, die Hecken, die Mauern, die Schlösser an den Türen; die Streitigkeiten, die Prozesse, die Diebstähle, die Morde, alle Verbrechen; die Gerichtshöfe, die Gefängnisse, die Galgen, ... den Neid, die Eifersucht, den Hochmut, den Betrug ... mit einem Wort: alle Laster ...

Sylvain Maréchal, Manifest der Gleichen *vom Januar 1796:*

Volk Frankreichs!

Fünfzehn Jahrhunderte hindurch hast du versklavt gelebt, folglich im Unglück. Seit sechs Jahren kaum atmest du ein wenig auf, in Erwartung von Unabhängigkeit, Glück und Gleichheit.

... Wir erklären, es nicht länger dulden zu wollen, daß die überwiegende Mehrheit der Menschen arbeite und ihren Schweiß vergieße im Dienste und nach Lust und Laune einer verschwindenden Minderheit.

... Der Augenblick ist gekommen, die Republik der Gleichen zu gründen, die große, allen Menschen offene Heimstatt ...

Volk Frankreichs,

woran also wirst du in Zukunft die Güte einer Verfassung erkennen? Diejenige, die voll und ganz auf der tatsächlichen Gleichheit beruht, ist die einzige, die dir ansteht ...

Die aristokratischen Verfassungen von 1791 und 1795 schmiedeten deine Ketten enger, statt sie zu brechen. Die Verfassung des Jahres 1793 bedeutete einen großen Schritt hin zur wirklichen Gleichheit, noch nie war man ihr so nahe gekommen; erreicht aber hat sie das Ziel auch nicht, sie reichte nicht hin zum gemeinen Glück, das sie im Grundsatz doch feierlich bejaht hatte.

Volk Frankreichs,

... erkenne und verkünde mit uns die Republik der Gleichen.

Talleyrand in einem Brief vom 5. Juli 1797 (17. Messidor v), kurz nach seiner Rückkehr nach Paris:

Welch ein Kontrast zwischen dem Paris der (Direktorial-)Verfassung und dem der Revolution! Die Revolutionskomitees und Gefängnisse sind verschwunden, und an ihrer Stelle gibt es Tänze, Unterhaltungen und Feuerwerk ... Die Damen des königlichen Hofes sind verschwunden, aber ihren Platz nehmen die Frauen der neuen Reichen ein, und ihnen, wie ihren Vorgängerinnen, folgen die Dirnen, die ihren Luxus und ihre Extravaganz nachzuahmen versuchen. Um diese gefährlichen Sirenen herum schwärmen Horden dieser hirnlosen Geschöpfe ... die man jetzt »Merveilleux« nennt: Die reden über Politik beim Tanzen, sehnen sich nach der Wiederkehr der Monarchie, während sie ihr Eis essen, und gähnen vor Langeweile, wenn sie dem Feuerwerk zusehen.

8 DIE KRIEGSSCHAUPLÄTZE IN DER ZEIT DES DIREKTORIUMS (1796–1799)

Der Geist der französischen Armeen hatte sich seit den ersten Revolutionsjahren gewandelt. Durch die Wiedereinführung der freien Wirtschaft hatte sich ihre Ausstattung verschlechtert. Ihre Generäle wurden nicht mehr so streng beaufsichtigt wie zur Zeit der Jakobinerherrschaft. Es gab nun viele Deserteure, und die Kluft zwischen Armee und Volk weiterte sich. Man sah jetzt auf die Zivilisten mit Verachtung herab – der Ausdruck des »Spießbürgers« (Pékin) kam damals auf. Man war nicht mehr patriotisch, sondern extrem nationalistisch: Frankreich galt als die »Grande Nation«, die sich mit Schwesterrepubliken in Belgien, Holland, der Schweiz und Italien umgab.

Nach den Friedensschlüssen von 1795 waren nur zwei Feinde der Republik übriggeblieben: England und Österreich. Carnot, der führende Mann im Direktorium, plante den dreifachen Angriff: Die Sambre-Maas-Armee unter Jourdan und die Rhein-Mosel-Armee unter Moreau sollten durch Deutschland gegen Wien marschieren, Hoche sollte von Brest aus eine Landung in England bewerkstelligen und Scherer in Italien den Österreichern Piemont und die Lombardei entreißen.

Die ersten beiden Pläne mißlangen vollständig: Nach anfänglichen Erfolgen in Süddeutschland mußten Jourdan und Moreau, die der österreichische Feldherr Erzherzog Karl voneinander getrennt hielt, noch vor Ende des Jahres 1796 wieder über den Rhein zurückgehen. Landungsversuche in England scheiterten ebenfalls trotz einiger Meutereien in der englischen Flotte und Schwierigkeiten mit Irland. Dagegen artete der Feldzug in Italien, bei dem Scherer im letzten Moment durch Bonaparte ersetzt worden war, in einen einzigartigen Triumph aus, und der Mann, der bald darauf Frankreichs Geschicke in die Hand nahm und fünfzehn Jahre lang leitete, trat jetzt ins volle Licht der Öffentlichkeit.

Napoleon Bonaparte stammte aus einer kleinadligen korsischen Familie, die Verbindungen mit Frankreich hatte. Er besuchte die Militärschulen von Brienne und Paris, wo er bei der Abschlußprüfung nur als zweiundvierzigster von achtundfünfzig Kandidaten als Unterleutnant der Artillerie ausschied. In den folgenden Jahren nahm er als korsischer Patriot an den Freiheitsbewegungen seiner Heimatinsel teil, mußte aber Korsika verlassen, als der Führer der Bewegung, Paoli, im Juni 1793 mit dem Konventsregime brach und die Engländer zu Hilfe rief. Er war dann Batteriechef bei der Italienarmee und wurde ein glühender Patriot, Jakobiner und Anhänger der Bergpartei. Als Artilleriekommandeur bei der Belagerung Toulons spielte er bereits eine entscheidende Rolle. Seine Karriere wurde jedoch durch den Sturz Robespierres unterbrochen. Als Anhänger des Terrorregimes wurde er seiner Ämter enthoben und sogar für ein paar Wochen ins Gefängnis geworfen.

Die Ereignisse des 5. Oktober 1795, bei denen er Barras half, den Royalistenaufstand in Paris zu unterdrücken, brachten ihn wieder nach oben, und durch seine Beziehungen zu Joséphine Beauharnais, der Freundin des allmächtigen Barras, erhielt er den Oberbefehl über die Italienarmee, nachdem Scherer sich geweigert hatte, den von Bonaparte vorgeschlagenen Angriffsplan durchzuführen. Dem italienischen Volk versprach er Freiheit, seinen ausgehungerten Soldaten die reichen Schätze Italiens. Er verstand es, die österreichischen Truppen von denen ihrer italienischen Bundesgenossen zu trennen und schlug sie in einer Reihe von Schlachten. Seine verschiedenen Gegner schaltet er durch schnell geschlossene Waffenstillstandsabkommen aus: Sardinien, Parma, Neapel, den Papst. Er zieht in Mailand ein, verkündet die Lombardische Republik und zwingt die Österreicher, sich in die Festung Mantua zurückzuziehen, die er im Februar 1797 einnimmt. Dann beginnt er den Feldzug gegen Österreich selbst, von Hoche und Jourdan unterstützt, die wieder den Rhein überschreiten, schließt aber überraschend einen Waffenstillstand mit Österreich, in dem Belgien an Frankreich fällt, die Frage des linken Rheinufers jedoch, entgegen den Wünschen des Direktoriums, besonders Reubells, offenbleibt. Aber die Pariser Regierung hatte keine Wahl, da sie die Unterstützung der Generäle gegen die immer stärker werdenden Royalisten benötigte. Hinter diesen standen auch England und Österreich, die sich von ihnen bessere Bedingungen als vom Direktorium versprachen. Nachdem dann im September 1797 der Staatsstreich der »Triumvirn« gegen die Royalisten in den Kammern, mit Hilfe von Bonapartes General d'Augereau, geglückt war, folgte das Direktorium im Frieden von Campo Formio im großen und ganzen den Ideen Bonapartes im Waffenstillstand von Leoben, nur daß Napoleon inzwischen Venedig einkassiert und die Cisalpinische und Ligurische Republik proklamiert hatte – beide von gemäßigten Republikanern geleitet und völlig von Frankreich abhängig. Österreich erkannte beide Republiken an und erhielt dafür Dalmatien, Istrien und das eben erst erworbene Venetien. Das linke Rheinufer wurde in Geheimartikeln ebenfalls Frankreich zugesprochen; die dadurch in Mitleidenschaft gezogenen Territorialfürsten sollten auf einem besonderen Kongreß entschädigt werden.

Napoleons Italienpolitik hatte sich durchgesetzt. Aber die freiheitsliebenden Italiener waren bitter enttäuscht worden. Statt des in Aussicht gestellten Einheitsstaats war das Land wiederum in eine Reihe von Kleinstaaten aufgeteilt, nur daß diese jetzt republikanisch organisiert und Frankreichs Vasallenstaaten waren. Die antifranzösischen Unruhen hörten folglich niemals ganz auf, auch nicht nachdem die französischen Truppen Rom besetzt und den Papst gefangengenommen hatten.

Die Schweiz wurde ebenfalls, gegen den Willen der Mehrheit ihrer Einwohner, in Frankreichs Satellitensystem eingeordnet. Mehrere emigrierte Schweizer Demokraten hatten das Direktorium zum Eingreifen gegen das veraltete, aristokratisch regierte Kantonsystem aufgefordert, und Frankreich zögerte nicht, denn es war an der Sicherung der Alpenpässe interessiert. Die Helvetische Republik wurde im Februar 1798 proklamiert, der Schweizer Widerstand wurde niedergeschlagen, der Berner Staatsschatz konfisziert und Genf zu Frankreich geschlagen. Im folgenden Jahr wurde die Schweiz Schauplatz der Kämpfe zwischen Frankreich und der russisch-österreichischen Allianz. Die unpopuläre, im Stil des Direktoriums zentralisierte Republik hielt sich, wohl nur durch die Anwesenheit französischer Truppen, noch bis 1803, als Napoleon sie in eine losere Föderation von Kantonen umwandelte.

Nachdem man sich in Campo Formio den Rücken gesichert hatte, sollte nun der Hauptschlag gegen England geführt werden, und Napoleon wurde zum Oberkommandierenden der Invasionsarmee ernannt. Er legte auch einen Invasionsplan vor, änderte aber bald darauf seine Ansicht und schlug statt dessen eine Expedition gegen Ägypten vor.

Inzwischen waren der Republik auf dem Kontinent neue Schwierigkeiten entstanden. Durch den antijakobinischen Staatsstreich vom 11. Mai 1798 hatte man sich mit den in den Satellitenstaaten herrschenden Jakobinern verfeindet, und die Folge waren neue Kämpfe in Italien, besonders Rom und Neapel. England fühlte sich bedroht und suchte nach kontinentalen Bundesgenossen, und so kommt es zur zweiten Koalition gegen Frankreich, zu der sich England, Rußland, Österreich, Neapel, die Türkei und Portugal zusammenschließen. Dieser Situation sind die französischen Heere nicht gewachsen, und die ersten acht Monate des Jahres 1799 bringen eine Reihe von katastrophalen Niederlagen; die italienischen Schwesterrepubliken, einschließlich der neugegründeten neapolitanischen, werden aufgelöst und die französischen Parteigänger großenteils massakriert. In Nordholland landet eine englische Armee und vereinigt sich dort mit einem russischen Korps. Anfang September schlägt General Jourdan im Rat der Fünfhundert vor, das Vaterland wiederum als »in Gefahr befindlich« zu erklären. Aber dann siegen die französischen Generäle Brune und Masséna wieder in der Schweiz und in Holland, und Zar Paul I. befiehlt den Rückzug seiner Truppen nach Rußland. Die Offensive der Alliierten ist abgeschlagen, die Grenzen Frankreichs bleiben unverletzt.

Chronologie

1796 19. Januar (29. Nivôse IV): Bonaparte legt seinen Plan für den diesjährigen Italienfeldzug vor: Er sieht einen Angriff in Piemont und den Einfall in die Lombardei vor.

Carnot instruiert General Scherer von der Italienarmee, der den Plan ablehnt.

4. Februar (15. Pluviôse IV): General Scherer wird als Oberkommandierender der Italienarmee entlassen, da er sich gegen die von Napoleon empfohlene Offensive sperrt.

1796 2. März (12. Ventôse IV): Napoleon Bonaparte wird Oberbefehlshaber der Italienarmee.

9. März (19. Ventôse IV): Bonaparte heiratet Joséphine de Beauharnais. Ihr erster Mann, von dem sie zwei Kinder hat, war 1794 guillotiniert worden; sie selbst hatte für kurze Zeit im Gefängnis gesessen.

27. März (7. Germinal IV): Bonaparte trifft bei seiner Armee in Nizza ein.

*12. April (23. Germinal IV): Bonaparte schlägt den österreichischen General Beaulieu bei Montenotte im Appenin.

13. bis 14. April (24. bis 25. Germinal IV): Bonaparte schlägt die Österreicher bei Millesimo in Ligurien.

15. April (26. Germinal IV): Sieg Bonapartes über die Österreicher bei Dego.

21. April (3. Floréal IV): Bonaparte besiegt die Piemontesen unter Colli bei Mondovi.

28. April (9. Floréal IV): Frankreich schließt mit dem König von Sardinien einen Waffenstillstand.

9. Mai (20. Floréal IV): Bonaparte zwingt den Herzog von Parma zum Waffenstillstand.

*10. Mai (21. Floréal IV): Bonaparte, auf dem Weg nach Mailand, erzwingt den Übergang über die Adda bei Lodi gegen den österreichischen General Sebottendorf. Die Brücke wird mit Hilfe der Truppen unter Berthier, Masséna und Cervoni erstürmt. Damit ist der Weg nach Mailand frei und die Lombardei in Händen der Franzosen.

15. Mai (26. Floréal IV): Bonaparte zieht in Mailand ein. In Paris wird der Frieden zwischen Frankreich und dem

König von Sardinien unterzeichnet. Savoyen und Nizza werden an Frankreich abgetreten.

1796 16. Mai (27. Floréal IV): Bonaparte gründet die Lombardische Republik.

19. Mai (30. Floréal IV): Proklamation Bonapartes in Mailand, in der er den Italienern die Unabhängigkeit verspricht.

26. Mai (7. Prairial IV): Pavia, wo eine konterrevolutionäre Erhebung stattgefunden hat, wird von den französischen Truppen geplündert.

Mai/Juni: Die Aufstände der Bewohner von Pavia und Bologna gegen die französischen Besatzungstruppen werden gewaltsam niedergeschlagen.

4. Juni (16. Prairial IV): Bonaparte beginnt mit der Belagerung Mantuas, dem letzten Stützpunkt der Österreicher in Italien.

5. Juni (17. Prairial IV): Bonaparte und der König von Neapel schließen einen Waffenstillstand.

12. Juni (24. Prairial IV): Die französischen Truppen marschieren in der Romagna, dem nördlichen Teil des Vatikanstaats, ein.

23. Juni (5. Messidor IV): In Bologna schließen der Papst und Bonaparte einen Waffenstillstand: Pius VI. gibt Bologna und Ferrara an Frankreich und verspricht eine Entschädigung in Höhe von einundzwanzig Millionen Lire sowie die Übergabe von einhundert Kunstwerken.

4. Juli (16. Messidor IV): Moreau besiegt die Österreicher bei Rastatt.

1796 9. Juli (21. Messidor IV): Die Engländer besetzen die Insel Elba.

10. Juli (22. Messidor IV): Die Österreicher marschieren erneut in Italien ein: Beginn des zweiten Teils des Italienfeldzuges.

3. August (16. Thermidor IV): Bonaparte siegt bei Lonato.

5. August (18. Thermidor IV): Die Schlacht von Castiglione (bei Brescia). Bonaparte muß die Belagerung von Mantua aufgeben und schlägt die herannahenden österreichischen Truppen unter General Wurmser. Die Schlacht wird von d'Augereau entschieden, den Bonaparte zum Herzog von Castiglione ernennt.

30. August (13. Fructidor IV): Die Österreicher marschieren zum drittenmal in Italien ein.

4. September (18. Fructidor IV): Bonaparte besiegt die Österreicher unter Wurmser bei Roveredo.

8. September (22. Fructidor IV): Wurmser wird erneut von Bonaparte bei Bassano geschlagen; er schließt sich daraufhin in Mantua ein.

4. Oktober (13. Vendémiaire V): Bonaparte besetzt das Herzogtum Modena.

16. Oktober (25. Vendémiaire V): Napoleon proklamiert in Bologna die Cispadanische Republik (Modena), die im folgenden Jahr mit der Cisalpinischen Republik vereinigt wird.

31. Oktober (10. Brumaire V): Schiffe neutraler Länder dürfen keine britischen Waren mehr nach Frankreich einführen.

1796 2. November (12. Brumaire V): Die Österreicher marschieren zum viertenmal in Italien ein, und zwar mit zwei neuen Armeen über Friaul und Tirol.

6. November (16. Brumaire V): Bonaparte erleidet bei Bassano eine Niederlage.

12. November (22. Brumaire V): Bonaparte wird bei Caldiero besiegt.

15. bis 17. November (25. bis 27. Brumaire V): Die Schlacht von Arcole. Der österreichische General d'Alvintzi, der Mantua entsetzen möchte, wird von Bonaparte nach hartem Kampf geschlagen.

1797 14. Januar (25. Nivôse V): Bonaparte schlägt mit Hilfe Massénas bei Rivoli d'Alvintzi entscheidend; damit ist das Schicksal des belagerten Mantua besiegelt.

2. Februar (14. Pluviôse V): Wurmser kapituliert und übergibt Mantua.

12. Februar (24. Pluviôse V): Bonaparte, der Ancona besetzt hat, tritt mit dem Papst in Friedensverhandlungen ein.

19. Februar (1. Ventôse V): Bonaparte schließt mit dem Papst den Vertrag von Tolentino. Darin tritt der Papst den nördlichen Teil des Vatikanstaats, also die Romagna, Bologna und Ferrara an die Cispadanische Republik ab.

2. März (12. Ventôse V): Das Direktorium ordnet, als Antwort auf den Bündnisvertrag zwischen England und Amerika vom 20. Februar 1795, die Beschlagnahme von Schiffen mit amerikanischer Flagge an.

12. und 16. März (22. und 26. Ventôse V): Bonapartes Truppen, auf dem Vormarsch gegen den österreichischen

Erzherzog Karl, überschreiten die Piave und den Tagliamento.

1797 18. März (28. Ventôse V): Die Engländer räumen die Insel Elba.

21. bis 22. März (1. bis 2. Germinal V): Napoleon besetzt Gradisca und Bozen. Am folgenden Tag werden von seinen Generälen Bernadotte und Joubert Triest und Brixen eingenommen.

28. März (8. Germinal V): Bonaparte ist durch das Friaul und Tirol marschiert und nimmt Klagenfurt ein, bietet aber dann Erzherzog Karl einen Waffenstillstand an, da er sich im Rücken durch die Unruhen in Verona und Venedig bedroht fühlt.

7. April (18. Germinal V): Der Waffenstillstand zwischen Bonaparte und den Österreichern wird unterzeichnet.

16. April (27. Germinal V): Der Anfang einer ganzen Reihe von Meutereien in der britischen Nordseeflotte. Sie ermutigen Frankreich zu Invasionsplänen.

17. April (28. Germinal V): In Verona und auf venezianischem Gebiet brechen antifranzösische Unruhen aus.

Championnet besiegt bei Altenkirchen die Österreicher.

18. April (29. Germinal V): Hoche schlägt die österreichische Armee bei Neuwied.

Der Waffenstillstand von Leoben: Österreich gibt die belgischen Provinzen an Frankreich ab und macht heimlich Zugeständnisse für das italienische Gebiet auf Kosten des neutralen Venedig. Die Frage des linken Rheinufers wird verschoben. Die Bedingungen dieses Waffenstillstandes sind Bonapartes Werk, der die Wünsche des Direktoriums ignoriert. Dieses muß, durch die royalistischen Wahlsiege bedrängt, nachgeben.

1797 27. April (8. Floréal v): In Verona massakrieren französische Truppen die Aufständischen.

2. Mai (13. Floréal v): Bonaparte erklärt Venedig den Krieg, und zwar wegen antifranzösischer Unruhen auf venezianischem Gebiet (in Verona). Die Stadt und auch die venezianischen Inseln an der dalmatinischen Küste werden im Laufe des Monats von französischen Truppen besetzt.

11. Mai (22. Floréal v): In der englischen Nordseeflotte brechen erneut Meutereien aus.

16. Mai (27. Floréal v): Zwischen Bonaparte und dem Dogen von Venedig wird unterhandelt.

29. Mai (10. Prairial v): Bonaparte stellt dem Dogen von Genua ein Ultimatum.

14. Juni (26. Prairial v): Bonaparte ruft in Genua die Ligurische Republik aus.

28. Juni (10. Messidor v): Französische Truppen landen auf Korfu.

9. Juli (21. Messidor v): Die Cisalpinische Republik wird proklamiert. Sie umfaßt Mailand, Modena, Ferrara, Romagna und Carrara. Hier wie auch in Genua stützt sich Napoleon auf gemäßigte, wohlhabende Republikaner.

19. September (3. Ergänzungstag v): General Hoche stirbt im Alter von einunddreißig Jahren in Wetzlar an Tuberkulose.

23. September (2. Vendémiaire vi): D'Augereau, der sich beim Staatsstreich des Direktoriums ausgezeichnet hat, wird zum Oberkommandierenden aller gegen Deutschland stehenden Armeen ernannt.

1797 10. Oktober (19. Vendémiaire VI): Napoleon nimmt der Schweiz das Veltlin und Chiavenna und schlägt diese Gebiete zur Cisalpinischen Republik.

17. Oktober (26. Vendémiaire VI): Der Friede von Campo Formio zwischen Österreich und Frankreich. Die belgischen Provinzen werden endgültig an Frankreich abgetreten. Eine Konferenz in Rastatt soll den Frieden mit dem Heiligen Römischen Reich und die Frage des von Frankreich eroberten linken Rheinufers regeln. Österreich erkennt die von Frankreich kontrollierte Cisalpinische Republik an, erhält dafür jedoch Venetien, Istrien, Dalmatien und das Erzbistum Salzburg. Die Republik Venedig hat damit aufgehört zu existieren.

Napoleon, der die Verhandlungen für Frankreich geführt hat, schickt am folgenden Tag zwei Abgesandte nach Paris, und das Direktorium ratifiziert dieses Abkommen am 26. Oktober (5. Brumaire VI).

26. Oktober (5. Brumaire VI): Das Direktorium erklärt England den Krieg und ernennt Bonaparte zum Oberkommandierenden der Armee gegen England.

27. Oktober (8. Brumaire VI): Bonaparte wird zum Bevollmächtigten der Republik beim Rastatter Kongreß ernannt. Er hält sich dort nur vom 26. November bis zum 2. Dezember auf.

28. November (8. Frimaire VI): Der Rastatter Kongreß beginnt.

28. Dezember (8. Nivôse VI): In Rom kommt es zu antifranzösischen Demonstrationen. Dabei wird der französische General Duphot getötet. Die Entschuldigungen des Papstes weist das Direktorium am nächsten Tag zurück.

29. Dezember (9. Nivôse VI): Die Festung Mainz wird den Franzosen übergeben.

1798 11. Januar (22. Nivôse VI): Das Direktorium erteilt dem neuen Oberkommandierenden der Italienarmee, Berthier, den Befehl, Rom einzunehmen.

12. Januar (23. Nivôse VI): Bonaparte unterbreitet dem Direktorium einen Plan für die Invasion Englands.

18. Januar (29. Nivôse VI): Ein neues Gesetz sieht vor, daß jedes neutrale Schiff, das britische Waren mit sich führt oder auch nur in einem britischen Hafen angelegt hat, zu konfiszieren sei. Damit macht sich Frankreich die Vereinigten Staaten zum Feind, die früher geschlossene Verträge aufheben und die Kaperei von französischen Schiffen erlauben.

Die Österreicher besetzen Venedig.

4. Februar (16. Pluviôse VI): Das annektierte Rheinland wird in vier Departements eingeteilt.

9. Februar (21. Pluviôse VI): Frankreich erklärt die Schweiz zur Helvetischen Republik, die in ihrem Aufbau dem Muster des direktoralen Frankreich folgen soll.

11. Februar (23. Pluviôse VI): Berthier besetzt mit seinen Truppen Rom.

*15. Februar (27. Pluviôse VI): Berthier ruft in Rom die Römische Republik aus. Papst Pius VI. wird als Gefangener nach Siena, dann nach Florenz und Turin gebracht. Im folgenden Jahr wird er nach Frankreich gebracht, wo er noch im gleichen Jahr stirbt.

5. März (15. Ventôse VI): Die Schweiz erklärt Frankreich den Krieg; Berner Truppen besiegen bei Laupen den französischen General Brune. Noch am gleichen Tag besiegt General Schauenburg eine zweite Schweizer Armee. Bern ergibt sich am 6. März und wird geplündert. In Paris schlägt Napoleon dem Direktorium statt der Landung in

England eine Expedition nach Ägypten vor; das Direktorium stimmt zu.

1798 April: Fünf katholische (Wald-)Kantone der Schweiz unter Aloys von Reding revoltieren gegen die Franzosen. Es wird schließlich ein Kompromiß gefunden, nach dem sie die neue helvetische Verfassung akzeptieren.

21. April (2. Floréal VI): In Aarau wird eine »einheitliche und unteilbare« Helvetische Republik proklamiert. Sie ersetzt den alten Bund unabhängiger, von Patriziern geleiteter Kantone.

26. April (7. Floréal VI): Frankreich annektiert Genf.

23. Mai (4. Prairial VI): In Irland brechen Aufstände gegen England aus. Die Iren sind der irrigen Meinung, die französische Flotte wäre bereits zu ihrer Befreiung unterwegs (in Wirklichkeit ist Bonaparte auf dem Weg nach Ägypten).

14. Juli (26. Messidor VI): Die Engländer schlagen die irischen Aufstände endgültig nieder.

18. August (1. Fructidor VI): Die drei Schweizer Kantone Uri, Schwyz und Unterwalden erheben sich gegen die Franzosen; der Aufstand wird innerhalb weniger Tage niedergeschlagen.

19. August (2. Fructidor VI): Frankreich schließt mit der Helvetischen Republik einen Bündnisvertrag; dadurch gerät letztere ganz in Abhängigkeit von Frankreich.

22. August (5. Fructidor VI): Unter General Humbert landet ein französisches Expeditionskorps in Killala, Nordwestirland.

27. August (10. Fructidor VI): Nach Humberts Sieg in Castlebar wird die Irische Republik ausgerufen.

1798 9. September (23. Fructidor VI): Die Türkei erklärt Frankreich den Krieg.

15. September (29. Fructidor VI): Nach anfänglichen Erfolgen muß sich das französische Expeditionskorps unter Humbert, das von den Engländern in Ballynamuck eingeschlossen wurde, ergeben.

16. September (30. Fructidor VI): Frankreich schickt ein zweites Expeditionskorps nach England.

11. Oktober (20. Vendémiaire VII): Die französische Expeditionsflotte erleidet in der Donegal-Bucht eine schwere Niederlage. Sechs ihrer acht Schiffe werden von den Engländern gekapert.

12. Oktober (21. Vendémiaire VII): In Belgien bricht ein Bauernaufstand gegen die Militärpflicht aus.

25. und 27. Oktober (4. und 6. Brumaire VII): Die russisch-türkische Flotte erobert die von Frankreich seit Juni 1797 besetzten Ionischen Inseln.

27. November (7. Frimaire VII): Unter dem österreichischen General Mack dringt die Armee Ferdinands IV. von Neapel in Rom ein, das Championnet nur schwach verteidigt. Es werden Juden und Jakobiner massakriert.

4. Dezember (14. Frimaire VII): In Belgien werden die aufständischen Bauern in Hasselt, Provinz Limburg, von französischen Truppen massakriert. Damit nehmen die dortigen Aufstände ein Ende.

5. bis 6. Dezember (15. bis 16. Frimaire VII): Frankreich erklärt dem König von Neapel den Krieg. General Joubert, der neue Oberkommandierende der Italienarmee, besetzt Piemont, und Championnet schlägt die neapolitanischen Truppen bei Civita Castellana.

1798 6. Dezember (16. Frimaire VII): Das Direktorium stellt dem noch immer tagenden Rastatter Kongreß ein Ultimatum: Es beansprucht die Brückenköpfe zur rechten Rheinseite. Dies wird am 9. Dezember vom Kongreß akzeptiert.

12. Dezember (22. Frimaire VII): Championnet zwingt Mack, Rom wieder aufzugeben, und dringt in neapolitanisches Gebiet vor.

21. Dezember (1. Nivôse VII): Frankreich startet eine Offensive gegen Neapel, dessen König Ferdinand auf das Admiralsschiff Nelsons flieht.

29. Dezember (9. Nivôse VII): England, Rußland und das Königreich Neapel und Sizilien schließen einen Vertrag, der u.a. die Besetzung der Jersey-Insel durch russische Truppen vorsieht, die von dort aus die Bretagne angreifen sollen. Dieser zweiten Koalition gegen Frankreich treten auch Portugal und die Türkei bei. Frankreich soll in den Niederlanden, in Deutschland, der Schweiz und in Italien angegriffen werden.

1799 23. Januar (4. Pluviôse VII): Nach lang andauernden Straßenkämpfen zieht Championnet in Neapel ein.

26. Januar (7. Pluviôse VII): Die Neapolitanische Republik, vom Direktorium »République parthénopéenne« benannt, wird ausgerufen.

27. Januar (8. Pluviôse VII): Die Festung Ehrenbreitstein wird von französischen Truppen besetzt.

3. Februar (15. Pluviôse VII): Zwischen Championnet und dem Pariser Kommissar Faipoult bricht ein Konflikt aus, da Championnet die Neapolitanische Republik entgegen den Instruktionen des Direktoriums nicht anerkennt. Er wird zurückbeordert und angeklagt, aber freigesprochen.

1799 1. März (11. Ventôse VII): Jourdan überschreitet mit der Donauarmee zwischen Basel und Kehl den Rhein.

2. März (12. Ventôse VII): Auch Bernadotte überschreitet bei Speyer den Rhein.

3. März (13. Ventôse VII): Nach viermonatiger Belagerung ergeben sich die französischen Besatzungstruppen auf Korfu der russisch-türkischen Flotte. Damit fällt die letzte französische Bastion auf den Ionischen Inseln, die Napoleon von Venedig übernommen hatte.

12. März (22. Ventôse VII): Das Direktorium erklärt Österreich und dem Großherzogtum Toskana den Krieg.

21. März (1. Germinal VII): Frankreich marschiert in das Großherzogtum Toskana ein.

25. März (5. Germinal VII): Erzherzog Karl schlägt Jourdan bei Stockach. Dieser geht über den Rhein zurück und legt bald darauf sein Kommando nieder; seine Truppen werden mit denen Bernadottes am Mittelrhein unter dem Oberkommando Massénas zusammengelegt.

27. März (7. Germinal VII): Die österreichische Armee zieht in Verona ein.

5. April (16. Germinal VII): Die Italienarmee unter Scherers Kommando wird bei Magnano von den Österreichern unter Kray geschlagen.

12. April (23. Germinal VII): Masséna übernimmt den Oberbefehl über die Donauarmee.

14. April (25. Germinal VII): Die österreichischen Truppen unter Melas und die russischen unter Suworow vereinigen sich am Mincio.

1799 23. April (4. Floréal VII): Der Kongreß von Rastatt, der seit November 1797 getagt hat, löst sich auf, ohne daß eine Einigung erzielt worden wäre.

27. April (8. Floréal VII): Die Russen und die Österreicher besiegen Moreau, den Nachfolger Scherers, bei Cassano. Die russischen Truppen ziehen zwei Tage später in Mailand ein. Die Cisalpinische Republik wird aufgelöst.

28. April (9. Floréal VII): Die beiden französischen Bevollmächtigten beim Kongreß von Rastatt werden von österreichischen Husaren ermordet.

19. und 20. Mai (30. Floréal und 1. Prairial VII): Die Engländer landen in Ostende, ziehen sich aber schon einen Tag später wieder zurück.

26. Mai (7. Prairial VII): Die Russen und Österreicher ziehen in Turin ein. Suworow schließt die Reste der französischen Armee unter Moreau in Genua ein.

4. Juni (16. Prairial VII): Die Schlacht von Zürich zwischen den Truppen Erzherzog Karls und Massénas endet unentschieden. Masséna zieht sich aber am nächsten Tag aus Zürich zurück.

19. Juni (1. Messidor VII): MacDonald, der Nachfolger Championnets, wird von Suworow in der Schlacht an der Trebbia besiegt. Da die Franzosen Neapel räumen mußten, kehrt König Ferdinand IV. zurück und löst die Parthenopäische Republik auf. Den ausbrechenden Racheakten fallen viele Republikaner zum Opfer.

Dasselbe spielt sich in Rom beim Umsturz der Römischen Republik ab.

28. Juni (10. Messidor VII): Der König von Neapel erobert Siena. Die Anhänger der Revolution werden von den toskanischen Bauern niedergemetzelt.

1799 5. Juli (17. Messidor VII): General Joubert wird zum Oberkommandierenden der Italienarmee und Championnet zu dem der Alpenarmee ernannt.

7. Juli (19. Messidor VII): Die antirevolutionären Truppen der Toskana nehmen Florenz ein.

15. August (28. Thermidor VII): Joubert wird in der Schlacht von Novi von Suworow und Melas vernichtend geschlagen und fällt.

27. August (10. Fructidor VII): Eine englische Armee landet in Helder; eine russische vereinigt sich mit ihr.

29. August (12. Fructidor VII): Papst Pius VI. stirbt in Valence.

Championnet wird Oberkommandierender der Italienarmee.

19. September (3. Ergänzungstag VII): General Brune besiegt bei Bergen die englisch-russische Armee.

26. September (4. Vendémiaire VIII): Masséna siegt bei Zürich über die russischen Truppen unter Korsakow.

6. Oktober (14. Vendémiaire VIII): Brune besiegt die englisch-russischen Truppen erneut bei Castricum. Die Siege der letzten Tage vermindern die Chancen für einen jakobinischen Staatsstreich.

23. Oktober (1. Brumaire VIII): Zar Paul I. zieht seine Truppen zurück.

Zitate

André Masséna über Napoleon bei dessen Ankunft als Oberkommandierender in Italien:

Seine kleine Statur und sein kränklich aussehendes Gesicht machten keinen guten Eindruck auf uns. Die Tatsache, daß er in seiner Hand das Porträt seiner Frau hielt und es jedem zeigte, überzeugte uns davon, daß seine Ernennung das Resultat einer Intrige gewesen war.

Napoleon, Proklamation an seine Truppen beim Beginn des italienischen Feldzugs, Anfang April 1796:

Soldaten, ihr seid schlecht gekleidet und unterernährt. Die Regierung schuldet euch viel, aber kann euch nichts geben ... Eure Geduld ... hat die Bewunderung Frankreichs erregt ... Eure Lager sind leer, die der Feinde mit allem gefüllt. An euch ist es, sie zu erobern. Ihr wollt es tun, und ihr könnt es tun. Also vorwärts!

Napoleon an das Direktorium zu Beginn des Italienfeldzugs:

Wenn der Soldat kein Brot hat, treibt er es so, daß man sich schämt, Mensch zu sein. Ich werde furchtbare Exempel statuieren und die Ordnung wiederherstellen, oder ich gebe das Kommando über diese Räuberbande auf.

Napoleon, Proklamation beim Beginn des italienischen Feldzugs:

Völker Italiens! Die französische Armee kommt, eure Ketten zu sprengen; das französische Volk ist der Freund aller Völker. So eilt ihm denn entgegen ... Glaubt uns, wir wollen nur euren Tyrannen übel ... Wir sind eure Freunde, ihr Nachkommen eines Brutus, eines Scipio und all der großen Männer des Altertums. Das Kapitol wiederherzustellen, die Bildsäulen der Helden von neuem auf ihm zu errichten ... das römische Volk, das in jahrhundertelanger Knechtschaft eingeschlafen ist, zu wecken – das wird die Frucht unserer Siege sein.

Napoleon, Manifest an seine Armee, am 26. April 1796:

Soldaten! Ihr habt in vierzehn Tagen sechs Siege erfochten, einundzwanzig Fahnen erbeutet, fünfundfünfzig Geschütze und mehrere Festungen genommen; ihr habt den reichsten Teil Piemonts erobert ... ihr habt Schlachten gewonnen ohne Kanonen, Flüsse überschritten ohne Brücken, Eilmärsche gemacht ohne Stiefel, biwakiert ohne Schnaps, ja, häufig ohne Brot ... Nur republikanische Legionen, Soldaten der Freiheit, waren fähig zu ertragen, was ihr ertrugt. Ich danke euch, Soldaten! ...

Aber ihr habt noch nichts getan im Vergleich zu dem, was euch noch zu tun übrigbleibt.

Napoleon in seinen Memoiren über die Schlacht von Lodi, 10. Mai 1796:

Weder der Vendémiaire (der 5. Oktober 1795) noch Montenotte hatten mir den Gedanken eingegeben, ich sei ein Mensch von höherem Rang; dieser Gedanke kam mir erst nach Lodi. Damals entbrannte der erste Funke eines hohen Ehrgeizes in meiner Seele.

Graf Miot de Melito, florentinischer Gesandter, über sein Gespräch mit General Bonaparte in Brescia, Juni 1796:

Auf den ersten Blick schien mir sein Gesicht nicht schön, aber die stark ausgeprägten Züge, das lebhafte, forschende Auge, seine raschen, belebten Bewegungen verrieten einen kühnen Charakter und die breite, sorgenvolle Stirn einen tiefen Denker ... Seine Redeweise war kurz, und er sprach damals noch sehr fehlerhaft. Er sagte, solange wir nicht Mantua hätten, wäre nichts entschieden; erst dann könne man sich die »Herren von Italien« nennen. Ohne Zweifel werde Österreich eine andere Armee aufstellen, um einer so bedeutenden Festung zu Hilfe zu kommen, aber dazu brauche es Zeit, und wir hätten folglich einen Monat vor uns ... Ich erkannte bald, daß er auf Toscana schlecht zu sprechen war und bereits an die Besetzung Livornos dachte ... »...die Kommissare des Direktoriums haben mit meiner Politik nichts zu schaffen, ich mache, was ich will; sie mögen sich um die Verwaltung des öffentlichen Einkommens kümmern ... das übrige geht sie nichts an ...« Ich bemerkte zwischen ihm und seinen Waffengefährten keinerlei Zeichen von Vertraulichkeit, die ich anderweits beobachtet hatte und die durch die republikanische Gleichheit begünstigt ward. Er hatte bereits seine Stellung markiert und ihnen den Unterschied bemerkbar gemacht.

Napoleon über den Italienfeldzug 1796
(nach Gourgauds Erinnerungen):

Wie glücklich war ich damals! Diese Begeisterung, diese Rufe: »Vivat der Befreier Italiens!« Und das mit fünfundzwanzig Jahren! Ich ahnte schon, was ich werden könnte. Die Welt schwand unter mir dahin, als flöge ich durch die Luft.

Der Dichter Arnault in seinen Erinnerungen
über Napoleon in Mailand, 1797:

Bonaparte reckte sich nicht, um ebensogroß wie die andern zu erscheinen; man ersparte ihm bereits die Mühe. Niemand, der mit ihm sprach, schien größer als er. Berthier, Kilmaine ... ja, sogar Augereau warteten schweigend, bis er das Wort an sie richtete, eine Gunst, die besonders an diesem Abend nicht jeder erwarb. Niemals ähnelte ein Hauptquartier mehr einem Hofe ...

Napoleon zu Arnault über die Situation
vor der Schlacht von Rivoli (Januar 1797):

... Währenddessen lag ich in Verona auf einer Matratze und ruhte mich aus. Joubert jedoch, von überlegenen Kräften angegriffen ... schickte mir Adjutanten auf Adjutanten, um mich zu bitten, doch selbst zu kommen, um seine Lage zu beurteilen ... Ich ließ sie reden ... und schlief von neuem ein. Man begriff meine Ruhe bei einer solchen Gelegenheit nicht. Aber als mir die Nachricht gebracht wurde, daß der Feind ... eine Bewegung ausführte, die keine Zweifel über seine Absichten aufkommen ließ, rief ich: Nach Rivoli! Alle meine Divisionen marschieren dahin, und ich selbst begebe mich gleichfalls mitten in der Nacht dorthin.

Von diesem Augenblick an war in meinem Kopf die Schlacht bereits gewonnen ...

Napoleon, Proklamation an seine Armee,
um das Direktorium gegen den wachsenden Druck der Royalisten zu schützen, am 14. Juli 1797:

Wir sind von Frankreich durch Berge getrennt, aber wenn es not tut, werden wir sie mit der Geschwindigkeit eines Adlers überschreiten, um die Freiheit zu verteidigen und die Regierung und die Republikaner zu schützen!

Roger Ducos über die Einnahme Roms am 15. Februar 1798:

Der Frieden der Welt wird mit dem 26. Pluviôse des Jahres VI begonnen haben; an diesem Tage wurde der Fanatismus ausgerottet, der an der Wurzel jedes Krieges liegt.

Zar Paul I. über seine Enttäuschung wegen des Verhaltens seiner Verbündeten in der zweiten Koalition gegen Frankreich, Herbst 1799:

Von meiner Ehre geleitet, beeilte ich mich, der Menschheit zu Hilfe zu kommen, und opferte Tausende von Menschen zu deren Wohl. Aber als ich mich entschloß, den französischen Koloß zu zerstören, gedachte ich nicht, einem andern zu gestatten, an seine Stelle zu treten und seinerseits der Schrecken der benachbarten Fürsten ... zu werden.

(Offenbar waren der Kaiser von Österreich und der König von Neapel gemeint.)

9 NAPOLEON IN ÄGYPTEN, SEINE RÜCKKEHR UND DER STAATSSTREICH DES 18. BRUMAIRE (1798/99)

Warum Talleyrand, sonst ein Befürworter des Einvernehmens mit England, eine Expedition nach Ägypten vorschlug, ist nicht ganz klar. Man hat vermutet, daß er damit seinen englischen Freunden einen Dienst erweisen wollte, indem er dem direkten Angriff auf England die Spitze abbog.

Daß das Direktorium diesen Plan, sobald ihn Napoleon unterstützt hatte, sofort aufgriff, hatte zum Teil seinen Grund auch wohl darin, daß man vor den bevorstehenden kritischen Wahlen den ehrgeizigen General, dessen Zukunftsabsichten undurchschaubar waren, ganz gern eine Zeitlang los sein wollte.

Napoleon selbst hatte schon lange an Eroberungen im Orient gedacht. Schon seine Inbesitznahme der Ionischen Inseln im Frieden von Campo Formio deutete darauf hin. Aber die Idee kam auch nationalen Wünschen entgegen, denn man hatte England den Verlust der amerikanischen Kolonien im Frieden von Paris (1763) nie verziehen und hätte gern das im Westen verlorene Kolonialreich im Osten auf Kosten des großen Handelsrivalen wiederaufgebaut.

Die Vorbereitungen für die Expedition wurden in größter Eile und im geheimen vorgenommen. Man täuschte zwar die Engländer nicht, wohl aber die Iren, die im Vertrauen auf eine bevorstehende Invasion sich wieder gegen England erhoben. Dennoch vermied die Flotte mit einigem Glück ein Zusammentreffen mit dem englischen Admiral Nelson, erst bei der Ausfahrt von Toulon, dann auf Malta und schließlich bei der Landung in Alexandria. Napoleon hatte dann keine Schwierigkeiten, die Ägypten beherrschenden Mamelucken in mehreren Schlachten zu schlagen und in Kairo einzuziehen. Auch sein General Desaix, nach Oberägypten geschickt, ist siegreich und schlägt die Mamelucken endgültig.

Jedoch hat inzwischen Nelson die französische Flotte in Abukir entdeckt und vollständig vernichtet, und damit hat sich die Lage mit einem Schlag völlig geändert: England ist unbeschränkter Herr des Mittelmeers, Napoleon ist der Rückzug abgeschnitten. Außerdem fühlen sich die Türkei und Rußland von ihm bedroht, so daß die Zweite Koalition gegen Frankreich zustande kommt, das weder über seine besten Truppen noch über seinen hervorragendsten General verfügen kann.

Da die Türkei ihm den Krieg erklärt hatte, versucht Napoleon, ihrem Angriff zuvorzukommen, und zieht über Suez nach Jaffa, wo in seinem Heer die Pest ausbricht. Er schlägt die Türken, kann allerdings Akkon, das von einer englischen Flotte unterstützt wird, nicht erobern und muß den Rückzug nach Ägypten antreten, wo er einer zweiten, von den Engländern gelandeten türkischen Armee bei Abukir eine vernichtende Niederlage bereiten kann. Aber dann gibt er das Spiel verloren, denn er ist vom Nachschub abgeschnitten, und sein Heer ist durch Schlachten und das ungewohnte Klima geschwächt. Er überläßt das Kommando über die ägyptische Armee General Kléber und macht sich mit zwei kleinen Fregatten, die mit viel Glück den englischen Kriegsschiffen entgehen, auf die Heimreise. Am 9. Oktober ist er wieder in Frankreich. Kléber selbst schlug die Türken noch einmal, wurde aber im folgenden Juni von einem türkischen Fanatiker ermordet, und seine Armee mußte sich schließlich den Engländern ergeben.

Die Expedition war ein vollständiger Mißerfolg und stärkte nur die Stellung Englands im Nahen Osten. Napoleon muß sich des ungeheuren Risikos, das er mit diesem Unternehmen angesichts der Überlegenheit der englischen Flotte einging, bewußt gewesen sein. Ob er wirklich vorhatte, dem Vorbild Alexanders des Großen folgend, Indien zu erobern und sich halb Asien zu unterwerfen, wie er später behauptet hat, ist sehr zweifelhaft. Wahrscheinlicher ist, daß er, wie Goethe vermutet hat, am Ende des Jahres 1797 fühlte, daß die Zeit für einen Staatsstreich noch nicht gekommen war, er aber andererseits seine Popularität nicht durch langes Warten aufs Spiel setzen wollte. Jedenfalls gelang es ihm, trotz der offensichtlichen Niederlage der Expedition seinen Nimbus aufrechtzuerhalten. Die öffentliche Meinung sah in ihm den Sieger in Italien und den Friedensstifter von Campo Formio.

Erstaunlich ist immerhin, daß er während der militärischen Operationen auch noch Zeit für kulturelle Dinge aufbrachte. Er führte eine Kommission von nicht weniger als einhundertsiebenundachtzig Gelehrten, Künstlern und Schriftstellern mit sich. Durch ihre Arbeiten wurde das alte Ägypten dem europäischen Publikum zum erstenmal erschlossen, und durch die Auffindung des berühmten Rosetta-Steins wurde die Entzifferung der Hieroglyphen ermöglicht. Napoleon selbst entwickelte den Plan für einen Kanal vom Mittelmeer zum Roten Meer und begründete in Kairo ein Institut für Wissenschaft und Kunst.

In Frankreich fühlte sich das Direktorium erneut bedroht, nicht – wie vor zwei Jahren – durch eine große Royalistenwelle, sondern seit den Frühjahrswahlen durch die Linke, die Neo-Jakobiner. Aufgrund der Niederlagen gegen die zweite Koalition war das Nationalbewußtsein wieder erwacht, wie immer in den Zeiten äußerer Bedrängnis, und dieses identifizierte sich mit den radikalen revolutionären Ideen der Jakobinerzeit. Die jährlichen Wahlen, welche die Direktorialverfassung bedingte, ließen den Parteienkampf nie zur Ruhe kommen, während sich die Träger der Regierung, die besitzenden Klassen und Unternehmer, aber auch die Bauern, die vielfach durch den Ankauf von staatlichem Grund und Boden ebenfalls reich geworden waren, nach Stabilität sehnten. Andererseits fühlten die Jakobiner, daß die eigentlichen Träger der Revolution, die Massen in den Städten, im jetzigen Staat zu kurz gekommen waren. Die Schwäche der Regierung zeigte sich auch in dem neuen Vordringen der Chouans, die Le Mans und Nantes einnahmen.

Der Ruf nach Stärkung der Exekutivgewalt wurde allgemein, aber eine Abänderung der Verfassung auf dem in ihr vorgeschriebenen Wege war ein äußerst kompliziertes Verfahren und hätte Jahre in Anspruch genommen. Sieyès, der starke Mann im Direktorium, der sich mit der Verfassung ohnehin nie befreundet hatte, dachte offenbar schon im Sommer 1799 an einen Staatsstreich, zu dem man aber die Mitarbeit des Militärs benötigte. General Joubert, an den Sieyès dachte, war im August gefallen; und General Moreau, dem er sich um die Zeit der Landung Napoleons näherte, soll ihm geantwortet haben: »Das ist Euer Mann.«

Die Verschwörung, von Sieyès und Napoleon angezettelt, sicherte sich schnell nach allen Seiten ab. Talleyrand vermittelte zwischen den beiden, Barras war mit allem einverstanden, Fouché, der Polizeiminister, versprach, nicht einzugreifen, der Präsident des Rats der Alten wurde gewonnen, und Lucien, Napoleons Bruder, wurde zum Präsidenten des Rats der Fünfhundert gewählt.

Der Staatsstreich fand am 18. Brumaire, genau einen Monat nach Napoleons Landung, statt; aber er verlief nicht so glatt, wie man gehofft hatte. Unter dem Vorwand einer terroristischen Verschwörung wurden die Kammern verfassungsgemäß von Paris nach Saint-Cloud verlegt und Napoleon temporär die Exekutivgewalt übertragen. Aber am folgenden Tag erweisen sich die Kammern als hartnäckig, und als Napoleon, der zwar Befehle erteilen konnte, jedoch kein Volksredner war, vor den Deputierten sprechen will, wird er niedergeschrien, im Rat der Fünfhundert sogar mißhandelt. Die das Schloß von Saint-Cloud umgebenden Soldaten werden nur mit Mühe von Lucien und ihm überredet, einzugreifen, doch schließlich treibt Murat mit seinen Grenadieren die versammelten Abgeordneten auseinander, die mit dem Ruf »Es lebe die Republik« den Saal verlassen. Noch am Abend des gleichen Tages begründen eine Minderheit der Fünfhundert und eine Mehrheit des Rats der Alten eine vorläufige Konsulatsregierung und beschließen, daß das Direktorium aufgelöst ist.

Bereits fünf Wochen später wird die *Verfassung des Jahres VIII* verkündet, die die Exekutivgewalt eindeutig in die Hände des Ersten Konsuls legt. Napoleon hatte die Verfassungspläne Sieyès', der von jetzt an eine untergeordnete Rolle spielt, in entscheidenden Punkten abgeändert. Schon am 15. Dezember erfolgt eine Proklamation der neuen Konsuln, die mit den Worten endet: »Bürger, die Revolution hält an den Grundsätzen, die an ihrem Beginn standen, fest. Sie ist beendet.«

Eine Erklärung der Menschenrechte enthielt die neue Verfassung nicht. Die legislativen Körperschaften, die sie vorsah, waren zu bloßen Werkzeugen der Exekutivgewalt, d.h. Napoleons geworden.

Chronologie

1798 14. Februar (26. Pluviôse VI): Tayllerand legt dem Direktorium eine Denkschrift vor, in der er eine Expedition nach Ägypten vorschlägt.

1798 23. Februar (5. Ventôse VI): Napoleon empfiehlt dem Direktorium, die Invasion Englands – da aussichtslos – aufzugeben und statt dessen eine Expedition nach Ägypten zu unternehmen.

5. März (15. Ventôse VI): Das Direktorium akzeptiert den Plan einer Invasion Ägyptens und ernennt Napoleon Bonaparte zum Oberkommandierenden der dorthin zu entsendenden Truppen.

19. Mai (30. Floréal VI): Napoleons Flotte, die aus achtundvierzig Kriegs- und zweihundertachtzig Transportschiffen besteht und etwa fünfunddreißigtausend Soldaten an Bord hat, wie auch eine große Anzahl von Gelehrten, verläßt Toulon.

11. Juni (23. Prairial VI): Napoleon besetzt Malta.

28. Juni (10. Messidor VI): Die englische Flotte unter Admiral Nelson, die die französische Flotte bei ihrer Ausfahrt von Toulon nicht zu Gesicht bekommen hatte, erreicht Alexandria; Nelson ist aber der Meinung, die Gesuchten befänden sich weiter östlich, und segelt wieder ab.

*1. Juli (13. Messidor VI): Bonapartes Flotte erscheint vor Alexandria und nimmt die Stadt am nächsten Tag ein.

10. und 13. Juli (22. und 25. Messidor VI): Bonaparte schlägt die Mamelucken in den Schlachten von El-Ramanije und Chebreis.

20. Juli (2. Thermidor VI): Nelson, immer noch auf der Suche nach der französischen Flotte, landet in Syrakus, das er fünf Tage später wieder verläßt.

*21. Juli (3. Thermidor VI): Napoleons Truppen besiegen die Mamelucken in der Schlacht bei den Pyramiden.

1798 24. Juli (6. Thermidor VI): Bonaparte zieht in Kairo ein.

*1. August (14. Thermidor VI): Nelson stößt auf die französische Flotte unter Admiral Brueys vor Abukir, östlich von Alexandria – nicht im Hafen selbst, wie Napoleon angeordnet hatte. Nelson trennt die französische Flotte von den Küstenbatterien, und Brueys läßt sich auf einen Kampf ein, während seine Schiffe noch verankert sind. Diese werden umzingelt und bis auf zwei im Laufe einer achtzehnstündigen Schlacht versenkt. Brueys, tödlich verwundet, geht mit seinem Schiff unter. Damit ist Napoleon der Rückzug abgeschnitten.

22. August (5. Fructidor VI): Bonaparte gründet in Kairo das Institut für Ägyptologie.

25. August (8. Fructidor VI): Bonaparte schickt unter dem Kommando von General Desaix Truppen nach Oberägypten, wohin sich die Mamelucken zurückgezogen haben.

30. August (5. Fructidor VI): Da Napoleon trotz Friedensbeteuerungen versucht, die Griechen in der Morea (Peloponnes) und die Albanier gegen den türkischen Sultan aufzuhetzen, schließt dieser mit Zar Paul I. ein Militärbündnis.

2. September (16. Fructidor VI): Auf Malta erheben sich die Bewohner gegen die Franzosen, die in der Festung von La Valette eingeschlossen werden.

9. September (23. Fructidor VI): Die Türkei erklärt Frankreich den Krieg.

7. Oktober (16. Vendémiaire VII): Desaix besiegt die Mamelucken in Oberägypten bei Sediman.

21. Oktober (30. Vendémiaire VII): In Kairo erhebt sich die Bevölkerung gegen die Franzosen. Der Aufstand wird am folgenden Tag niedergeschlagen.

1798 7. Dezember (17. Frimaire VII): Die napoleonischen Truppen ziehen in Suez ein.

24. Dezember (4. Nivôse VII): Bonaparte verläßt Kairo und macht sich auf den Weg nach Suez.

30. Dezember (10. Nivôse VII): Napoleon entwickelt den Plan, das Mittelmeer mit dem Roten Meer durch einen Kanal zu verbinden.

1799 1. Februar (13. Pluviôse VII): Desaix vernichtet die Reste des Mameluckenheeres bei Assuan. Damit ist ganz Oberägypten in französischer Hand.

15. Februar (27. Pluviôse VII): Die französischen Truppen besiegen die türkische Armee bei El-Arisch.

25. Februar (7. Ventôse VII): Napoleon marschiert in Palästina ein.

7. März (17. Ventôse VII): Nach kurzer Belagerung erobert Napoleon Jaffa, wo die Pest wütet und auf die französischen Truppen übergreift.

11. März (21. Ventôse VII): Napoleon besucht in Jaffa die Pestkranken.

*19. März (29. Ventôse VII): Napoleon beginnt mit der Belagerung von Akkon, wo bereits eine englische Hilfsflotte gelandet ist.

16. April (27. Germinal VII): Nach vorübergehendem Abbruch der Belagerung von Akkon besiegt Napoleon die Türken bei Mont-Tabor, in der Nähe von Nazareth.

17. Mai (28. Floréal VII): Nachdem mehrere Versuche, Akkon zu erobern, gescheitert sind, gibt Napoleon die Belagerung auf und leitet den Rückzug nach Kairo ein.

1799 14. Juni (26. Prairial VII): Bonaparte trifft wieder in Kairo ein.

25. Juli (7. Thermidor VII): Die französischen Truppen besiegen ein türkisches Heer bei Abukir, das dort mit englischer Hilfe am 17. Juli gelandet war.

*23. August (6. Fructidor VII): Napoleon verläßt auf der Fregatte La Muiron Ägypten; er wird nur von wenigen Freunden begleitet, seine Truppen läßt er in Ägypten zurück. Er hat General Kléber den Oberbefehl über die Truppen gegeben.

*9. Oktober (17. Vendémiaire VIII): Bonaparte betritt wieder französischen Boden.

17. Oktober (25. Vendémiaire VIII): Napoleon wird in Paris vom Direktorium empfangen.

23. Oktober (1. Brumaire VIII): Lucien Bonaparte, Napoleons jüngerer Bruder, wird Präsident des Rates der Fünfhundert.

1. November (10. Brumaire VIII): In Luciens Haus kommt es zu einer entscheidenden Unterredung zwischen Napoleon und Sieyès. Dieser muß seinen eigenen Plan für eine Verfassung fallenlassen und stimmt Napoleons Idee einer vorläufigen Regierung von drei Konsuln bei.

3. November (12. Brumaire VIII): Napoleon hat eine Unterredung mit Polizeiminister Fouché, in der dieser zusichert, nichts gegen einen Staatsstreich zu unternehmen.

*9. November (18. Brumaire VIII): Napoleons Staatsstreich: Der Rat der Alten wird frühmorgens alarmiert, da ein terroristisches Komplott im Gange sei. Er faßt den Entschluß, daß beide Kammern nach Saint-Cloud im Pariser Westen gehen sollen. Napoleon wird zum Oberkommandierenden der Truppen in Paris ernannt, mit der Umsiedlung der Kammern beauftragt und spricht zum Rat der Alten. Barras, Sieyès und Ducos treten von ihren Posten als Direktoren zurück, die beiden anderen Direktoren, Gohier und Moulin, weigern sich und werden der Aufsicht General Moreaus unterstellt.

1799 *10. November (19. Brumaire VIII): In Saint-Cloud regt sich starker Widerstand gegen Napoleon – vor allem von seiten der Jakobiner, da kein Komplott vorliege. Napoleon spricht endlich vor dem Rat der Alten, ohne diesen für sich einnehmen zu können. Im Rat der Fünfhundert kommt er nicht zu Wort, die dortigen Jakobiner fordern seine Ächtung, die Deputierten stoßen und schlagen auf ihn ein. Lucien Bonaparte beruhigt die Abgeordneten. Schließlich läßt Napoleon den Saal durch Murat mit Gewalt räumen, woraufhin der Rat der Alten die provisorische Konsular-Regierung anerkennt. Lucien Bonaparte versammelt später etwa hundert Abgeordnete um sich und überredet sie, der ganzen Aktion einen legalen Anstrich zu geben.

Es werden drei provisorische Konsuln gewählt: Napoleon Bonaparte, Sieyès und Roger Ducos.

11. und 12. November (20. und 21. Brumaire VIII): Napoleon ernennt seine Minister: Berthier, Fouché, Cambacérès. Zehn Tage später stößt Talleyrand als Außenminister hinzu.

*15. Dezember (24. Frimaire VIII): Die *Konstitution des Jahres VIII* wird verkündet. Mit diesem Tag beginnt offiziell die Zeit der Konsulatsregierung – mit Napoleon als Erstem Konsul; er ist auf zehn Jahre gewählt. Cambacérès und Lebrun, die beiden anderen Konsuln, haben nur beratende Funktion.

ZITATE

Marmont, General unter Napoleon in Ägypten, in seinen Erinnerungen über den Feldzug:

Alle Wahrscheinlichkeiten waren gegen uns, für uns keine einzige. Leichten Herzens gingen wir dem nahezu sicheren Untergang entgegen.

Man muß gestehen, es war ein wahnwitziges Spiel, und selbst der Erfolg hätte es nicht rechtfertigen können.

Napoleon, feierliche Proklamation nach seinem Einzug in Alexandria, 2. Juli 1798 (14. Messidor VI):

Völker Ägyptens, man wird euch erzählen, daß ich gekommen bin, um eure Religion zu zerstören. Glaubt es nicht! Antwortet, daß ich kam, um eure Rechte wiederherzustellen und die Usurpatoren zu bestrafen, und daß ich Gott, seinen Propheten und den Koran höher achte als es die Mamelucken tun …

Napoleon, Ansprache an die Soldaten vor der Schlacht bei den Pyramiden, 21. Juli 1798 (3. Thermidor VI):

Soldaten, vierzig Jahrhunderte blicken von der Höhe dieser Pyramiden auf euch herab!

Napoleon auf St. Helena über die Vernichtung seiner Flotte bei Abukir (berichtet von Gourgaud):

Die Soldaten rebellierten und die Generäle auch. Furchtbar, es auszusprechen, aber vielleicht war es ein Glück, daß die Flotte bei Abukir vernichtet wurde: sonst hätte die ganze Armee sich eigenhändig eingeschifft!

Napoleon in seinen Erinnerungen über die Belagerung von Akkon, Mai 1799:

Ein Sandkorn hat meinem Geschick Halt geboten. Wäre Akkon genommen worden, so hätte die französische Armee sich auf Damaskus und Aleppo geworfen und in kürzester Zeit den Euphrat erreicht. Sechshunderttausend christliche Drusen hätten sich mit uns vereinigt, und wer kann wissen, wohin das geführt hätte? Ich wäre bis nach Konstantinopel, bis nach Indien gegangen …

Napoleons Instruktion an seinen Nachfolger in Ägypten, General Kléber, als er nach Frankreich zurückkehrte (Ende August 1799):

Wenn, infolge unvorhersehbarer Ereignisse, Sie bis zum Mai keine Hilfe oder Nachrichten von Frankreich empfangen haben und wenn trotz aller Vorsichtsmaßnahmen eine Seuche in Ägypten ausbricht und Sie mehr als fünfzehnhundert Mann verlieren, dann bin ich der Meinung, daß Sie keinen neuen Feldzug wagen sollten, und Sie sind hiermit bevollmächtigt, mit der Hohen Pforte (dem Sultan) Frieden zu schließen, selbst wenn die Hauptbedingung die Räumung Ägyptens sein sollte.

Goethe, zu Eckermann im April 1829, über Napoleons Feldzug nach Ägypten:

Man sieht, er hatte diesen Zug bloß unternommen, um eine Epoche auszufüllen, wo er in Frankreich nichts tun konnte, um sich zum Herrn zu machen … Napoleon behandelte die Welt wie Hummel seinen Flügel.

General Marmont in seinen Erinnerungen über die Begegnung mit der englischen Flotte bei Napoleons Rückkehr von Ägypten, 7. Oktober 1799 (15. Vendémiaire VIII):

Die Sonne ging unter, und der Feind stand gegen die Sonne. Wir konnten ihn deutlich sehen, waren ihm, da der Abendnebel uns umhüllte, aber kaum sichtbar; er konnte die Stellung unserer Segel nicht erkennen: Das allein rettete uns.

Es war ein schicksalsschwerer Augenblick … Die Engländer meinten, unsere zwei Fregatten seien aus Toulon ausgelaufen, und jagten uns hinaus aufs offene Meer nach, während wir geradewegs der Küste zusteuerten.

Le Moniteur Universel, *halboffizielles Regierungsorgan, bei Napoleons Rückkehr nach Frankreich im Oktober 1799:*

Der Sieg, der Bonaparte überall auf den Fersen folgte, eilt ihm in diesem Fall voraus …

Welch schreckliche Nachricht für Sie, Mr. Pitt …

Drei verlorene Schlachten wären besser für Sie als Napoleons Rückkehr gewesen.

General Moreau zu Sieyès bei ihrer Unterredung am 14. Oktober 1799 (22. Vendémiaire VIII), in der Sieyès nach Napoleons Landung in Frankreich einen Staatsstreich vorschlug:

Da ist Ihr Mann. Er wird einen Staatsstreich viel besser ausführen, als ich kann.

Napoleon zu Bottot, Barras' Sekretär, am 9. November 1799 (18. Brumaire VIII) im Garten der Tuilerien:

In welcher Lage habe ich Frankreich verlassen, und wie finde ich es jetzt vor? Ich habe euch Frieden hinterlassen, und bei meiner Rückkehr finde ich Krieg! Ich hinterließ euch Eroberungen, und jetzt überschreitet der Feind unsere Grenzen! Ich hinterließ euch volle Lagerhäuser, jetzt finde ich sie leer! Ich hinterließ euch den Reichtum Italiens, und jetzt finde ich Wucher und Armut überall.

Lucien Bonaparte vor dem Rat der Fünfhundert am 10. November 1799 (19. Brumaire VIII):

Die Terroristen im Rate der Fünfhundert, freche, von England bestochene Räuber, haben sich gegen den Rat der Alten empört und wollen die Acht über den Oberkommandierenden der Armee (Napoleon) verhängen …

Ich erkläre euch, nur die sind die wahren Gesetzgeber Frankreichs, die aus der Versammlung zu mir herauskommen, die andern sollen mit Gewalt verjagt werden …

Ich schwöre, daß ich meinen Bruder mit meiner eigenen Hand töten werde, wenn er je einen Anschlag auf die Freiheit Frankreichs wagen sollte!

Napoleon zu seinem Sekretär Bourrienne, nach dem 18. Brumaire (nach Bourriennes Erinnerungen):

»Ich habe wohl viele Dummheiten geschwatzt, Bourrienne?« (»Nicht zu wenig, General!«) »Ich spreche lieber zu Soldaten als zu Rechtsgelehrten (des Rates der Fünfhundert). Diese Esel haben mich vollkommen verwirrt. Ich habe nicht die Erfahrung, in Versammlungen zu sprechen. Es wird schon noch werden …

Ach, was ich noch sagen wollte: Wir schlafen morgen im Luxembourg!«

Aus der Konsulatsverfassung vom 13. Dezember 1799 (22. Frimaire VIII):

III. Von der gesetzgebenden Gewalt

25. Es sollen keine neuen Gesetze verkündet werden, als wenn der *Vorschlag dazu von der Regierung gemacht, dem Tribunate mitgeteilt und vom Gesetzgebungskörper dekretiert* sein wird.

27. Das *Tribunat* besteht aus hundert Mitgliedern, die wenigstens fünfundzwanzig Jahre alt sein müssen. Ein Fünftel wird jedes Jahr erneuert …

31. Der *Gesetzgebungskörper* besteht aus dreihundert Mitgliedern, die wenigstens dreißig Jahre alt sein müssen. *Ein Fünftel derselben wird jedes Jahr erneuert.*

34. Der Gesetzgebungskörper *macht das Gesetz,* indem er durch geheime Stimmensammlung, ohne die geringste eigene Verhandlung seiner Mitglieder, *über die Gesetzesvorschläge entscheidet,* welche von den Sprechern des Tribunats und der Regierung vor ihm erörtert werden.

IV. Von der Regierung

39. *Die Regierung* ist *dreien Konsuln, welche auf zehn Jahre ernannt werden* und *unbeschränkt wieder wählbar sind,* anvertraut …

Die Verfassung ernennt zum *ersten* Konsul den Bürger *Bonaparte* … zum zweiten Konsul den Bürger Cambacérès … und zum dritten Konsul den Bürger Lebrun … Für dieses Mal ist der dritte Konsul auf fünf Jahre ernannt.

41. Der *erste Konsul verkündet die Gesetze;* er ernennt und entsetzt nach Willkür die Mitglieder *des Staatsrats,* die *Minister,* die *Gesandten …,* die Offiziere der Land- und Seemacht, die Mitglieder der örtlichen Verwaltungen und die Regierungskommissarien bei den Gerichtshöfen. Er ernennt alle Kriminal- und Zivilrichter …

42. In den *übrigen* Verhandlungen der Regierung haben der zweite und dritte Konsul *beratende* Stimmen …

43. Das Gehalt des ersten Konsuls ist für das Jahr VIII auf fünfmalhunderttausend Francs festgesetzt. Das Gehalt eines jeden der beiden andern Konsuln beträgt drei Zehntel des Gehalts des Ersten.

44. Die Regierung schlägt die Gesetze vor und macht die nötigen Verordnungen, um ihre Vollziehung zu sichern.

47. Die Regierung sorgt für die innere Sicherheit und äußere Verteidigung des Staats; sie verteilt die Land- und Seemacht und lenkt ihre Richtung.

50. Die Kriegserklärungen, Friedensschlüsse, Allianz- und Handelsverträge werden, gleich Gesetzen, vorgeschlagen, verhandelt, dekretiert und verkündet.

VII. Allgemeine Verfügungen

93. Die französische Nation erklärt, daß sie in keinem Falle die Rückkehr der Franzosen, welche, nachdem sie ihr Vaterland seit dem 14. Juli 1789 verlassen haben, nicht in denen, durch die gegen die Ausgewanderten gegebenen Gesetze gemachten, Ausnahmen begriffen sind, zugeben werde; sie verbietet auch alle neuen Ausnahmen in diesem Stücke.

Die Güter der Ausgewanderten sind unwiderruflich der Republik heimgefallen.

Proklamation der Konsuln zur Beendigung der Revolution vom 15. Dezember 1799 (24. Frimaire VIII):

Eine neue Verfassung wird euch vorgelegt.

Sie beseitigt die Unklarheiten, die unter der provisorischen Regierung in den äußeren Beziehungen, in der inneren und militärischen Lage herrschten. Sie stellt an die Spitze der von ihr geschaffenen Institutionen die ersten Beamten, deren Hingabe sich als für ihre Tätigkeit notwendig erwiesen hat.

Die Verfassung gründet sich auf die wahren Prinzipien der Repräsentativregierung, auf die geheiligten Rechte des Eigentums, der Gleichheit und der Freiheit.

Die von ihr eingesetzten Gewalten werden stark und zuverlässig sein, wie sie es sein müssen, wenn sie die Rechte der Bürger und die Interessen des Staates schützen sollen.

Bürger, die Revolution hält an den Grundsätzen, die an ihrem Beginn standen, fest. Sie ist beendet.

Goethe, Tag- und Jahreshefte, 1803:

Seit der Französischen Revolution war eine Unruhe in die Menschen gekommen, dergestalt daß sie entweder an ihrem Zustand zu ändern oder ihren Zustand wenigstens dem Ort nach zu ändern gedachten.

10 AUSBLICK

Die neue Konsularverfassung, die am 24. Dezember 1799 vom Volke mit überwältigender Mehrheit angenommen wurde, bewahrte das Aussehen einer Republik: Sie sah einen Senat, ein Tribunat, eine gesetzgebende Kammer und einen Staatsrat vor. Aber sie übertrug alle Macht auf einen Mann, den Ersten Konsul. Napoleon legte zeit seines Lebens Wert darauf, als Erbe und Vollender der Revolution angesehen zu werden. Noch bei der Invasion der Verbündeten in Frankreich im Jahre 1814 erklärte er: »Man muß die Reitstiefel von 1793 wieder anziehen!« – Und noch nach seiner Rückkehr von Elba, 1815, wurde er in Lyon von Tausenden mit dem Ruf begrüßt: »Es lebe der Kaiser, es lebe die Revolution!«

Tatsächlich wandelte sich das Bild Frankreichs unter seiner Hand schnell und vollständig, und das erste Jahr seiner Diktatur hinterließ mehr Spuren als irgendeine andere Episode in der Geschichte Frankreichs, mit Ausnahme etwa der ersten Monate nach dem Zusammentritt der Generalstände 1789. Durch das Präfektursystem wurde eine stark zentralisierte Verwaltung in den Arrondissements durchgeführt, das Steuersystem wurde reformiert und der Friede mit der katholischen Kirche geschlossen. Vor allem wurde das Rechtswesen durch den *Code Civil* auf eine neue, bis heute gültige Grundlage gestellt, welche die bürgerlichen Errungenschaften der Revolution sicherte und die Gleichheit vor dem Gesetz garantierte. Der *Code Napoléon* wurde Bonapartes dauerhafteste Hinterlassenschaft und wurde richtunggebend nicht nur in Frankreich, sondern auch in den von diesem besetzten Gebieten und in vielen anderen Ländern. Dabei baute Napoleon vielfach auf die Erfahrung der Revolutionsjahre auf und scheute sich auch nicht, erfahrene Jakobiner in seine Verwaltung aufzunehmen.

Selbstverständlich hatte er mit fanatischer Opposition von zwei Seiten zu kämpfen, der revolutionären und der royalistischen. Die

Aufforderung Ludwigs XVIII., ihn wieder in seine Rechte einzusetzen, lehnte er höflich, aber bestimmt ab, und als er, nach mehreren Attentatsversuchen gegen ihn, Cadoudal, Pichegru, Moreau und den wahrscheinlich ganz unschuldigen Herzog von Enghien aus dem Wege geräumt hatte, war die aktive Opposition im Lande für viele Jahre zum Schweigen gebracht.

Dazu trugen natürlich auch seine enormen außenpolitischen Erfolge bei: Mit England hatte er 1801 Frieden geschlossen. Als aber im Jahre 1805 ein dritter Koalitionskrieg gegen Rußland, England und Österreich ausbrach, errang er seinen glänzendsten Sieg bei Austerlitz, schlug im nächsten Jahre Preußen, das sich der Koalition ferngehalten hatte, und war nun Herr von halb Europa. Schon vorher hatte er sich zum »Kaiser der Franzosen« krönen lassen, und im Jahre 1805 auch zum König von Italien. Das alte Heilige Römische Reich Deutscher Nation zerbrach, die Fürsten von Bayern, Sachsen und Württemberg wurden Könige und, durch den Rheinbund, Satelliten des Kaisers. Seine Brüder regierten in Neapel, Holland und Westfalen. Er stand auf dem Höhepunkt seiner Macht und Popularität.

Nur England, dem er mit seiner Kontinentalsperre zwar Schaden zufügte, das er aber nicht erobern konnte, und Rußland entzogen sich seinem Griff. Das Nationalgefühl in den unterdrückten Ländern erstarkte, und in Spanien, von englischen Truppen unterstützt, blieb seine Herrschaft trotz aller Anstrengungen nie unangefochten. Mit seinem Feldzug gegen Rußland 1812, der in einer vollständigen Katastrophe endete, begann sein rapider Abstieg. Rußland, Österreich, Preußen und England verbündeten sich gegen ihn, und nach der Entscheidungsschlacht von Leipzig fielen auch die süddeutschen Fürsten von ihm ab. Als er 1814 dann noch in Frankreich geschlagen wird, dankt er ab, kehrt allerdings nach kurzer Verbannung aus Elba wieder zurück, muß aber dann nach seiner endgültigen Niederlage bei Waterloo (1815) endgültig auf den Thron verzichten und stirbt als Gefangener Englands im Jahre 1821 auf St. Helena.

Der Wiener Kongreß, der inzwischen die europäischen Verhältnisse neu zu ordnen bemüht war, versuchte, mittels der »Heiligen Allianz« der »legitimen Mächte« die vorrevolutionären Zustände wieder einzuführen: In Frankreich kehren die Bourbonen zurück, die nichts

Eiligeres zu tun hatten, als alle »Königsmörder« – nach zweiundzwanzig Jahren – des Landes zu verweisen. Sie hatten, nach Talleyrands Wort, nichts vergessen und nichts gelernt. Rußland blieb, nach dem Scheitern des »Dezembristenaufstandes«, so absolutistisch wie je zuvor und wurde, nach seiner erfolgreichen Abwehr der napoleonischen Invasion, die vorherrschende Macht auf dem Kontinent – die Parallele zu 1945 liegt, bei allen Verschiedenheiten, auf der Hand. Und da auch Österreich unter Metternich völlig fortschrittsfeindlich blieb, hatten in Deutschland alle Hoffnungen auf eine freie und geeinte Nation, die während der »Befreiungskriege« gegen Napoleon aufgekommen waren, keine Aussicht auf Erfolg. Das alte Kaiserreich wurde nicht wiederhergestellt, an seine Stelle trat ein loser Staatenbund, in dem Österreich die führende Rolle spielen sollte.

Aber was die Revolution hervorgebracht und was jahrelang die Menschen aller europäischen Länder beschäftigt hatte, ließ sich nicht wieder aus der Welt schaffen. Der Feudalismus und der Glaube an ein Fürstentum von Gottes Gnaden waren ein für allemal schwer erschüttert, das Gefühl der Gleichheit aller vor dem Gesetz, das Nationalbewußtsein und das der Volkssouveränität bestimmten die weitere Entwicklung in Deutschland, Italien und Spanien für die nächsten Jahrzehnte. In Deutschland blieb die Zersplitterung in Hunderte von kleinen und winzigen Staaten eine Sache der Vergangenheit, und die liberalen Reformen, die Stein und Hardenberg in Preußen zur napoleonischen Zeit durchgeführt hatten, wurden nicht rückgängig gemacht, wenn auch der preußische König diese Männer immer wieder als »Jakobiner« bezeichnete.

Der eigentliche Sieger der Revolution, das wohlhabende liberale Bürgertum, kam am ehesten in Frankreich wieder zur Macht – mit der Revolution von 1830, die dem Absolutismus für immer ein Ende machte. In Preußen und Österreich verlief die Entwicklung weniger eindeutig, denn die Revolutionen von 1848/49 scheiterten – in Österreich mit russischer Hilfe. Immerhin gab es in Preußen seit 1850 eine Verfassung mit zwei Parlamenten, wenn auch die feudalistischen Strukturen, durch Bismarcks erfolgreiche Manipulation des Bürgertums, bis zum Jahre 1918 niemals ganz verschwanden. Zwar wäre die endlich erreichte Einigung Deutschlands im Jahre

1871 ohne eine durch freie und gleiche Wahl gewählte Volksvertretung nicht mehr möglich gewesen; aber die Gegensätze, die hier, im neuen deutschen Reichstag, jetzt ausgefochten wurden, waren bald nicht mehr so sehr die zwischen Bürgertum und regierender adliger Oberschicht, sondern fanden ihren Ausdruck in der Auseinandersetzung mit den durch die fortschreitende Industrialisierung immer stärker gewordenen Arbeitermassen. Die Klassengegensätze, die nun klar in Erscheinung traten, waren im Keim schon während der Französischen Revolutionen durch Babeuf, Roux und ihre Anhänger deutlich geworden.

Wie viele dieser Entwicklungen auch ohne die Revolution eingetreten wären, ist unmöglich zu sagen. Manche Tendenzen, die sie gefördert hat, wie etwa die zur größeren Zentralisierung in Frankreich, hatten tatsächlich schon vor ihrem Ausbruch begonnen. Solche Fragen zu stellen, ist im Grunde müßig, denn man kann in der Geschichte niemals eindeutig sagen, was geschehen wäre, wenn gewisse Ereignisse nicht oder anders stattgefunden hätten. Wir können nur mit Gewißheit sagen, daß die Entwicklung, die Europa durch Napoleon, gegen ihn und in den darauffolgenden Jahrzehnten durchmachte, ohne die Ereignisse in Frankreich in den Jahren 1789–1799 undenkbar wären, – und darüber hinaus kann man vielleicht behaupten, daß erst seit dieser Zeit Geschichte immer nur durch das Mitwirken der Völker selbst, niemals mehr allein durch das ihrer »Oberschichten« weiter voranschritt.

11 DIE REVOLUTION IN KUNST UND LITERATUR

Hierzu können in diesem Rahmen nur ein paar kurze Andeutungen erfolgen, denn das Thema umfaßt ein so weites Feld, daß ganze Bücher geschrieben werden müßten, um es zu erschöpfend abzuhandeln.

Um mit der Musik zu beginnen: Von all den zur Revolutionszeit populären Hymnen und Liedern, zum Teil von berühmten Komponisten wie Méhul, Cherubini und Gossec geschrieben – das *Ça ira* und die *Carmagnole* waren damals in aller Munde –, ist eigentlich nur *eine* Melodie lebendig geblieben, diese allerdings in ganz erstaunlichem Maße: Rouget de Lisles *Marseillaise*, von ihm gedichtet und, offenbar unter Benutzung von bereits vorhandenen populären Melodien, auch komponiert. Nicht nur ist sie heute noch fast jedem bekannt und wird bei revolutionären Gelegenheiten immer wieder gesungen: Sie taucht auch in der klassischen Musik immer wieder auf und ist in dieser Beziehung höchstens mit dem mittelalterlichen *Dies irae* und Luthers *Ein feste Burg* zu vergleichen. Sie taucht auf in Wagners und Schumanns Vertonungen von Heines *Zwei Grenadieren* – von denen die Wagnersche, weniger bekannte Version die frühere ist – und auch in Schumanns *Faschingsschwank* – dort etwas versteckt, offenbar wegen der Zensur. Ferner findet man sie in Opern, die die Revolution zum Thema haben, wie Giordanos *Andrea Chénier* und Poulencs *Dialogue des Carmelites*; andere Opern, die den gleichen Stoff behandeln, wie Dvořáks *Jakobiner* und Cherubinis *Deux Journées* (*Der Wasserträger*) sind in Vergessenheit geraten. Aber die *Marseillaise* taucht auch in Tschaikowskis *1812*-Ouvertüre und, als scherzhaftes Zitat, in Offenbachs *Orpheus in der Unterwelt* auf, und mit dieser Aufzählung ist das Thema bestimmt bei weitem nicht erschöpft.

Von einem eigenen, durch die Revolution geschaffenen Musikstil kann man eigentlich nicht sprechen, es sei denn, man sähe die stark individuellen Züge, wie sie in Beethovens Musik zum Ausdruck kommen, für eine Folge der Revolution an. Beethoven war bekanntlich begeistert von der Idee der Freiheit und sah in dem jungen Napoleon einen Helden; er änderte seine Ansicht erst, als dieser sich zum Kaiser ernannte, und zerriß die Widmung seiner Dritten Symphonie an das einst verehrte Idol.

Bei Mozart nach revolutionären Einflüssen zu suchen wäre wahrscheinlich vergeblich. Für Voltaire hatte er bei dessen Tode nur Worte der Verachtung (»der gottlose und Erz-Spitzbub Voltaire«), und was uns im *Figaro* als aufrührerisch erscheinen könnte, etwa das berühmte »Will der Herr Graf ein Tänzchen wohl wagen«, ist lange vor 1789 komponiert, und es ist auch mehr im Sinne des allerdings revolutionär gesinnten Librettisten Beaumarchais als in dem Mozarts, der hier, wie auch im *Don Giovanni*, neutral bleibt. Haydn, der immerhin bis 1809 lebte, blieb immer der ergebene Diener seines Herrn Esterhazy und seines Kaisers.

Von der bildenden Kunst ist schon kurz die Rede gewesen. Der klassizistische Stil, der das Rokoko ablöste und im Zeitalter der Revolution vorherrschte, hatte sich schon vor 1789 eingebürgert. In Frankreich sind seine Hauptvertreter die Vernets und vor allem Jacques Louis David sowie der Bildhauer Rude, in Deutschland Schinkel, Schadow, Klenze und Rauch, in anderen Ländern Thorwaldsen und Canova. Ein eigentlich neuer Stil entstand erst im Kaiserreich – das sogenannte »Empire«.

Was in der schönen Literatur auffällt ist, daß ein so einschneidendes und dramatisches Ereignis wie die Französische Revolution in Deutschland so wenig hervorragende Werke angeregt hat. Den großen europäischen Romanen, die in dieser Zeit spielen, wie Dickens' *Tale of Two Cities*, Balzacs *Les Chouans*, Victor Hugos *1793*, Zolas *Germinal*, Anatole Frances *Die Götter dürsten* und Tolstois *Krieg und Frieden* (das allerdings erst in der napoleonischen Zeit spielt), haben wir nichts Ebenbürtiges zur Seite zu stellen. Nur auf dramatischem Gebiet haben sich Büchner mit seinem genialen *Dantons Tod*, Schnitzler mit seiner Groteske *Der grüne Kakadu* und Peter Weiss mit seinem *Marat/Sade*-Drama ernsthaft mit den Ereignissen dieser Zeit befaßt. Es ist bemerkenswert, daß der revolutionäre Dramatiker Bert Brecht, der viele historische Themen wie Galilei, Lucullus, Jeanne d'Arc behandelte, sich von der Französischen Revolution ferngehalten hat.

Seltsam ist auch die Beziehung der Zeitgenossen Goethe und Schiller zur Revolution. Goethe, der als Begleiter seines Großherzogs die Campagne in Frankreich 1792 mitgemacht hatte und später Napoleon persönlich kennenlernte, hat das Thema Revolution in seinen Dichtungen kaum ernsthaft in Angriff genommen. Er schrieb zwei Zeitstücke, *Der Großkophta* und *Der Bürgergeneral*, leichte Komödien, wogegen ein Trauerspiel über dieselbe Zeit, *Das Mädchen von Oberkirch*, Skizze blieb. In *Hermann und Dorothea* spielt die Revolution nur zum Schluß kurz hinein, und diese bildet auch lediglich den Hintergrund für *Die natürliche Tochter*, die eine Trilogie werden sollte und ebenfalls unvollendet geblieben ist. Sein *Märchen* behandelt gleichfalls die Revolution, aber in so verschlüsselter Weise, daß man darüber leicht hinweglesen kann.

Noch merkwürdiger ist das Verhältnis Schillers zur Revolution, die er anfangs, ebenso wie Klopstock, Herder und Hölderlin, mit Begeisterung begrüßt hatte und die ihn, als den »Publizisten Gille«, sogar zum Ehrenbürger ernannt hatte. Er hat dann aber nur Worte der Warnung und Verachtung für die Revolution übrig gehabt. So in der *Jungfrau von Orleans*, die im 3. Akt, 4. Auftritt auf die dreihundertfünfzig Jahre später stattfindende Revolution deutlich anspielt – und übrigens auch die Entdeckung Amerikas voraussagt. Viel bekannter sind seine Worte des Abscheus in *Das Lied von der Glocke* über die Schreckensherrschaft: »Da werden Weiber zu Hyänen ...«, in dem auch zu lesen ist: »Wenn sich die Völker selbst befrein, /da kann die Wohlfahrt nicht gedeihn«, wozu Thomas Mann in seiner letzten Arbeit, seinem sehr enthusiastischen *Versuch über Schiller*, mit einiger Ironie bemerkt: »Die Zwischenfrage ist nicht ganz vorlaut, wer sie denn befreien soll, die Völker, wenn sie es nicht selber tun.« Dennoch hat Schiller hier vielleicht nicht völlig unrecht: Denn wer hat denn die deutschen Völker im Jahre 1945 von ihrem letzten Tyrannen befreit – etwa die »Völker selbst«?

Auch die deutsche Lyrik hat sich weit öfter an Napoleon gehalten als an die Revolution. Die frühen Hymnen von Hölderlin an die Freiheit und auch die Klopstocks sind längst in Vergessenheit geraten, und auch der Napoleon-Schwärmer Heine spielt in seinen Dichtungen nur kurz auf die Ereignisse der Revolution an, dann allerdings in sehr witziger Weise: so, wenn Kaiser Rotbart, in *Deutschland, ein Wintermärchen*, sich mit Entsetzen erkundigt, was denn das sei, die Guillotine; und in der unheimlichen Ballade *Marie Antoinette* im *Romancero*, wo die Pariser Hofdamen ein steifes Zeremoniell ausführen – aber allen fehlt der Kopf!

An deutschen Novellen endlich, die in der Revolutionszeit spielen, wäre Eichendorffs *Schloß Dürande* zu nennen und allenfalls Kleists *Marquise von O.*, in der es sich offenbar um die Zeit der Koalitionskriege handelt – wann wären sonst russische Truppen in Italien gewesen? Keine reiche Ausbeute. Wiederum schneidet Napoleon besser ab: so bei Hauff *Das Bild des Kaisers*, in Hebels *Schatzkästlein* und vor allem in den Dramen von Carl Hauptmann, Arnold Zweig, Fritz von Unruh und Walter Hasenclever. George Bernard Shaws frühes Drama *The Man of Destiny* behandelt übrigens Napoleon im Jahre 1796 während des italienischen Feldzugs.

Diese wenigen Andeutungen, denen man sicher viel hinzufügen könnte, müssen hier genügen. Sie sollten immerhin zeigen, daß auch in der deutschen Literatur das Thema Französische Revolution, wenn auch vielleicht seltener als man erwarten könnte, verschiedentlich, bis in die heutige Zeit und von sehr unterschiedlichen Gesichtspunkten aus gesehen und gestaltet worden ist.

BIOGRAPHIEN DER WICHTIGSTEN PERSÖNLICHKEITEN

Artois, Charles Philippe, Graf d', 1757–1836, jüngerer Bruder Ludwigs XVI., Führer der Emigranten; als Karl X. König von Frankreich, 1824–1830; durch die Julirevolution gestürzt.

Augereau, Charles Pierre François d', 1757–1816, erfolgreicher General unter Napoleon in Italien, führte den Staatsstreich des 18. Fructidor durch; Napoleon ernannte ihn zum Marschall, dann zum Herzog von Castiglione; kämpfte bei Jena, Eylau, in Spanien und bei Leipzig; ging 1814 zu den Bourbonen über.

Babeuf, François Noël, 1760–1797; radikaler Revolutionär und Publizist, versuchte durch den geheimen »Klub der Gleichen« das Direktorium zu stürzen. Er strebte gleiche Verteilung der Güter (nicht aber der Produktionsmittel) an. Sein »Klub« wurde verraten, er selbst hingerichtet.

Bailly, Jean Sylvain, 1736–1793, Astronom und Mitglied der Akademie der Wissenschaften; erster Präsident der Nationalversammlung, dann Bürgermeister von Paris bis 1791. Wurde für das »Marsfeld-Massaker« am 17. Juli 1791 verantwortlich gemacht, zog sich zurück, wurde 1793 verhaftet und guillotiniert.

Barère de Vieuzac, Bertrand, 1755–1841, Mitglied der Nationalversammlung, erst gemäßigt, dann Radikaler, Mitglied des Sicherheitsausschusses. Anhänger Robespierres, wandte sich am 9. Thermidor jedoch gegen ihn. Wurde geheimer Agent für Napoleon. 1815 als »Königsmörder« verbannt, kehrte er unter Louis-Philippe nach Frankreich zurück.

Barnave, Antoine Pierre Joseph Marie, 1761–1793, Jakobinerführer in der Nationalversammlung, beteiligt an der Verhaftung der königlichen Familie bei deren Flucht 1791. Ging zu den Feulliants über und erstrebte eine konstitutionelle Monarchie. 1793 wurde er vom Revolutionstribunal zum Tode verurteilt. Entwickelte eine Theorie der Revolution.

Barras, Paul François Jean Nicolas, Vicomte de, 1755–1829, trotz seiner adligen Herkunft radikaler Jakobiner und Terrorist (Toulon), am 9. Thermidor gegen Robespierre. Dann Kommandeur in Paris; unterdrückte den Royalistenaufstand am 5. Oktober 1795 (13. Vendémiaire IV), danach führendes Mitglied des Direktoriums. Seine Bestechlichkeit war allgemein bekannt. Half Napoleon bei dessen Staatsstreich 1799, aber spielte danach keine bedeutende Rolle mehr.

Barthélemy, Balthazard François, Marquis de, 1747–1830, handelte für Frankreich den Frieden von Basel 1795 aus, dann Mitglied des Direktoriums. Beim Staatsstreich vom 4. September 1797 (18. Fructidor V) verhaftet und nach Guyana verbannt, entkam er von dort und unterstützte Napoleon. Ging 1814 zu den Bourbonen über.

Beauharnais, Alexandre François Marie, Vicomte de, 1760–1794, französischer General im amerikanischen Freiheitskampf, dann Kommandeur der Rheinarmee 1792. Wurde für die Kapitulation von Mainz verantwortlich gemacht und kurz vor dem Ende der Schreckensherrschaft guillotiniert. Erster Gemahl der späteren Kaiserin Joséphine.

Beaumarchais, Pierre Augustin Caron de, 1732–1799, erfolgreicher Komödienschreiber (*Der Barbier von Sevilla, Figaros Hochzeit*), auch geheimer Waffenlieferant für Frankreich im amerikanischen Unabhängigkeitskrieg. Floh 1792 nach London und kehrte erst nach Robespierres Sturz nach Frankreich zurück.

Bernadotte, Jean-Baptiste Jules, 1763–1844, französischer General, kämpfte unter Napoleon in Italien, war dann Kriegsminister und nahm an der Schlacht von Austerlitz teil. Wurde 1810 vom schwedischen König als Kronprinz adoptiert und kämpfte 1813 gegen Napoleon.

Berthier, Louis Alexandre, 1753–1815, General, kämpfte im amerikanischen Unabhängigkeitskrieg, dann in Italien, darauf mit Napoleon in Ägypten und später in den meisten seiner Feldzüge. Wurde Marschall und »Fürst von Neuchâtel«. Starb durch Fenstersturz aus dem Bamberger Schloß (Selbstmord?).

Besenval, Pierre Joseph Victor, Baron de, 1721–1794, Kommandeur der Pariser Truppen während des Sturms auf die Bastille, dem er durch seine Unentschlossenheit zum Sieg verhalf. Zog sich kurz darauf zurück und starb, inmitten des Pariser Terrors, eines natürlichen Todes.

BILLAUD-VARENNE, Jacques Nicolas, 1756–1819, fanatischer Anti-Monarchist im Konvent, Mitglied des Sicherheitsausschusses, wurde Präsident des Konvents. Als Mitglied des Wohlfahrtsausschusses nahm er an den Verschwörungen gegen Danton und Robespierre teil. Nach dem Sturz des letzteren als ehemaliger Terrorist nach Guyana verbannt; ein Amnestieangebot Napoleons nahm er nicht an und starb auf Haiti.

BONAPARTE, Lucien, 1775–1840, jüngerer Bruder Napoleons, rettete als Präsident des Rats der Fünfhundert die Situation für seinen Bruder bei dessen Staatsstreich am 18. Brumaire. Durch seine Heirat und Kritik an Napoleons Politik seinem Bruder entfremdet, versöhnte sich mit ihm während dessen Aufenthalt auf Elba.

BONAPARTE, Napoleon, 1769–1821, General, Konsul, Kaiser und Diktator Frankreichs (Einzelheiten s. Text).

BOURBON: siehe Artois, Charles Philippe, Graf d'; Ludwig XVI.; Ludwig XVII.; Ludwig XVIII.; Orléans, Louis Philippe Joseph, Herzog von.

BRAUNSCHWEIG, Karl Wilhelm Ferdinand, Herzog von, 1736–1806, preußischer Feldmarschall, erfolgreich im Siebenjährigen Krieg, im Ersten Koalitionskrieg als Oberkommandierender des preußischen Heeres bei Valmy geschlagen, im nächsten Jahr aber siegreich bei Kaiserslautern und Pirmasens. 1806 von Davout bei Auerstedt vernichtend geschlagen.

BRISSOT, Jacques Pierre, 1754–1793, revolutionärer Journalist und Führer der Gironde, kämpfte nach der Flucht des Königs gegen die Monarchie und für den Krieg. Sehr einflußreich in der Außenpolitik, verlor aber an Einfluß, als er sich im Juli 1792 gegen die Absetzung des Königs aussprach. Bekämpfte Robespierre und die Bergpartei; im Juni 1793 wurde er verhaftet, im Oktober hingerichtet.

BRUNE, Guillaume Marie Anne, 1763–1815, Hauptmann der Nationalgarde 1789, Freund Dantons, dann General; kämpfte in Holland, Italien und der Schweiz, wurde 1804 zum Marschall befördert; später fiel er bei Napoleon in Ungnade. Wurde wahrscheinlich von Royalisten ermordet.

Burke, Edmund, 1729–1797, britischer Politiker, der Whig-Partei angehörig, befürwortete Großzügigkeit gegenüber den amerikanischen und indischen Kolonien. Unter seinen vielen Schriften ist sein Essay über die Französische Revolution, 1790, die er scharf kritisierte, besonders einflußreich gewesen. Näherte sich in seinen späteren Jahren immer mehr dem konservativen Standpunkt.

Cadoudal, Georges, 1771–1804, royalistischer Anführer in der Vendée, unternahm mehrere Versuche, Napoleon zu ermorden. Bei dem Attentatsversuch im Jahre 1804, zusammen mit Pichegru und Moreau, wurde er verraten, von Fouché verhaftet und hingerichtet.

Calonne, Charles Alexandre de, 1734–1802, Finanzminister Ludwigs XVI., 1783 Generalkontrolleur der Finanzen; versuchte zuerst, durch riesige Ausgaben den Eindruck einer guten Kassenlage zu erwecken, übernahm aber Turgots Reformprogramm, das er mit Hilfe der Notablenversammlung durchzusetzen versuchte. Als dies scheiterte, wurde er 1787 entlassen und floh, um einer Anklage zu entgehen, nach England.

Cambacérès, Jean-Jacques Régis de, 1753–1824, revolutionärer Gesetzgeber im Konvent, hielt sich 1793/94 vorsichtig aus dem Parteienstreit heraus; nach dem 9. Thermidor Mitglied des Wohlfahrtsausschusses, dann im Rat der Fünfhundert, Zweiter Konsul unter Napoleon 1799–1804.

Carnot, Lazare Nicolas Marguerite, 1753–1823, als Mitglied der Gesetzgebenden Versammlung Anhänger der Bergpartei und Militärexperte, dann Kriegsminister (1793) und erfolgreicher Heeresorganisator und -reformer. Am Umsturz des 9. Thermidor maßgebend beteiligt, spielte er dann eine führende Rolle, verdarb es aber mit den radikalen Demokraten und den Royalisten und war den Intrigen Barras' und Talliens nicht gewachsen. Napoleon rief ihn aus dem Exil zurück; er war aber nicht unterwürfig genug, um sich als Kriegsminister zu halten. Seine militärischen Schriften wurden von Napoleon hoch geschätzt. Kämpfte 1814–1815 wieder für Napoleon und wurde nach der Restauration lebenslänglich verbannt.

Carrier, Jean-Baptiste, 1756–1794, extremer Jakobiner und Terrorist, berüchtigt durch seine »Noyaden«, Massen-Ertränkungen in Nantes während der Schreckensherrschaft. Nach dem 9. Thermidor entging er zuerst der Verfolgung, wurde aber im November 1794 angeklagt und dann hingerichtet.

CHAMPIONNET, Jean Étienne, 1762 bis 1800, General der französischen Armee in Italien, eroberte 1799 Neapel und begründete die Parthenopäische Republik. Geriet in Streitigkeiten mit dem Direktorium und wurde zurückberufen. Kommandierte dann die Alpenarmee, jedoch ohne militärischen Erfolg, und trat von seinem Posten zurück.

CHARETTE, François Athanase, 1763–1796, Führer der Aufständischen in der Vendée, setzte den Kampf fort, als die ursprünglichen Führer Cathelineau und d'Elbée bereits gefallen waren. Von den in England lebenden Bourbonen im Stich gelassen, wurde er verraten, den Republikanern ausgeliefert und in Nantes erschossen.

CHAUMETTE, Pierre Gaspard, 1763–1794, genannt »Anaxagoras«, Mitglied des Cordeliers-Klubs und Anhänger Héberts, versuchte mit diesem den Vernunft-Kult einzuführen; einer der Leiter der Pariser Kommune. Wurde mit den Hébertisten verhaftet und hingerichtet.

CHÉNIER, André Marie de, 1762–1794, bedeutender Dichter, ursprünglich Anhänger der Revolution, dann entsetzt über die Ausschreitungen der Jakobiner. Schrieb gegen die Jakobiner im *Journal de Paris*, einem gemäßigt royalistischen Blatt. Auf Robespierres Veranlassung festgenommen und drei Tage vor dem Ende des Terrorregimes guillotiniert.

Sein jüngerer Bruder Marie Joseph, ebenfalls Dichter und Bühnenautor, arbeitete weiter im Dienst der Revolution, schlug sich dann aber auf die Seite Bonapartes.

CLOOTS, Jean-Baptiste, genannt Anacharsis, 1755–1794, geboren bei Kleve, begeisterter Anhänger der revolutionären Ideen, opferte sein Vermögen in Paris den humanitären Idealen. Leiter einer Delegation von Ausländern, die sich »Gesandte der Menschheit« nannten (1790), befürwortete den Krieg mit ganz Europa. Bekannt durch sein Pamphlet *Weder Marat noch Roland*. Als Atheist und Hébertist angeklagt und hingerichtet.

COLLOT D'HERBOIS (Jean-Marie Collot), 1749–1796, ursprünglich Schauspieler und Bühnendichter, für eine konstitutionelle Monarchie, dann radikaler Gegner der Girondisten und wüster Terrorist im zurückeroberten Lyon; Mitglied des Wohlfahrtsausschusses und maßgebend am Umsturz des 9. Thermidor beteiligt. Nach Guyana verbannt, beginnt er die Neger zu revolutionieren, wird wiederum verhaftet und stirbt am Fieber.

CONDORCET, Jean Antoine Nicolas de Caritat, Marquis de, 1743 bis 1794, bedeutender Mathematiker und Philosoph. In den Konvent gewählt, stimmt er meist mit der Gironde und gegen den Extremismus der Jakobiner. Zum Feind der Republik erklärt, entgeht er im Juni 1793 einer Verhaftung, wird dann aber entdeckt und ins Gefängnis geworfen, wo er sich im März 1794 vergiftet.

CONSTANT (Benjamin C. de Rebecque), 1767–1830, französisch-schweizerischer Schriftsteller, enger Freund der Madame de Staël (Germaine Necker), verteidigte das Regime des Direktoriums und ging dann mit de Staël ins Exil nach Deutschland und in die Schweiz. Er stellte sich Napoleon zur Verfügung, nach dessen Rückkehr von Elba, und blieb Verfechter einer liberalen, konstitutionellen Monarchie.

CORDAY, Marie Anne Charlotte, 1768–1793, aus frommer und royalistischer Familie, Nachkommin des Dichters Corneille, sympathisierte mit den Girondisten. Als deren Verfolgung begann, verließ sie ihre Heimat in der Normandie, um Marat, den sie für den bösen Geist der Revolution hielt, umzubringen. Sie wurde bei ihm vorgelassen, da sie ihm die Namen von Girondisten in Caen versprach, und erdolchte ihn. Sie wurde verhaftet und hingerichtet.

COTTEREAU, Jean, genannt Jean Chouan, 1767–1794, einer der Führer der Aufstände in Maine und der Normandie, ursprünglich Salzschmuggler. Er fiel zwei Tage vor dem Ende des Terrorregimes, seine ganze Familie kam bei den Kämpfen in der Vendée um.

COUTHON, Georges Auguste, 1755–1794, Mitglied der Nationalversammlung und des Konvents, dann des Wohlfahrtsausschusses, Anhänger Robespierres. Obwohl verkrüppelt, war er sehr aktiv bei der Wiedereinnahme Lyons, wo er humaner verfuhr als sein Nachfolger Collot d'Herbois. Mit Robespierre hingerichtet.

CUSTINE, Adam Philippe, Comte de, 1740–1793, General im Siebenjährigen und amerikanischen Unabhängigkeitskrieg. Ging 1789 zum Dritten Stand über. Im Koalitionskrieg, als Führer der Rheinarmee, eroberte er 1792 Speyer, Worms und Mainz, machte sich aber im folgenden Jahr durch seine zögernde Haltung verdächtig. Nach der Niederlage der Girondisten wurde er von den Hébertisten angeklagt und guillotiniert.

DANTON, Georges Jacques, 1759–1794, Pariser Jurist, Führer der Cordeliers, großer Redner, beteiligt am Sturz der Monarchie. Als jakobinischer Justizminister an den Septembermorden von 1792 und der Schreckensherrschaft beteiligt; wurde der erste Präsident des Wohlfahrtsausschusses. Rief zur nationalen Verteidigung gegen die Invasion der Alliierten auf und wandte sich gegen den extremen Terror unter Robespierre. Im April 1794 auf dessen Veranlassung verhaftet und guillotiniert.

DAUNOU, Pierre Claude François, 1761–1840, Professor der Philosophie und Theologie, gemäßigter Deputierter im Konvent, verantwortlich für die Gründung des Nationalinstituts (Oktober 1795), förderte Erziehung und Wissenschaft im nachrevolutionären Frankreich.

DAVID, Jacques Louis, 1748–1825, bedeutender Maler des Klassizismus und praktisch der Kunst- und Modediktator während der Revolutionszeit, Anhänger Robespierres. Später Hofmaler Napoleons. Von Ludwig XVIII. als »Königsmörder« verbannt.

DESAIX, Louis Charles Antoine des Aix, Chevalier de Veygoux, 1768 bis 1800, General unter Jourdan und Moreau, zeichnete sich in Napoleons Ägyptenfeldzug aus. Er entschied Napoleons Sieg bei Marengo, fiel aber in dieser Schlacht.

DESMOULINS, Camille, 1760–1794, Advokat und Journalist, trug mit seinen Reden zum Sturm auf die Bastille bei. Seine Pamphlete hatten großen Einfluß in den ersten Revolutionsjahren. Im Konvent griff er die Gironde in seiner *Histoire des Brissotins* an. Robespierre nannte ihn ein »verwöhntes Kind«. In seinem *Vieux Cordelier* riet er, mit Danton, zur Mäßigung und wurde mit diesem zusammen angeklagt und hingerichtet.

DROUET, Jean-Baptiste, 1763–1824, Postmeister in Sainte-Menehould, wurde berühmt, als er Ludwig XVI. auf seiner Flucht erkannte und für dessen Verhaftung sorgte. Er wurde reichlich belohnt. Später als Soldat der Nordarmee von den Österreichern gefangen und ausgetauscht gegen »Madame Royale«. Mitglied des Rats der Fünfhundert und zeitweilig Anhänger von Babeuf. Später als »Königsmörder« ins Exil geschickt.

Dumouriez, Charles François, 1739–1823, General, stand den Jakobinern nahe, wurde aber im März 1792 Ludwigs XVI. Außenminister. Sieger bei Valmy; trieb die Österreicher aus Holland. Bei Neerwinden geschlagen, ging dann zu den Österreichern über. Ließ sich 1800 in England nieder.

Elbée, Maurice Joseph Louis Gigost d', 1752–1794, erst Anhänger der Revolution, dann durch die Priester-Gesetzgebung in die Opposition getrieben. Wurde einer der bedeutendsten Führer der Aufständischen in der Vendée, erst unter Cathelineau, dann selbständig und gemeinsam mit Charette. Errang bedeutende Siege im Jahre 1793, wurde aber in der Schlacht von Cholet schwer verwundet, gefangengenommen und erschossen.

Fabre d'Églantine, Philippe François Nazaire Fabre, 1750–1794, Dichter und Dramatiker, im Konvent Anhänger Dantons und mitverantwortlich für die Septembermorde 1792. Wurde in den Skandal der Ostindien-Gesellschaft verwickelt und mit Danton angeklagt und hingerichtet. Er ist der Erfinder der Monatsnamen des republikanischen Kalenders.

Ferrières de Marsay, Charles Élie, Marquis de, 1741–1804, Deputierter des Adels in der Nationalversammlung, gehörte der gemäßigten Richtung an. Schüler Rousseaus und fruchtbarer Schriftsteller, zog sich 1792 aus Paris zurück und kehrte erst nach Ende der Schreckensherrschaft wieder.

Fersen, Hans Axel, Graf von, 1755–1810, schwedischer Offizier und Diplomat, am Versailler Hof Favorit der Königin Marie-Antoinette. Half dem Königspaar bei der Flucht nach Varennes und versuchte, nach dessen Einkerkerung im Temple, mehrmals, sie zu befreien. Nach seiner Rückkehr nach Schweden wurde er – grundlos – beschuldigt, den Thronfolger vergiften zu wollen, und vom Mob getötet.

Fouché, Joseph, 1759–1820, im Konvent erst mit der Gironde, dann Jakobiner und mitbeteiligt am Massaker in Lyon. Half beim Sturz Robespierres, war dann Gesandter in Mailand und Den Haag, 1799 Polizeiminister. Schloß die Jakobiner-Klubs und assistierte Napoleon bei dessen Staatsstreich. Von Napoleon zeitweise entlassen, dann wieder Polizeiminister und einer der führenden Männer im Kaiserreich, als »Herzog von Otranto«.

FOUQUIER-TINVILLE, Antoine Quentin, 1746–1795, verwandt mit Desmoulins, der ihm durch Danton seine ersten Posten verschaffte. Wurde öffentlicher Ankläger von März 1793 bis zum Ende des Terrorregimes und verurteilte u. a. auch Marie-Antoinette, Hébert, Danton und die Anhänger Robespierres zum Tode. Nach langem Prozeß wurde er mit fünfzehn anderen Mitgliedern des Revolutionstribunals im Mai 1795 hingerichtet.

FRANZ II., 1768–1835, römisch-deutscher Kaiser, wurde 1792 der Nachfolger seines Vaters Leopold II. Machte sich 1804 zum Kaiser von Österreich und trat 1806 nach Bildung des Rheinbundes als deutscher Kaiser zurück. Regierte als Franz I. in Österreich, überließ aber die Staatsgeschäfte weitgehend seinem Staatskanzler Metternich.

FRÉRON, Stanislas Louis Marie, 1754–1802, zuerst radikaler Journalist in seinem *Orateur du peuple*, dann als Konventsmitglied einer der wildesten Terroristen (Toulon, Marseille), am Sturz Robespierres beteiligt, wonach sein Journal in die royalistische Richtung umschlug und er einer der Leiter der Jeunesse dorée wurde. Hatte eine Affäre mit Pauline Bonaparte, Napoleons Lieblingsschwester, und starb während einer Expedition nach Haiti.

FRIEDRICH WILHELM III., 1770–1840, König von Preußen seit 1797. Seine Neutralitätspolitik gegenüber Frankreich führte 1806 zur Katastrophe.

GARAT, Dominique Joseph, 1749–1833, politischer und historischer Schriftsteller, Nachfolger Dantons als Justizminister, dann Innenminister, wo er sich den turbulenten Ereignissen nicht gewachsen zeigte. Während des Terrors zweimal arretiert, dann wieder im diplomatischen Dienst; begrüßte Napoleons Staatsstreich.

GOBEL, Jean-Baptiste Joseph, 1727–1794, im März 1791 zum Bischof von Paris gewählt, im November 1793 wegen Mißbrauchs seiner Autorität zur Abdankung gezwungen, dann mit den Hébertisten wegen atheistischer Gesinnung angeklagt und hingerichtet.

GUILLOTIN, Joseph Ignace, 1738–1814, Arzt, in den ersten Monaten der Nationalversammlung einflußreicher Vertreter des Dritten Standes, schlug Ende 1789 die Benutzung der von Schmitt und Dr. Louis erfundenen Hinrichtungsmaschine vor, die nach ihm benannt wurde. Widmete sich dann wieder der Heilung der Lebenden.

HÉBERT, Jacques René, 1757–1794, radikaler Journalist, einer der Führer in der Pariser Kommune, Herausgeber des *Père Duchesne* und tonangebend im Cordeliers-Klub. Er war Atheist und befürwortete die Festsetzung von Höchstpreisen, Gesetze gegen die Verdächtigen und den Vernunft-Kult während der Schreckensherrschaft. Da sich ihm Robespierre wie auch Danton entgegenstellten, versuchte er einen Aufstand, der im März 1794 zu seiner Festnahme und seiner Hinrichtung und der seiner Anhänger führte.

HÉRAULT DE SÉCHELLES, Marie Jean, 1759–1794, Advokat, Schriftsteller und Favorit der Königin, gehörte erst den Feuillants, dann der Gironde, schließlich der Bergpartei an. Mitverfasser der Verfassung von 1793, Mitbegründer des Revolutionstribunals, Mitglied des Wohlfahrtsausschusses und an vielen diplomatischen Expeditionen beteiligt. Mit Danton angeklagt und hingerichtet.

HOCHE, Louis Lazare, 1768–1797, General, erfolgreich in den Kämpfen am Rhein und an der Mosel; von seinem Rivalen Pichegru denunziert und in Haft vom April 1794 bis zum Sturz Robespierres. Nach seiner Freilassung Kommandeur der Vendée-Armee, erfolgreich in der Vereitelung des Quiberon-Landungsversuchs und gegen die Vendée-Truppen. Sein Versuch, 1796 in Irland zu landen, scheiterte an den Wetterverhältnissen. Seine Bewerbung um den Posten des Kriegsministers scheiterte an seiner Jugend. Starb in Wetzlar an Tuberkulose. Nach Napoleon der einzige ihm ebenbürtige General der Revolution.

ISNARD, Maximin, 1755–1825, Delegierter von Var in der Gesetzgebenden Versammlung und im Konvent, radikaler Gegner der Emigranten. Versuchte als Mitglied der Gironde, den überwiegenden Einfluß der Stadt Paris herabzuschrauben. 1793–1794 hielt er sich versteckt; 1795 saß er wieder im Konvent und betätigte sich als Terroristenverfolger. Später wurde er von Napoleon zum Baron ernannt.

JOURDAN, Jean-Baptiste, 1762–1833, kämpfte im amerikanischen Unabhängigkeitskrieg, dann bei Jemappes und Neerwinden, schlug Coburg bei Wattigny; drang 1796 in Deutschland ein, erreichte Frankfurt und Bayern und mußte sich dann jedoch über den Rhein zurückziehen; bei Stockach geschlagen. Später saß er im Rat der Fünfhundert. War gegen Napoleons Staatsstreich, wurde aber dann von diesem zum Marschall ernannt.

KELLERMANN, François Étienne Christophe, 1735–1820, kämpfte im Siebenjährigen Krieg, dann war er unter Dumouriez der eigentliche Sieger von Valmy. Auf Beschuldigungen Custines hin abgesetzt, wurde er später Kommandeur der Alpenarmee und Kommandeur bei der Belagerung von Lyon. Dann verdächtigt und im Gefängnis, danach wieder Kommandeur der Alpenarmee. Von Napoleon zum Marschall ernannt.

KLÉBER, Jean-Baptiste, 1753–1800, kämpfte erst unter Custine, dann in der Vendée, wo er schwer verwundet wurde. Erfocht kriegsentscheidende Siege in den Schlachten von Cholet und Fleurus. Er verstand sich nicht mit Jourdan, folgte dann Napoleon nach Ägypten, wo er wiederum schwer verwundet wurde. Nach mehreren Siegen von Napoleon zum Oberkommandeur gemacht, verhandelte er nach dessen Abreise mit den Engländern über eine Evakuierung der französischen Truppen aus Ägypten. Er wurde von einem fanatischen Syrier erdolcht.

LAFAYETTE, Marie Joseph Paul Yves Roch Gilbert Motier, Marquis de, 1757–1834, ging aus Begeisterung für die amerikanischen Unabhängigkeitsbestrebungen nach Amerika (1777), vom Kongreß zum Generalmajor ernannt; wurde ein enger Freund Washingtons und zeichnete sich mehrfach im Kampf gegen die englischen Truppen aus. Nach seiner Rückkehr nach Frankreich sprach er sich schon in der Notabelnversammlung 1788 für die Verdoppelung der Stimmen des Dritten Standes aus. Wurde am 13. Juli 1789 zum Vizepräsidenten der Nationalversammlung und kurz darauf zum Kommandanten der Militia, späteren Nationalgarde ernannt. Versuchte die Ordnung aufrechtzuerhalten, hatte aber nicht das Vertrauen des Hofes und büßte seine Popularität bei dem Marsfeld-Massaker am 17. Juli 1791 ein. Trat im Juni 1792 für die Monarchie ein und kämpfte im selben Jahr an der österreichischen Front. Bei seiner Entlassung ging er zu den Österreichern über und blieb bis 1797 im Gefängnis. Von Napoleon befreit, lebte er dann ein zurückgezogenes Leben, nahm aber an der Julirevolution von 1830 teil. – Er führte die moderne französische Flagge ein.

LAMETH, Alexandre Théodore Victor de, 1760–1829, nahm am amerikanischen Unabhängigkeitskrieg teil, ging als Adelsdelegierter zum Dritten Stand über, wandte sich gegen Mirabeaus Bündnis mit dem Hof und versuchte nach Lafayettes Einbuße an Einfluß, zusammen mit Duport und Barnave (»Triumvirat«), zwischen Aristokratie und Drittem Stand zu vermitteln. Lief mit Lafayette zu den Österreichern über und wurde von diesen drei Jahre lang gefangengehalten. Kehrte erst nach dem 18. Brumaire zurück; von Napoleon zum Baron ernannt.

La Revellière-Lépeaux, Louis Marie de, 1753–1824, stand ursprünglich der Gironde nahe und hielt sich während der Schrekkenszeit verborgen. Wurde erster Präsident des Rates der Alten, dann Direktor, wo er eine Position der Mitte einnahm. Antikatholisch, versuchte er das Christentum durch einen neuen Kult, die Theophilanthropie, zu ersetzen. Trat im Juni 1799 zurück.

La Rochejaquelein, Henri du Vergier, Graf von, 1772–1794, einer der bekanntesten Führer der aufständischen Vendée, fiel im Kampf gegen die Regierungstruppen im Januar 1794.

Le Chapelier, Isaac René Guy, 1754–1794, Delegierter des Dritten Standes und Begründer des Klub Breton. Bekannt geworden durch das nach ihm benannte Gesetz vom 14. Juni 1791, das Arbeiter- und Arbeitgeberverbände verbot. Nach der Flucht des Königs verließ er die Jakobiner und trat der Feuillant-Partei bei. Während der Schreckenszeit wurde er guillotiniert.

Loménie de Brienne, Étienne Charles de, 1727–1794, Erzbischof von Toulouse, dann von Sens, Gegner Calonnes und sein Nachfolger 1787 als Kontrolleur der Finanzen. Er übernahm Calonnes Reformprogramm, konnte es aber ebensowenig durchsetzen wie dieser. Im August 1788 wurde er entlassen und zum Kardinal ernannt.

Er akzeptierte die Zivilverfassung der Priester, wurde aber 1793 verhaftet und starb im Gefängnis.

Luckner, Nikolas, Baron von, 1722–1794, geboren in Bayern, General der Rheinarmee, nach anfänglichen Mißerfolgen entlassen, wegen Verrats angeklagt und vom Revolutionstribunal zum Tode verurteilt.

Ludwig XVI., 1754–1793, König von Frankreich 1774–1792; Enkel Ludwigs XV. Nach der sogenannten zweiten Revolution im August 1792 abgesetzt und eingekerkert, vom Konvent zum Tode verurteilt. (Einzelheiten s. Text.)

LUDWIG XVII., Louis-Charles, 1785–1795 (?), zweiter Sohn Ludwigs XVI., nach dem Tode des Dauphin (1789) zum Thronfolger erklärt, mit seinem Vater im August 1792 eingekerkert, starb höchstwahrscheinlich im Gefängnis.

LUDWIG XVIII., 1755–1824, König von Frankreich 1814–1824; jüngerer Bruder Ludwigs XVI., bekannt als der »Comte de Provence«; floh 1791 nach Koblenz, nach dem Tode des Dauphin 1795 wurde er von den Emigranten als König anerkannt. Im Exil auf dem Kontinent und in England, 1814 von den Alliierten als König eingesetzt.

MACK VON LEIBERICH, Baron Karl von, 1752–1828, österreichischer General, eroberte mit neapolitanischen Truppen 1798 Rom, wurde aber dann von Championnet besiegt und gefangengenommen; nach Paris gebracht, entwich er trotz Ehrenwort 1800 dort aus der Gefangenschaft. Mußte 1805 in Ulm kapitulieren, wofür ihn die Österreicher zuerst zum Tode verurteilten, dann jedoch begnadigten.

MALESHERBES, Guillaume Chrétien de Lamoignon de, 1721–1794, im Ancien régime toleranter Pressezensor, der auch die Veröffentlichung der berühmten *Encyclopédie* gestattete, trat bei Turgots Entlassung aus der Regierung. Verteidigte den König vor dem Konvent. Während der Schreckensherrschaft wurde er zusammen mit seiner Tochter und den Enkelkindern hingerichtet.

MARAT, Jean-Paul, 1743–1793, in der Schweiz geboren; arbeitete als Arzt in Paris und London und schrieb medizinische Abhandlungen, auch eine philosophische, die von Voltaire ihres extremen Materialismus wegen angegriffen wurde. Gewann große Popularität durch seinen *L'Ami du peuple*, in dem er die Flucht des Königs und den Verrat Lafayettes voraussagte. Ein extremer Demokrat, der allerdings nur sehr wenig Verständnis für ökonomische Probleme zeigte. Wurde ermordet von Charlotte Corday, einer fünfundzwanzigjährigen Frau aus Caen (Ururenkelin Corneilles), die glaubte, einen Tyrannen umzubringen, und ihn damit zum Märtyrer machte.

MARÉCHAL, Pierre Sylvain, 1750–1803, Anhänger von Babeuf, beteiligt an dem *Manifest der Gleichen*, schrieb für Robespierre eine Hymne an das »Höchste Wesen«, entwarf auch einen republikanischen Kalender und ein Dictionnaire der Atheisten. Nach dem Scheitern der Verschwörung Babeufs angeklagt, aber freigelassen.

MARIE-ANTOINETTE, 1755–1793, Tochter von Kaiser Franz I. und Maria Theresia, seit 1770 mit dem künftigen Ludwig XVI. verheiratet. Beim Volk wegen ihrer Neigung zur Verschwendung unbeliebt und für den schlechten Stand der Staatsfinanzen verantwortlich gemacht (»Madame Defizit«, »Madame Veto«). Sie widersetzte sich den von Turgot und Necker vorgeschlagenen Reformen und suchte die französische Republik zugunsten Österreichs zu beeinflussen. Am Skandal der »Halsband-Affäre« (1785) war sie unschuldig. Nach Ludwigs Hinrichtung vom Revolutionstribunal als »Witwe Capet« wegen Landesverrats zum Tode verurteilt.

MASSÉNA, André, 1758–1817, General, erfolgreich in Italien und gegen die Russen bei Zürich 1799, von Napoleon zum Herzog von Rivoli ernannt. Gegen die Engländer in Spanien und Portugal hatte er keinen Erfolg. Unter den Generälen Napoleons einer der größten Plünderer.

MERDA, Charles André, 1770–1812, Gendarm der Nationalgarde, verwundete am 9. Thermidor Robespierre am Kinn. Von Napoleon zum Oberst und Baron gemacht, fiel er in der Schlacht um Moskau.

MIRABEAU, André Boniface Louis Riquetti, Vicomte de, genannt Mirabeau-Tonneau, 1754–1795, Bruder von Honoré, Verteidiger der Monarchie in der Nationalversammlung, trat von seinem Posten zurück und emigrierte im Juni 1790.

MIRABEAU, Honoré Gabriel Riquetti, Graf von, 1749–1791, großer Redner und Vertreter des Dritten Standes. Nach wilder Jugend, in der er mehrfach ins Gefängnis geworfen und einmal wegen Entführung zum Tode verurteilt worden war, setzte er sich für die Revolution ein und wurde die führende Persönlichkeit in der Nationalversammlung, und zwar als Vertreter des Dritten Standes, da der Adel ihn fallengelassen hatte. Ließ sich vom Hofe bezahlen – der ihm aber niemals ganz traute – und verlor dadurch an Einfluß in der Versammlung. Sein Ziel war eine konstitutionelle Monarchie nach englischem Vorbild, mit ihm selbst als Ministerpräsident, er stieß aber damit auf Widerstand sowohl bei der Nationalversammlung wie auch bei Hofe, besonders bei der

Königin. Nach seinem frühen Tod geriet die königliche Familie in eine immer schwierigere Stellung.

MOREAU, Jean Victor, 1763–1813, General, erfolgreich am Rhein und in Deutschland 1796–1797. Sein Vater wurde während der Schreckensherrschaft hingerichtet, er selbst verdächtigt, mit Pichegru gegen die Republik gearbeitet zu haben. Nach dem Staatsstreich vom 18. Fructidor (1797) entlassen. 1799 wieder eingesetzt. Er half Napoleon bei dessen Staatsstreich und schlug die Österreicher bei Hohenlinden, 1800, verfeindete sich dann jedoch mit Napoleon, emigrierte und focht 1813 gegen Frankreich. Fiel in der Schlacht bei Dresden.

MORRIS, Gouverneur, 1752–1816, amerikanischer Politiker und Diplomat, nahm am amerikanischen Unabhängigkeitskrieg teil, ging als Privatmann 1789 nach Frankreich, 1792 Gesandter der Vereinigten Staaten in Paris. Versuchte den Royalisten zu helfen und war an einem Versuch, den König zu befreien, beteiligt. Im Februar 1793 forderte die Pariser Regierung seine Abberufung. Er ging aber erst 1798 nach Amerika zurück und war dort als Senator im Staat New York tätig. Bekannt durch sein Tagebuch der Französischen Revolution.

MURAT, Joachim, 1767–1815, unterstützte Napoleon beim Aufstand vom 13. Vendémiaire (1795), kämpfte mit ihm in Italien und Ägypten, unterstützte dessen Staatsstreich und heiratete dessen Schwester Caroline. Wurde dann Marschall und König von Neapel und nahm am russischen Feldzug teil. Nach der Schlacht von Leipzig verhandelte er mit den Alliierten, um seinen Thron zu retten, wurde aber von den Anhängern Ferdinands IV. gefangengenommen, als er eine Revolte in Kalabrien anzettelte, und kurz nach der Schlacht von Waterloo erschossen. Typ des tapferen Reitergenerals, doch ohne strategische oder politische Einsicht.

NECKER, Jacques, 1732–1804, Schweizer Bankier in London und Paris, auch Direktor der Ostindien-Gesellschaft, wurde berühmt durch seine Schriften über Colbert und gegen den Freihandel für Getreide, den Turgot befürwortete. 1777 zum Direktor der Finanzen ernannt. Er war populär beim Volk, und der Salon seiner Frau war von großem Einfluß bei der Pariser Gesellschaft. Sein großer Bericht über die Finanzen des Staates (1781) färbte die

Lage viel zu rosig, seine Reformversuche in der folgenden Zeit stießen auf Widerstand bei Adel und Hof (Marie-Antoinette). Er wurde entlassen, kehrte 1787 nach Paris zurück und kritisierte Calonnes Politik. 1788 ins Finanzministerium zurückberufen, bestand er auf Einberufung der Generalstände. Seine Entlassung im Juli 1789 wurde Anlaß zum Sturm auf die Bastille, was den König zwang, ihn erneut zurückzuholen. Danach wuchsen ihm die Ereignisse über den Kopf, und er trat endgültig im September 1790 zurück.

NELSON, Horatio, 1758–1805, englischer Admiral, kämpfte 1794 und 1797 gegen die französische Flotte und verlor dabei ein Auge und seinen rechten Arm. Vernichtete Napoleons Flotte bei Abukir, 1798, und brachte damit dessen ägyptische Expedition zum Scheitern. Schlug die französische Flotte endgültig in der Schlacht von Trafalgar im Oktober 1805, in der er tödlich verwundet wurde.

NEY, Michel, 1769–1815, General, kämpfte am Rhein, in Deutschland und in der Schweiz und erlangte seine Berühmtheit als Napoleons »Tapferster der Tapferen« in der Konsulats- und Kaiserzeit. Schwankte 1815 zwischen Napoleon und den Bourbonen, kämpfte aber für Napoleon bei Waterloo. Danach wurde er gefangengenommen und wegen Verrats erschossen.

ORLÉANS, Louis Philippe Joseph, Herzog von (genannt Philippe Égalité), 1747–1793, stammte von einem Bruder Ludwigs XIV. ab und war einer der reichsten Grundeigentümer im Lande. Opponierte gegen die Finanzpolitik des Hofes; England-Schwärmer und eifriger Freimaurer, Präsident der Notablenversammlungen. 1789 trat er zum Dritten Stand über, machte sich beim Volk beliebt und stimmte für den Tod Ludwigs. Als sein Sohn, der spätere König Louis-Philippe, mit General Dumouriez zu den Österreichern überging, geriet er selbst in Verdacht, wurde im April 1793 verhaftet und im November desselben Jahres guillotiniert.

PAINE, Thomas, 1737–1809, amerikanischer Quäker, zuerst berühmt durch sein Pamphlet *Common Sense*, 1776, in dem er für die Unabhängigkeit der Kolonien sprach. Kehrte 1787 in seine englische Heimat zurück und schrieb eine Entgegnung zu Burkes Essay über die Französische Revolution, worauf er England verlassen mußte und in Paris triumphal empfangen wurde. Als Mitglied des Konvents hielt er sich zur Gironde und bot dem König Asyl in Amerika an, was den Zorn Robespierres hervorrief. Während der Schreckensherrschaft saß er elf Monate im Gefängnis, wo er *The Age of Reason* vollendete, dessen antibiblische Tendenz ihm viele seiner Anhänger entfremdete. Dann wieder im Konvent. Kehrte, enttäuscht über die Entwicklung in Frankreich, 1802 wieder in die Staaten zurück.

PAOLI, Pascal, 1725–1807, korsischer Patriot, opponierte gegen Frankreich, als dieses 1768 die Insel erwarb. Mußte nach England fliehen, wurde aber 1791 von der Revolutionsregierung zum Gouverneur von Korsika ernannt. Da er wieder die Unabhängigkeit erstrebte, wurde er abgesetzt und kämpfte mit England, das die Insel zum britischen Protektorat machte, wobei er den Titel eines Vizekönigs annahm. 1795 wurde er nach England zurückberufen. Korsika ging dann endgültig in französische Hände über.

PAUL I., 1754–1801, russischer Zar von 1796 an. Trat der Zweiten Koalition gegen Frankreich bei (1798), zerstritt sich aber nach der Niederlage bei Zürich mit Österreich und England, wurde ein Bewunderer Napoleons und trat von der Koalition 1799 zurück. Durch eine Verschwörung der Adligen, mit denen er sich ebenfalls verfeindet hatte, verlor er zwei Jahre später das Leben.

PÉTION DE VILLENEUVE, Jérôme, 1756–1794, Rechtsanwalt aus Chartres, nach Abdankung Baillys im November 1791 Bürgermeister von Paris. Wurde als Girondist zu Beginn der Schrekkensherrschaft verhaftet, entkam aber und irrte von Asyl zu Asyl. Sein Leichnam wurde in der Nähe von Saint-Emilion aufgefunden; er hatte sich wahrscheinlich vergiftet.

PICHEGRU, Jean Charles, 1761–1804, Jakobiner, General der Rheinarmee 1793, dann der Nordarmee, eroberte Holland und half bei der Unterdrückung des Aufstandes vom 1. April 1795. Wiederum bei der Rheinarmee, nahm er Kontakt mit Emigranten auf und verursachte durch seine Untätigkeit Jourdans Niederlage (1795). Er wurde entlassen, später aber in den Rat der Fünfhundert gewählt, dessen Präsident er wurde. Nach dem Staatsstreich des Direktoriums am 18. Fructidor nach Guyana verbannt, von wo er entkam. Er ging nach London und nahm an der royalistischen Verschwörung Cadoudals gegen Napoleon teil, nach deren Scheitern (1804) er verhaftet wurde. Im Temple-Gefängnis wurde er erdrosselt aufgefunden. Ob Mord oder Selbstmord vorlag, ist nie geklärt worden.

Pitt, William, »der Jüngere«, 1759–1806, englischer Premierminister von 1783 bis 1801, nahm zuerst gegenüber dem revolutionären Frankreich eine neutrale Haltung ein, beteiligte sich dann aber an den beiden Koalitionskriegen (1793 und 1798). Englands Armeen waren meist nicht erfolgreich in diesen Kriegen, während seine Flotte entscheidende Siege über die Frankreichs erzielte. Er trat 1801 im Konflikt mit Georg III. wegen der irischen Frage zurück, wurde aber 1804 wegen der drohenden Invasion Napoleons als Premierminister zurückberufen und organisierte die Dritte Koalition gegen Frankreich.

Pius VI. (Giannangelo Braschi), Papst von 1775–1799, verurteilte im April 1791 den revolutionären Zivilstatus der Geistlichkeit und verbot den katholischen Geistlichen, den Eid auf die republikanische Verfassung zu leisten. Daraufhin annektierte die Republik die päpstlichen Besitztümer in Avignon und Venaissin. Er schloß sich der Ersten Koalition gegen die Republik an und mußte 1797 an Napoleon weite Gebiete abtreten. Als Ende 1797 der französische General Duphot in Rom ermordet wurde, marschierte General Berthier in Rom ein und nahm den Papst gefangen. Pius starb im August 1799 in Valence.

Prudhomme, Louis Marie, 1752–1830, ursprünglich Buchhändler, dann erfolgreicher Journalist und Pamphlet Verfasser. Sein Journal *Die Revolutionen von Paris* fand großen Anklang. Er trat für eine Politik der Mäßigung und Versöhnung der Faktionen ein. Nach dem Sturz der Gironde für kurze Zeit im Gefängnis; nach dem Sturz Robespierres nahm er seine Tätigkeit wieder auf und schrieb auch historische Bücher und Enzyklopädien.

Reubell, Jean-François, 1747–1807, Elsässer, Delegierter des Dritten Standes in der Nationalversammlung und im Kongreß, trat für ein unabhängiges Elsaß und gegen die Emanzipation der Juden ein. Mit der Verteidigung von Mainz betraut, hielt er sich nach dessen Kapitulation vom öffentlichen Leben fern. Nach dem 9. Thermidor im Wohlfahrtsausschuß, dann einflußreicher Direktor. Trat für eine aggressive Rheinpolitik ein, gegen Bonaparte, der in Italien angreifen wollte. Einer der »Triumviratsmänner« zur Zeit des

Staatsstreiches vom 4. September 1797 (18. Fructidor). Nach seinem verfassungsmäßigen Rücktritt vom Direktorium im Rat der Alten. Der 18. Brumaire beendete seine Karriere.

ROBESPIERRE, Augustin Bon Joseph, »der Jüngere«, 1763–1794, Bruder Maximiliens, durch dessen Einfluß Deputierter von Paris im Konvent. Folgte der Politik seines Bruders und wurde für einige Zeit in den Süden gesandt, um der Agitation der Föderalisten entgegenzuwirken. Am 9. Thermidor erklärte er sich mit seinem Bruder solidarisch, wurde verhaftet und stürzte sich aus dem Fenster des Rathauses. Dem Tode nah, wurde er am folgenden Tage hingerichtet.

ROBESPIERRE, Maximilien Marie Isidore, 1758–1794, Führer der Bergpartei und im Wohlfahrtsausschuß, während des Terror-Regimes praktisch Diktator. Am 9. Thermidor durch Verschwörung im Konvent gestürzt, am folgenden Tag, schwer verwundet, guillotiniert. Seine Persönlichkeit ist bis heute heiß umstritten. (Einzelheiten s. Text.)

ROHAN-GUÉMENÉE, Louis René Édouard, Kardinal, 1734–1803, in die Halsband-Affäre verwickelt und in die Bastille geschickt. Von dort wurde er durch das Pariser Parlament 1786 wieder freigelassen und vom Volk mit Jubel begrüßt, da seine Freilassung als Niederlage des Hofes und besonders der Königin gedeutet wurde. Er wurde Delegierter der Generalstände, verweigerte den Priestereid auf die Verfassung und ging 1791 ins Exil.

ROLAND, Manon Jeanne Philippon, 1754–1793, Gattin des Innenministers. Ihr Salon, in dem die führenden Girondisten verkehrten, hatte großen politischen Einfluß. Sie war eine Schülerin Rousseaus und eine scharfe Gegnerin Robespierres und Dantons. Nach dem Fall der Girondisten wurde sie verhaftet und zum Tode verurteilt. Ihre letzten Worte vor der Guillotine wurden berühmt.

ROLAND DE LA PLATIÈRE, Jean Marie, 1734–1793, vor der Revolution Inspektor der Manufakturen, wurde nach 1789 mit den Führern der Gironde bekannt und im März 1792 vom König zum Innenminister ernannt. Beteiligt an den Vorbereitungen zur Flucht des Königs. Nach kurzer Zeit vom König zugunsten der Feuillants entlassen, nach dessen Gefangennahme zurückgerufen. Er war der Bergpartei durch seine Kritik an den Septembermorden verhaßt und trat nach der Hinrichtung des Königs zurück. Er entzog sich seiner Verhaftung durch Flucht und beging in Rouen Selbstmord, als er von der Hinrichtung seiner Frau erfuhr.

ROUGET DE LISLE, Claude Joseph, 1760–1836, Offizier in der Straßburger Garnison, schrieb im April 1792 Text und Musik des Liedes, das dann als die *Marseillaise* berühmt wurde. Wegen seiner Loyalität zum König wurde er gefangengesetzt und erst nach dem 9. Thermidor wieder freigelassen. Er schrieb dann ein Lied des 9. Thermidor. Wurde in Talliens Armee bei Quiberon verwundet; geriet in große Armut und erhielt endlich von Louis-Philippe eine Pension.

ROUX, Jacques, 1752–1794, zuerst Priester in Paris, wurde dann radikaler Revolutionär, Mitglied der Pariser Kommune und des Konvents. Führer der Enragés, die verkündeten, daß nur die Reichen von der Revolution profitiert hätten. Er organisierte Hunger-Revolten im Februar und März 1793. Im September 1793 verhaftet und vom Revolutionstribunal zum Tode verurteilt, beging er Selbstmord im Gefängnis. Er wird heute vielfach als einer der ersten Sprecher für die besitzlosen Massen angesehen.

SAINT-JUST, Louis de, 1767–1794, Mitglied des Konvents, wurde bekannt durch seine wilden Angriffe auf Ludwig XVI. Fanatischer Anhänger Robespierres, von diesem mehrfach zu den Armeen an die Front gesandt, wo seine Missionen zu bedeutenden Siegen der französischen Armeen beitrugen. Führte während der Schreckensherrschaft den Kampf gegen die Hébertisten und Dantonisten an und wurde mit Robespierre am 9. Thermidor verhaftet, am folgenden Tag hingerichtet. Sein Charakter ist ebenso umstritten wie der Robespierres.

SANSON, Charles Henri, 1739–1806, war offizieller Scharfrichter in Paris und enthauptete u.a. Ludwig XVI., Marie-Antoinette, Danton, Robespierre, Fouquier-Tinville.

SANTERRE, Antoine Joseph, 1752–1809, reicher Brauereibesitzer, wurde am 10. August 1792 Kommandeur der Nationalgarde. Er geleitete den König zum Schafott. Bewarb sich dann um ein Kommando in der Vendée, wo er völlig versagte. Wurde zurückberufen und bis zum 9. Thermidor eingesperrt, spielte nach seiner Freilassung keine politisch bedeutsame Rolle mehr.

SCHERER, Barthélemy Louis Joseph, 1747–1804, am Oberrhein geboren, Soldat in der österreichischen Armee und bei Torgau verwundet (1760), dann General in der Rheinarmee, danach in Spanien und Italien. Im Direktorium Kriegsminister 1797–1799. Widersetzte sich den Italienplänen Napoleons und wurde während dessen Abwesenheit in Ägypten wiederum dort eingesetzt, wurde aber bei Magnano geschlagen.

SIEYÈS, Emmanuel Joseph, 1748–1836, ursprünglich Geistlicher, bekannt als Abbé Sieyès, wurde berühmt durch seine politischen Pamphlete von 1788/89. In der Nationalversammlung maßgebend beteiligt am Ballhausschwur, der *Erklärung der Menschenrechte* und der Verfassung von 1791, ferner an der Einteilung des Landes in dreiundachtzig Departements und die Unterscheidung zwischen aktiven und passiven Staatsbürgern (zugunsten der besitzenden Klassen). Er stimmte für Ludwigs Tod, zog sich dann allmählich vom öffentlichen Leben zurück. Nach dem 9. Thermidor wieder aktiv, trat er ins Direktorium ein und wurde dort schließlich der maßgebliche Mann. Arbeitete mit Napoleon am 18. Brumaire, wurde aber von diesem schnell beseite gedrängt. Während des Kaiserreichs Senator, nach der Restauration als »Königsmörder« ins Exil geschickt.

SIMON, Antoine, 1736–1794, Pariser Schuhmacher und Mitglied des Kommunalrats. Ihm und seiner Frau wurde der junge Sohn Ludwigs XVI. in Obhut gegeben. Er hat diesen wahrscheinlich nicht so unmenschlich behandelt, wie eine Zeitlang angenommen wurde. Glühender Anhänger Robespierres; wurde bereits am 10. Thermidor verhaftet und hingerichtet.

SOULT, Jean de Dieu, genannt Nicolas, 1769–1851, Offizier in der Moselarmee, zeichnete sich in der Schlacht von Fleurus (Juni 1794) aus und kämpfte dann bei Stockach und in der Schweiz. Machte unter Napoleon eine glänzende Karriere als »Herzog von Dalmatien«. Unter den Bourbonen Kriegsminister und unter Louis-Philippe Ministerpräsident.

STAËL-HOLSTEIN, Anne Louise Germaine de, Tochter von Jacques Necker, 1766–1817, heiratete 1786 den schwedischen Diplomaten Baron Staël-Holstein. Verließ Frankreich 1792, kam während des Direktoriums zurück, trennte sich von ihrem Mann und wurde die intime Freundin von Benjamin Constant. Ihr Salon wurde einer der politischen und intellektuellen Mittelpunkte von Paris, in dem sie die Rückkehr der Feuillants und die Wiederherstellung einer konstitutionellen Monarchie betrieb. Geriet später in Konflikt mit Napoleon, der sie 1803 ins Exil schickte.

Talleyrand-Périgord, Charles Maurice de, 1754–1838, Staatsmann und Diplomat, 1789 Bischof von Autun, als Deputierter des geistlichen Standes auf seiten der Revolution. Befürwortete die Enteignung der Kirchengüter und den Zivilstatus der Geistlichen. 1792 auf diplomatischer Mission in England. Nach dem Fall der Monarchie im Exil in England und Amerika, konnte 1795 auf Betreiben seiner Freundin, Frau von Staël, nach Frankreich zurückkehren. Zunächst völlig mittellos; unterstützte das Direktorium, von Barras 1797 zum Außenminister ernannt. Befürwortete den Plan einer Landung in Ägypten, trat im Juli 1799 zurück, unterstützte dann Napoleon und wurde von ihm erneut zum Außenminister ernannt (November 1799). Diente dann lange unter Napoleon und Ludwig XVIII., feierte seine größten Triumphe auf dem Wiener Kongreß 1815.

Tallien, Jean Lambert, 1767–1820, Jakobiner, beteiligt am Sturm auf die Tuilerien und den Septembermorden sowie am Sturz der Girondisten, verbreitete den Terror in Bordeaux, verliebte sich in eine seiner Gefangenen, Thérésa Cabarrus, und heiratete sie. Von Robespierre denunziert, beteiligte er sich an der Verschwörung gegen diesen. Ging später mit Napoleon nach Ägypten und wurde von den Engländern gefangengenommen.

Treilhard, Jean-Baptiste, 1742–1810, Delegierter des Dritten Standes, später Mitglied des Wohlfahrtsausschusses, wurde in das aufsässige Bordeaux gesandt, dort aber durch Tallien ersetzt. Trat dann erst wieder nach dem 9. Thermidor in Erscheinung und wurde Präsident des Rats der Fünfhundert. Dann als Bevollmächtigter in Neapel und schließlich Mitglied des Direktoriums, wo Sieyès gegen ihn intrigierte und seine Wahl nachträglich für ungültig erklären ließ. Half Napoleon bei der Abfassung des *Code Civil*. Seine Asche wurde im Panthéon beigesetzt.

Vadier, Marc Guillaume Alexis, 1736–1828, Mitglied des Konvents und des Sicherheitsausschusses, beteiligt an den Intrigen gegen Danton und Robespierre. Nach dem 9. Thermidor als Terrorist verfolgt, entging der Verbannung, indem er sich verborgen hielt. Dann an der Babeuf-Verschwörung beteiligt und gefangengesetzt; von der Konsularregierung begnadigt.

VERGENNES, Charles Gravier, Graf de, 1717–1787, Außenminister Ludwigs XVI. seit 1774, inszenierte Frankreichs Beteiligung am amerikanischen Unabhängigkeitskrieg, um sich an England für die Niederlage im Siebenjährigen Krieg zu revanchieren. Gegner Neckers, den er als gefährlichen Neuerer und Republikaner ansah. Er unterstützte Calonnes Reformbemühungen.

VERGNIAUD, Pierre Victurnien, 1753–1793, Mitglied der Gesetzgebenden Versammlung und des Konvents, wurde einer der Gironde-Führer und ihr größter Redner. Trat für eine konstitutionelle Monarchie und für den Krieg gegen Österreich und Preußen ein. Versuchte zuerst den König zu retten, stimmte aber zuletzt für dessen Tod. Geriet dann in immer tieferen Konflikt mit der Bergpartei. Beim Sturz der Gironde lehnte er die Flucht ab und wurde am 31. Oktober 1793 guillotiniert.

WESTERMANN, François Joseph, 1751–1794, Reiteroffizier, verband sich mit Danton und spielte eine wichtige Rolle im Kampf um die Tuilerien am 10. August 1792. Kämpfte dann gegen die Österreicher und war für kurze Zeit in das Verfahren gegen Dumouriez verwickelt. Wurde in der Vendée von La Rochejaquelein im Dezember 1793 geschlagen, rächte sich aber bei Le Mans und Savenay im selben Monat und wütete grausam gegen die Bevölkerung. Wurde dann mit Danton und Desmoulins als »Indulgent« angeklagt und hingerichtet.

WURMSER, Dagobert Sigismund Graf von, 1724–1797, geboren im Elsaß, österreichischer General, erzwang 1793 die Kapitulation von Mainz durch die Franzosen. Kämpfte mit wenig Erfolg gegen Pichegru im Elsaß und wurde von Napoleon in Italien vollständig geschlagen. Er übergab Mantua im Februar 1797 und starb noch im selben Jahr.

QUELLENVERZEICHNIS

CASTELOT, André: Napoleon. New York 1971.

FISCHER, Peter (Hrsg.): Reden der Französischen Revolution. München 1974.

FISHER, John: Six Summers in Paris. New York 1966.

FURET, François und Denis Richet: French Revolution. New York, London 1970.

GRAB, Walter (Hrsg.): Die Französische Revolution. Eine Dokumentation. München 1973.

GREENLAW, Ralph W. (Hrsg.): The Economic Origins of the French Revolution. Boston 1958.

HEROLD, J. Christopher: Bonaparte in Egypt. New York 1966.

HOFFMANN, Ross J.S. und Paul Levack (Hrsg.): Burke's Politics. New York 1949.

KIRCHBERGER, Joe H. (Hrsg.): Zeugen ihrer Zeit. 4000 Zitate aus der abendländischen Geschichte. München 1983.

LEFEBVRE, Georges: The Coming of the French Revolution. New York 1958.

MARKOV, Walter (Hrsg.): Revolution im Zeugenstand. Frankreich 1789 bis 1799. Band 2: Gesprochenes und Geschriebenes. Frankfurt/Main 1987.

MERESCHKOWSKIJ, Dmitri: Napoleon. Sein Leben. Napoleon der Mensch. Berlin 1928.

PALMER, R.R.: Twelve Who Ruled. Princeton 1941.

PERNOUD, Georges und Sabine Flaissier (Hrsg.): Die Französische Revolution in Augenzeugenberichten. Mit einem Vorwort von André Maurois, übersetzt von Hagen Thürnau. München 1976.

SIEBURG, Friedrich: Im Licht und Schatten der Freiheit. Frankreich 1789–1799. Bilder und Texte. Stuttgart 1961.

SIEBURG, Friedrich (Hrsg.): Gespräche mit Napoleon. München 1962.

SOBOUL, Albert: Die Große Französische Revolution. Ein Abriß ihrer Geschichte (1789–1799). Hrsg., übersetzt und mit einem Nachwort versehen von Joachim Heilmann und Dietfrid Krause-Vilmar. Frankfurt/Main 1973.

STÖRIG, Hans Joachim: Kleine Weltgeschichte der Philosophie. Frankfurt/Main 1979.

TULARD, Jean, Jean-François Fayard und Alfred Fierro: Histoire et dictionnaire de la Révolution française 1789 à 1799. Paris 1987.

WEIN, Martin (Hrsg.): Ich kam, sah und schrieb. München 1964.

PERSONENREGISTER

Kursiv gesetzte Seitenzahlen verweisen auf Zitate, halbfette Angaben auf einen Eintrag im Kapitel »Biographien der wichtigsten Persönlichkeiten«.

Agis IV., Kg. v. Sparta 185
Alembert, Jean-Baptiste de Rond d' 22
Alexander III., der Große 252
Alvintzi von Barberek, Josef 236
Anacharsis →Cloots
Anaxagoras →Chaumette
Andigné, d', General 221
Anglas, Boissy d' 209
Arnault, Antoine Vincent *249*, 249
Artois, Charles Philippe, Graf d' 32, 44, 49, 53f., 65, 197, 210, 214, **273**, 275
Augereau, Charles Pierre François d', Herzog von Castiglione 123, 218, 231, 235, 238, 249, **273**
Aulard, Alphonse 12

Babeuf, François Noël, genannt Gracchus 9, 198f., 204, 206, 213 bis 216, *226*, 268, **273**, 279, 285, 294
Bailly, Jean Sylvain 45, 47, 49, 52f., 90, 160, 184, **273**, 289
Bailly, M. *66*, 68
Balzac, Honoré de 270
Barbé de Marbois, François, Marquis de 216
Barentin, Charles Louis François de Paul de 47
Barère de Vieuzac, Bertrand 104, 110, 132, 156, 164f., 204, 207f., **273**
Barnave, Antoine Pierre Joseph Marie 64, *70*, *75*, 83, 94, *95*, 159, **273**, 284
Barras, Paul François Jean Nicolas, Vicomte de 8, 149, 157, 199 bis 202, 204, 208, 212f., 216ff., 220, 230, 253, 259, 262, **274**, 276, 294
Barthélmy, Balthazard François, Marquis de 216, 218f., **274**
Basire, Claude 160
Beauharnais, Alexandre François Marie, Vicomte de 165, **274**
Beauharnais, Joséphine de 165, 202, 230, 233, 274
Beaulieu, Jean-Pierre, Baron von 233
Beaumarchais, Pierre Augustin Caron de 38, 270, 274
Beethoven, Ludwig van 269
Belot, Denis *93*
Bernadotte, Jean-Baptiste Jules 220f., 237, 244, **274**
Berthier, Louis Alexandre 233, 240, 249, 259, **274**, 290
Besenval, Pierre Joseph Victor, Baron de 48ff., **274f.**
Beugnot, Jacques Claude *183*
Beurnonville, Pierre de Riel, Comte puis, Marquis de 130, 141
Billaud-Varenne, Jacques Nicolas Billaud, genannt 157, 164f., 194, 204, 207f., **275**
Bismarck, Otto, Fürst von 267
Blake, William 81
Bonaparte, Caroline 287
Bonaparte, Lucien 221, 254, 258f., *262*, **275**
Bonaparte, Napoleon 8f., *99*, 161f., 200, 202, 204, 212ff., 217f., 229–241, 244, *247ff.*, 247ff., 251–263, *260*, *262*, 265, 267f., 270ff., 273 bis 279, **275**, 280–284, 286–290, 293–295
Bonaparte, Pauline 281
Boncerf, Pierre François 29
Bonchamp (Bonchamps), Charles Melchior Artus, Marquis de 152
Bottot, François-Marie *262*
Bouchotte, Jean-Baptiste Noël 165
Bouillé, François Claude Amour, Marquis de 61, 82
Bourbon →Artois; →Condé, Louis Joseph; →Ludwig XVI., →Ludwig XVII., →Orléans
Bourrienne, M. 262, *262*
Bouthilliers, Marquis de 138
Braunschweig, Karl Wilhelm Ferdinand, Herzog von 82, 90, 100, 127, *138*, 140, **275**
Brecht, Bert 271
Breteuil, Louis Auguste Le Tonnelier, Baron de 82, 125
Brézé, Marquis de Dreux 67
Brienne →Loménie de Brienne
Brissot, Jacques Pierre 50, 85, 87, *97*, *99*, 108, 117, *117f.*, 159, 174, 185, 189, **275**

Broglie, Victor François, Herzog von 48f.
Brottier, Charles, Abbé 216
Brueys d'Aigalliers, François Paul 255
Brune, Guillaume Marie Anne 212, 232, 240, 246, **275**
Brutus, Marcus Iunius 119, 203
Büchner, Georg 270
Buonarotti, Filipo 215, 217
Burke, Edmund 9, *23f.*, *136*, 137, **276**, 288

Cabarrus, Jeanne Marie Thérésa 164, 202, 204, 294
Cadoudal, Georges 266, **276**, 289
Calonne, Charles Alexandre de 14, 28f., 30ff., 44, **276**, 284, 288, 295
Calvin, Johannes 7
Cambacérès, Jean-Jacques Régis de 221, 259, 263, **276**
Cambon, Pierre Joseph 104
Campan, Jeanne Louise Henriette Genest de 38
Campe, Joachim Heinrich 106
Canova, Antonio 270
Carnot, Lazare Nicolas Marguerite 156, 163f., 199f., 205f., 208, 213, 215–218, 220, 229, 232, **276**
Carrichon, Abbé *190*
Carrier, Jean-Baptiste 205, **276f.**
Carteaux, Jean-Baptiste François 157, 212
Cassanyès *191*
Catholineau, Jacques 277, 280
Cervoni 233
Chabot, François 117, 160, 189
Chalier, Joseph 154
Chambon de Montaux, Nicolas 109
Championnet, Jean Étienne 237, 242f., 245f., **277**, 285
Charette, François Athanase 210, 215, **277**, 280
Charles Stuart →Karl I.
Chastenay, Madame de *223*
Chateaubriand, François René, Vicomte de 202
Châtillon 221
Chaumette, Pierre Gaspard, genannt Anaxagoras 160, 163, 193, **277**
Chénier, André Marie de 165, 211, **277**
Chénier, Marie-Joseph Blaise de 211, **277**
Cherubini, Luigi 269
Chouan →Cottereau
Clavière, Étienne 105, 123, 154
Clermont, Bischof von *75*
Cléry, Jean-Baptiste *120*, 121
Cloots, Baron Jean-Baptiste, genannt Anarchasis 106, 148, 160ff., 185, **277**
Coburg, Herzog von →Sachsen-Coburg
Coigny, Ritter von 91
Colbert, Jean-Baptiste 15, 287
Coleridge, Samuel Taylor 81
Colli, General 233
Collot d' Herbois, Jean Marie (Collot) 117, 148, 157, 164f., 194, 204, 207f., **277f.**
Condé, Louis Antoine Henri de, Herzog von Eughien 266
Condé, Louis Joseph de Bourbon, Prinz von 49, 64
Condorcet, Jean Antoine Nicolas de Caritat, Marquis de 60, 150, 163, **278**
Constant, Benjamin C. de Rebecque 202, *223*, **278**, 293
Corday, Marie Anne Charlotte 155, **278**, 285
Corneille, Pierre 73, 203, 278, 285
Cottereau, Jean, genannt Jean Chouan 108, **278**
Coupé, Jacques-Michel 180
Couthon, Georges Auguste 158, 165, 196, **278**
Custine, Adam Philippe, Comte de 123, 128, 130, 157, **278f.**, 283

Dalmatien, Herzog von →Soult
Dampierre, Auguste Marie Henri Picot, Marquis de *140*
Danican, Louis Michel Auguste Thevenet, genannt 212
Danton, Georges Jacques 8, 59, 84f., 103f., 107f., *113f.*, *117*, 147f., 152f., 155, 160, 163, *166–169*, 169, *172*, *174*, *177*, *180*, *187*, 188f., *189f.*, 193f., 275, **279**, 280ff., 291f., 294f.
Darthé, Augustin Alexandre 217
Daunou, Pierre Claude François 217, **279**
David, Jacques Louis 46, 164, 203, 207, **279**
Davout, Louis Nicolas d'Avout, oder 275
Delacroix, Jean-François 152, 163, 169
Delaunay, Joseph 160
Demosthenes 185
Desaix, Louis Charles Antoine des Aix, Chevalier de Veygoux, genannt 255f., **279**
Descartes, René 158
Desmoulins, Camille 49, 55, 59, *68*, *70*, *73*, 148, 160, 163, *181*, *190*, 190, 193, **279**, 281, 295
Dickens, Charles 11, 270
Diderot, Denis 10f., *21*
Dietrich, Luise *98*
Dillon, Erzbischof von Narbonne *77*
Douai, Merlin de 214, 219
Drouet, Jean-Baptiste 83, *92*, 93, **279**
Ducos, Pierre Roger 221, *250*, 259
Dulan, Erzbischof von Arles 71
Dumas, Mathieu 112

Dumouriez, Charles François 81, 87, 122f., 127 bis 130, 141, 152, 167, 169, 188f., **280**, 288, 295
Duphot, Mathurin Léonard 239, 290
Duport, Adrien 44, 47, 64f., 94, 284
Duval, Georges Louis Jacques Labiche, genannt *222*
Dvorak, Antonin 269

Eckermann, Johann Peter 40, 223, 261
Églantine, d' →Fabre d'Églantine
Eglé *183*
Eichendorff, Joseph von 272
Elbée, Maurice Joseph Louis Gigost d' 152, 154, 277, **280**
Elisabeth von Frankreich, Philippine Marie Hélène 163
Enghien, Herzog von →Condé, Louis Antoine
Épremesnil, Jean-Jacques Du Val d' 34
Ezterhazy, Fürst von 270

Fabre d'Églantine, Philippe François Nazaire Fabre, genannt 160, 162, 189, 193, **280**
Faipoult, Guillaume Charles 243
Favras, Thomas de Mahy, Marquis de 57
Féraud, Jean Bertrand 209
Ferdinand IV., König von Neapel 129, 234, 242f., 245, 250, 287
Ferrières de Marsay, Charles Élie, Marquis de *65f.*, *70*, *74*, **280**
Fersen, Hans Axel, Graf von 62, 83, 90f., 97, **280**
Flüe, Ludwig von *68*
Fontenay, Marquise de 202
Forster, Georg 109
Fouché, Joseph, Herzog von Otranto 8, 158, 165, 210, 221, 253, 258f., 276, **280**
Foullon (Foulon), Joseph François 50
Fouquier-Tinville, Antoine Quentin Fouquier, genannt 150, 159, 204, 209, **281**, 292
Fox, Charles James 81
France, Anatole 270
Franz I., Kaiser von Österreich →Franz II.
Franz II., römisch-deutscher Kaiser, Kaiser Franz I. von Österreich 87, 122, 126, 250, **281**
Fréron, Stanislas Louis Marie 157, **281**
Friedrich II., d. Gr., König von Preußen 22, 122
Friedrich Christian, Herzog von Augustenburg 176
Friedrich Wilhelm II., Kg. v. Preußen 86, 124f.
Friedrich Wilhelm III., König von Preußen **281**

Galilei, Galileo 271
Garambouville, Louis Marie Turreau de *179*
Garat, Dominique Joseph 108, 149, 217, **281**
Gareaux, Pierre *223*
Gaxotte, Pierre 12
Gentz, Friedrich 10
Georg III., englischer König 180, 290
Gille →Schiller
Gluck, Christoph Willibald 98
Gobel, Jean-Baptiste Joseph 163, **281**
Goethe, Johann Wolfgang 13, *40*, *139*, 140, *222*, 252, *261*, *264*, 271
Gohier, Louis Jerôme 259
Gossec, François Joseph Gossé, genannt 269
Gourgaud, Gaspard, Baron von *249*, *260*
Gracchus, Gaius Sempronius/Tiberius Sempronius 203 (→Babeuf)
Guadet, Marguerite Elie 117
Guillotin, Joseph Ignace 54, **281f.**
Guizot, François *40*
Gustav III., König von Schweden 124

Hamilton, Alexander 106
Hardenberg, Karl August, Fürst von 267
Hasenclever, Walter 272
Hauptmann, Carl 272
Haydn, Joseph 270
Hebel, Johann Peter 272
Hébert, Jacques René 147, 153, 157, 160–163, 183, 189, 193, 215, 277, 281, **282**
Hegel, Georg Wilhelm Friedrich 83
Heine, Heinrich 269, 271
Hérault de Séchelles, Marie Jean **282**
Herbois, Collot d' →Collot
Herder, Johann Gottfried 271
Hoche, Louis Lazare 123, 156, 197, 215, 217f., 229f., 237, **282**
Hölderlin, Friedrich 83, 271
Houchard, Jean Nicolas 123
Hugo, Victor 11, 270
Humbert, Jean Joseph Amable 241f.
Hummel, Johann Nepomuk 261

Isnard, Maximin *137*, **282**

Jaurès, Jean 12, 147
Jolibois, Veteran 141
Joseph II., römisch-deutscher Kaiser 44, 54f., 57
Joubert, Barthélemy Catherine 237, 242, 246, 249, 254
Jourdan, Jean-Baptiste 123, 132, 134ff., 149, 156, 219, 229f., 232, 244, 279, **282f.**, 283, 289
Julien de Toulouse, Jean Julien, genannt 160

Kant, Immanuel *121*
Karl, Erzherzog von Österreich 135, 229, 237, 244f.

Karl I., engl. Kg. 119ff.
Karl X., König von Frankreich 197, 273 (→Artois)
Katharina II., die Große, russ. Zarin 124, *137*
Kellermann, François Étienne Christophe 122, 128, 139f., 156, **283**
Keversau *69*
Kilmaine, Charles Edward 249
Kléber, Jean-Baptiste 123, 133, 136, 144, 159, 252, 258, 261, **283**
Kleist, Heinrich von 272
Klenze, Leo von 270
Klopstock, Friedrich Gottlieb 81, 106, 271
Korff, Baronin 91 (→Tourzel)
Korsakow, Alexander Michailowitsch 246
Kosciousko, Tadeusz Andreas Bonaventura 106
Kray, Paul, Baron von 244

Labrousse, C. Ernest 12
Lacretelle, Charles de *222*
Lafayette, Marie Joseph Paul Yves Roch Gilbert Motier, Marquis de 8, 17, 43f., 47, 49, 52–55, 61, 64, 81, 83–86, 89ff., 93, 102, 122f., 126f., *138*, 174, 188f., **283**, 284, 285
Lamballe, Marie-Thérèse de Savoie-Carignan, Prinzessin von 107, 116
Lameth, Alexandre Théodore Victor de 30, 64, 94, 188f., **283f.**
Lamoignon de Malesherbes →Malesherbes
La Motte, Jeanne de Luz, de Saint-Rémy, de Valois, Gräfin von 30
Lanjuinais, Jean Denis 44
La Revellière-Lépaux, Louis Marie de 200, 203, 213, 216ff., **284**
La Rochefoucauld-Liancourt, Herzog von 47, 69
La Rochejaquelein, Henri du Vergier, Graf von 162, **284**, 295
Lasource, Marc David Alba, genannt 117
Launay, Bernard René Jourdan, Marquis de 49, 68f.
Lavoisier, Antoine 191
Le Bas, Philippe François Joseph 166
Lebois, René-François 213
Lebrun, Charles François 105, 154, 263
Le Chapelier, Isaac René Guy 44, 65, *78*, 163, **284**
Lefebvre, Georges 12, 32
Legendre, Louis 205
Leibniz, Gottfried Wilhelm 10
Leopold II., römisch-deutscher Kaiser 57, 87, 122, 125f., 281
Le Peletier de Saint-Fargeau, Louis Michel 111, 166
Letourneur, Louis François Honoré 213, 216
Lindet, Jean-Baptiste Robert 221
L'Isle →Rouget de Lisle
Locke, John 10
Loménie de Brienne, Étienne Charles de 29, 32–35, **284**
Louis, Dr. Ant 54, 281
Louis Capet →Ludwig XVI.
Louis-Philippe, König von Frankreich 152, 273, 288, 292, 293
Luckner, Nikolas, Baron von 82, 125f., **284**
Lucullus, Lucius Licinius 271
Ludwig XIV., Kg. v. Frankreich 13f., 26f., 54
Ludwig XV., Kg. v. Frankreich 25, 27, 29, 203, 284
Ludwig XVI., Kg. v. Frankreich 9, 12, 14f., 18, 21, *23*, 25, 27, 29f., *39*, 42, 47, 49, 52, 54, 59, 61 bis 64, *67*, *69*, 69f., *71*, 72, *73*, 80f., 83, 85f., 90, *94f.*, 100f., 104, 109ff., *111*, 115f., 119, *120*, 120f., *121*, 123ff., 143, 149, 163, 179, 197, 203, 206, 209, 214, 273, 275, 279f., **284**, 285, 286, 292f., 295
Ludwig XVII., Louis-Charles 149, 209, 275, **285**
Ludwig XVIII., König von Frankreich 149, 209f., 266, 279, **285**, 294
Luther, Martin 7
Lykurgos 185

Mably, Gabriel de 73
MacDonald, Jacques Alexandre 245
Mack von Leiberich, Baron Karl von 242f., **285**
Madame Defizit →Marie-Antoinette
Madame Elisabeth →Elisabeth von Frankreich
Madame Royale →Marie Therese
Madame Veto →Marie-Antoinette
Madison, James 106
Maillard, Stanislas Marie 53
Malesherbes, Guillaume Chrétien de Lamoignon de 14, 33ff., 110, 120, 163, **285**
Malo, Oberst 216
Manin, Ludovico, Doge von Venedig 238
Mann, Thomas 271
Mapeau, René Nicolas de 27, 29
Marat, Jean-Paul 8, 51f., 55ff., 59, 61, 63, *70*, *72*, 84, 88, *91*, 104f., *112*, *116f.*, 117, *119*, 147, 151ff., 155, 160, *166*, *168*, *170*, 181, 189, 205ff., 213, 215, 278, **285**
Maréchal, Pierre Sylvain 9, *228*, **285**
Maria Theresia, Kaiserin von Österreich 25, 29, 286
Marie-Antoinette, Königin von Frankreich 25, 29f., 38, 53, *97*, 115, 119,

156, 158f., 183, 280f., **286**, 288, 292
Marie Therese, Prinzessin von Frankreich 90, *115f.*, 214
Marmont, Auguste Frédéric Louis Viesse de, Herzog von Ragusa *260f.*
Marx, Karl 12
Masséna, André, Herzog von Rivoli 232f., 236, 244ff., *247*, **286**
Mathiez, Albert 12
Maurepas, Jean-Frédéric, Graf von 29
Méda (Merda), Charles André *195*, **286**
Méhul, Étienne Henri 269
Meister, Henry *222*
Melas, Michael Friedrich Benedikt, Baron von 244, 246
Menou, Jacques François de Boussay, Baron de 209
Mercier, Louis-Sébastien *37f.*
Merda →Méda
Metternich, Klemens, Fürst von 267, 281
Michelet, Jules 11f.
Miot de Melito, Graf *248*
Mirabeau, Honoré Gabriel Riquetti, Graf von 8f., 17, 41, 45, 48, 51, 59f., 62ff., *67f.*, *70*, *76*, 109, 160, 188f., 284, **286**, 286
Mirabeau-Tonneau, André Boniface Louis Riquetti, Vicomte de, genannt **286**
Molière, Jean-Baptiste Poquelin, genannt 203
Moncey, Bon Adrien Jannot de 134
Monge, Gaspard 105
Montesquieu, Charles de Secondat, Baron de la Bréde et de 10, 14 *21*
Montmorin-Saint-Hérem, Arman Marc, Graf von 59
Montsabert, Goislart de 34
Moreau, Jean Victor 36, 123, 135f., 217, 221, 229, 234, 245, 253, 259, *262*, 266, 276, 279, **287**
Morris, Gouverneur *68*, **287**
Moulin, Jean-François 259
Mounier, Jean-Joseph 46, *73*
Mozart, Wolfgang Amadeus 270
Murat, Joachim, König von Neapel 209, 254, 259, **287**

Napoleon →Bonaparte, Napoleon
Necker, Jacques 8, 14f., 18, 28–31, 35f., 44, 46 bis 50, 52, 57, 62, 65, 70, 286, **287f.**, 295
Nelson, Horatio 243, 251, 256f., **288**
Nero, Claudius Drusus Germanicus, römischer Kaiser 119
Neufchâteaux, Nicolas, Graf François de 201, 219f.
Ney, Michel **288**
Noailles, Marschallin von 190

Offenbach, Jacques 269
Orléans, Louis Philippe Joseph, Herzog von 17, 33, *38*, 47, 53, 74, 83, 107, 152, 159, 188f., 275, **288**
Otranto, Herzog von →Fouché

Pache, Jean-Nicolas 150
Paine, Thomas 106, 148, **288f.**
Paoli, Pascal 153, 230, **289**
Parma, Herzog Ferdinand von 233
Paul I., russischer Zar 232, 246, *250*, 256, **289**
Pestalozzi, Johann Heinrich 106
Pétion de Villeneuve, Jérôme 86, 89, *93*, 100, 116, 188, **289**
Philipp von Makedonien 185
Philippe Égalité →Orléans
Philippeaux, Pierre Nicolas 163
Pichegru, Jean Charles 123, 131–135, 149, 208, 216, 218, 266, 276, 282, 287, **289f.**, 295
Pitt, William, der Jüngere 123, 143, 167, 177, 179, 181, 183, 186, 261, **290**
Pius VI. (Giannangelo Braschi), Papst 58, 61, 64, 215, 234, 236, 240, 246, **290**
Polignac, Jules François de 49
Poulenc 269
Priestley, Joseph 106
Prieur-Duvernois, Claude Antoine, genannt Prieur de la Côte-d'Or 156
Provence, Comte de →Ludwig XVIII.
Prudhomme, Louis Marie **290**

Quétineau, General 153

Racine, Jean-Baptiste 203
Ragusa, Herzog von →Marmont
Ramel de Nogaret, Dominique Vincent 219
Rauch, Christian Daniel 270
Récamier, Julie 202
Reding, Aloys von 241
Reubell, Jean-François 200, 213, 217f., 220, 230, **290f.**
Rivoli, Herzog von →Massena
Robespierre, Augustin Bon Joseph, genannt R. der Jüngere **291**
Robespierre, Maximilien Marie Isidore 8, 44, 56, 63, 65, *75*, *77f.*, 88ff., *94*, *98*, 104, 109f., 117, *117*, *119*, 123, *143*, 147, 149, 155f., 160f., 163ff., 167, *170*, *179*, *182*, *184*, *186*, *188*, 190f., *191*, 192, *193*, 194–197, 200, 202, 204, 215, 222, 230, 273 bis 275, 277ff., 280ff.,

285f., 289, 290–294, **291**
Rochambeau, Jean-Baptiste Donatien de Vimeur, Marquis de 82, 125f.
Roederer, Pierre Louis *99*
Rohan-Guémenée, Louis René Édouard, Kardinal 26, 30, **291**
Roland, Manon Jeanne Philippon 103, 159, *179*, **291**
Roland de la Platière, Jean-Marie 87f., 104f., 159, 169, 188, **291f.**
Ronsin, Charles Philippe 157, 162, 193
Rouget de Lisle, Claude Joseph 88, 98, 269, **292**
Rousseau, Jean-Jacques 10f., *22f.*, 23f., 41, 73, 147, 163, 205, 280, 291
Roux, Jacques 9, 109, *119*, *121.*, 147, 150, 155ff., 162, *166*, *175*, 267, **292**
Royer, Jean-Baptiste 157
Rude, François 270
Rulhière, Claude Carloman de 115

Sachsen-Coburg, Friedrich Josias, Herzog von 130, 132, 183, 282
Saint-Just, Louis de 8, 109f., *118*, 123, 132, *144*, 149, 153, 159–163, 165, *171*, *186ff.*, *194*, 195, **292**
Saint-Simon, Claude Henry de Rouvroy, Graf von 15
Salles, Jean-Baptiste 110
Sanson, Charles H. **292**
Santerre, Antoine Joseph 9, 105, 111, 121, **292**
Sauvigny, Bertier de 50
Schadow, Johann Gottfried 270
Schauenburg, General 240
Schelling, Friedrich Wilhelm Joseph 83
Scherer, Barthélemy Louis Joseph 217, 229f., 232, 244f., **292f.**
Schiller, Friedrich 106, *176*, 271
Schinkel, Karl Friedrich 270
Schmitt, Mechaniker 54, 281
Schnitzler, Arthur 270
Schumann, Robert 269
Sebottendorf, General 233
Ségur, Louis Philippe, Graf von 47
Selim III., türkischer Sultan 256
Servan, Joseph 105
Shaw, George Bernard 272
Sieyès, Emmanuel Joseph, Abbè 8, 17, 37, *39*, 41, 45f., 51, 104, 201, 213, 217, 220f., 253f., 258f., 262, **293**, 294
Simon, Antoine 116, **293**
Soult, Jean de Dieu, genannt Nicolas, Herzog von Dalmatien **293**
Sourigères *223*
Staël-Holstein, Anne Louise Germaine Necker, Baronne de *76*, 202, *223*, 278, **293**, 294
Stein, Karl Freiherr vom 267
Stofflet, Nicolas 154, 162, 214
Suwurow, Alexander Wassiljewitsch, Fürst 244ff.
Sylvain, Jean 49

Taine, Hippolyte 12
Talleyrand-Périgord, Charles Maurice de 8, *40*, 44, 55, 61, 63, 126, 202, 217, *228*, 251, 253f., 259, 267, **294**
Tallien, Jean Lambert *84*, 158, 164f., *194*, 202, 204, 210ff., 217, 276, 292, **294**, 294
Tallien, Thérésa →Cabarrus
Thorwaldsen, Bertel 270
Thouret, Jacques Guillaume 53, 73, 163
Tocqueville, Alexis de 11f.
Tolstoi, Leo Nikolajewitsch, Graf 270
Tourzel, Louise Félicité Duchesse de *90*
Treilhard, Jean-Baptiste 219, **294**
Tronchet, François Denis 110
Tschaikowski, Peter Iljitsch 269
Turgot, Anne Robert Jacques 14, 27ff., 276, 285, 288
Turreau de Garambouville, Louis Marie 162

Unruh, Fritz von 272

Vadier, Marc Guillaume Alexis 207, **294**
Varenne, Maton de la *114f.*
Vergennes, Charles Gravier, Graf von 30f., **295**
Vergniaud, Pierre Victurnien 85, *99*, 110, 117, *120*, 159, *168*, *174*, **295**
Vernet, Carle 270
Vernet, Horace 270
Victor Amadeus III., König von Sardinien 234
Vilate, Joachim *191*, 192
Vincent, François Nicolas 162
Vingternier *172*
Voltaire, François-Marie (Arouet) 10f., 14, *22*, 23, 33, 41, 83, 203, 270, 285

Wagner, Richard 269
Washington, George 106, 283
Weiss, Peter 270
Westermann, François Joseph 155, *182*, 182, **295**
Wilberforce, William 81, 106
Wordsworth, William 81
Wurmser, Dagobert Sigismund Graf von 235f., **295**

York, Frederick, Herzog von 143
Young, Arthur *68*

Zimmermann, Johann Georg 137
Zweig, Arnold 272

11

12

13

14

15

11 Jean-Paul Marat, 1743–1793 (JOEP)
12 Maximilien Marie de Robespierre, 1758–1794 (AKG)
13 Louis Antoine de Saint-Just, 1767–1794 (AKG)
14 Antoine Quentin Fouquier-Tinville, 1746–1795 (JOEP)
15 Paul Vicomte de Barras, 1755–1829 (AKG)